KB054572

최한기에 길을 묻다

최한기에 길을 묻다

김인석

문현
MUN HYUN

책머리에

대원군 이하응이 척화비를 세운 것은 1871년으로 혜강(惠岡) 최한기(崔漢綺, 1803~1877)가 68세 때 일이다. 그는 개성에서 태어나 32세에는 한양 남촌, 지금의 서울 남대문 부근에서 살았고, 곧이어 34세에는 그의 대표적 저작인 『추측록』과 『신기통』을 세상에 내놓았다. 이로부터 우리는 다음과 같이 추측해 볼 수 있다. 첫째는 그가 활동하였던 시기가 조선조 말기에서 근대로 전환하는 격변기라는 것이다. 대원군이 척화비를 세웠다는 사실로부터 당시 조선의 지배계급의 지식인들이 서양의 새로운 문화에 대한 충격으로부터 자유로울 수 없었을 뿐만 아니라 대부분 수동적으로 대응하였다는 사실을 알 수 있다. 둘째는 최한기가 그 당시 대부분의 지식인과 달리 서양의 새로운 학문을 수용할 수 있었던 것은 개성의 이름 없는 집안 출신이었기 때문이라는 것이다. 필자는 최한기가 서양의 신서적을 후한 가격으로 구입하여 새로운 지식을 접했던 방식이 아마도 개성상인 정신의 영향이 아닐까 생각해 본다. 또한 당시 명문가 출신이 아닌 점이 오히려 그가 서양 학문을 수용하여 기존의 성리학을 극복하는 데 유리하게 작용하였을 것이라고 생각한다. 최한기는 왕성한 저술활동으로도 유명한데 — 최남선(1890~1957)은 그의 『조선상식문답』에서 그 양에 있어서 최한기를 조선 최고의 저작가로 일컬었다. — 그럼에도 불구하고 단지 김정호와의 교류만이 알려져 있을 뿐 당시 주류 지식인들과 교류가 없었다. 그리고 그 역시도 주류라 할 수 없는 이규경(李圭景, 1788~?)의 『오주연문장전산고(五洲衍文長箋散稿)』 속에 그의 이름이 한두 번 언급되었다는 사실이 이와 같은 추측을 뒷받침해준다.

지금은 최한기가 널리 알려졌지만 필자가 최한기를 논문의 대상으로 생각했던 시기만 해도 그의 가계나 학통도 분명하지 않았다. 성리학이 주류였던 조선시대에 경험론적 세계관을 피력하는 유학자는 무척이나 신선했다. 더욱이 유교적 전통사회로부터 서양자연과학의 근대로 전환하는 시대에 진취적 사상으로 시대적 변환을 꿈꾸는 철학자는 전통적 사고방식과 서양적 사고방식 사이에서 여전히 갈피를 잡지 못하는 필자에게 매력적인 사상가로 다가올 수밖에 없었다.

이 책은 2000년도에 제출했던 박사학위논문을 몇 가지 수정 및 보완한 것이다. 필자가 최한기 철학에 관심을 가졌던 이유는 격변기에 나름 자신의 존재 이유와 역할을 탐색한 결과물이 그의 기철학이라고 생각하였기 때문이다. 흐르는 강물을 보고 깊은 생각에 젖었던 공자가 아니더라도, '만물은 흐른다(panta rhei)'라는 헤라클레이토스 사상을 빌리지 않더라도, 나 자신의 몸이나 내 주변 세계는 끊임없이 변화한다는 것을 우리는 누구나 쉽게 알 수 있고, 느낄 수 있다. 그렇기 때문에 우리는 변화하지 않는 것에 집착하는지 모르겠다. 오늘 내가 최한기에게 길을 묻는 것도 그 길이 있을 것이라 생각하기 때문이고, 최한기 역시 그 당시에 그 누군가에게 길을 물었던 것도 마찬가지라고 생각한다.

모든 것이 편하고 행복하지만은 않은 여정이지만 그 여정을 여전히 걷고 있는 것은 그 길을 같이 걷고 있는 주변사람들이 있기 때문이다. 그 고마움을 어찌 다 말할 수 있으며, 어찌 다 갚할 수 있겠는가. 다만, 그들과 같이 걷고 있는 이 걸음이 바로 그 길임을 말하고 싶다.

이 책은 필자의 사정상 본래 출간 계획보다는 1년 정도 늦게 출간되었다. 이와 같은 필자의 게으름에도 묵묵히 기다려주고 수고해주신 도서출판 문현 가족들과 한신규 사장님께 감사의 마음을 전한다.

차례

들어가면서

필자는 이 책을 통해 최한기(崔漢綺)의 철학을 이해하고자 한다. 이러한 이해는 그의 사상적 위상에 근거해서 이루어지는데, 그것은 다름 아닌 리학(理學)의 극복이다. 주지하다시피 최한기가 생존했던 시기(1803~1877)는 한 왕조의 말기적 모순적 현상이 극에 달했던 조선의 말기이다. 이러한 모순의 원인으로서 생각할 수 있는 것의 하나는 리학의 관념적 구조이다. 다시 말해 조선사회의 지도적 이념으로서 리학이 시대 변화에 적극적으로 대응할 수 없었던 것은 그것이 가지는 관념적인 체계 때문이다. 최한기는 바로 리학의 관념체계가 가지는 문제점을 비판하고, 그 대안으로서 이른바 기학(氣學)을 제시함으로써 리학을 극복하고자 한다. 따라서 이 책은 이러한 점을 기본전제로 최한기가 그의 기학을 통해 제시했던 점이 무엇인지를 고찰하는 것을 목적으로 삼는다.

이와 같은 목적은 이 책의 기술 형식을 최한기의 기학과 리학을 비교하고, 더 나아가서는 상호 논쟁하는 방식으로 이끌게 될 것이다. 여기에서 최한기의 철학을 기철학이라고 하지 않고 '기학'이라고 한 것은 리학과 대조되는 점을 강조하기 위해서다. 또한 기학이라고 부를 수 있는 논거를 최한기에게서 찾아보면, 그 자신이 "이치를 깊이 연구하는 것을 리학"[1]이라고 불렀고, 또한 그의 철학이 완성되었을 때로 짐작되는 시기 — 1857년 / 55세 — 에 『기학(氣學)』이라는 저서의 서문을 통해 기존학의 문제점을 지적하고 그것들의 극복으로서 '기학'이라는 명칭을 사용한 것에 있다.

한편 여기에서 논의되는 리학의 논거로는 주희(朱熹, 1130~1200)의 철학을 채택하였다. 보다 바람직한 것은 조선시대의 성리학자들의 이론과 비교 분석을 통해 최한기의 철학을 규명하는 것이지만, 유가철학의 기본 경전에 관한 주석을 통해 자신의 사상을 표현하는 전통적인 방식을 따르지 않고, 자신만의

---

1 『추측록』 권1 「學問異稱」 7면:1권 77쪽. "窮理者, 謂之理學." 崔漢綺(1986 刊).
※ 앞으로는 편의상 최한기의 저술에 한정해서 '추측록 1-7a:1-77. 學問異稱.'식으로 약술. 여기에서 面數는 원본의 면수. a는 우측, b는 좌측을, 1-77은 여강출판사, 1986년도 영인본 기준으로 1권 77쪽을 의미한다.

독창적인 용어를 만들어 글쓰기를 한 최한기 자신의 저술 행위의 특성[2]이라는 내적 요인과 조선시대의 다양한 성리학적 견해라는 외적 요인 때문에 필자는 리학의 준거로서 주희(朱熹)의 이론을 비교와 비판 대상으로 삼았다.

기학과 리학의 비교는 그 비교될 수 있는 기준으로서 그 공통적 기반을 요구하는데, 여기에서는 그 비교의 기준을 '천인합일'(天人合一)이라는 유가철학의 궁극적 이념으로 하였다. 유가철학은 생활세계 속의 도(道)를 통해 천(자연)과 합일을 추구하는 철학으로, 이러한 점은 리학과 기학이 공유하는 점이기 때문이다.

그리고 또 하나의 방향은 방법론이다. 유가철학의 방법론을 제시한 『대학』에 대해서 주희는 최후까지 가필을 하면서 정성을 쏟았는가 하면, 최한기 『추측록(推測錄)』(1836년, 33세)에서 제시한 '추측'(推測)은 바로 주희의 '궁리(窮理)'에 대한 '격물치지(格物致知)'의 재해석이기에 방법론을 비교의 기준으로 삼았다. 따라서 이 책에서 기학의 방법론을 먼저 고찰한 것은 리학의 천인합일에 대한 방법론이 잘못되었다고 판단하여 제시한 최

---

2 琴章泰(1993)는 "崔漢綺는 經學을 벗어나고 있는 脫經學的 현상이 그의 뚜렷한 철학적 특징이라 지적할 수 있다."고 말한다. 284쪽.

한기의 방법론을 고찰하는 것이 리학의 대안으로 제시한 기학의 철학체계를 보다 정확하게 이해하도록 인도할 것이기 때문이다. 다시 말하면, 이 책 제1장은 천(자연)과 합일을 추구하는 방법으로 제시한 '궁리'와 '추측'을 비교 분석함으로써 최한기가 기학을 제시한 의도를 알기 위한 것이다.

이러한 비교를 통한 고찰에는 선결조건이 있어야 하는데, 그 하나는 비교를 위해서는 상호 공통된 기반이 있어야 한다는 점이고, 다른 한편으로는 그것이 서로 다른 특색을 함유해야 한다는 점이다. 즉 상호 공통된 기반이 없이 완전히 별개의 것이라면 서로 비교하는 것 자체가 불가능할 것이며, 그렇다고 하여 서로 완전히 일치하여 다른 점이 없다면 비교할 필요가 없기 때문이다.

이러한 점에서 기학과 리학의 상호 비교와 고찰은 그 가능성과 당위성을 가져야 한다. 우선 비교와 고찰이 가능한 공통된 기반은 최한기가 리학을 비판하면서 사용한 개념과 그 자신의 이론을 구성하는데 여전히 사용하는 리학의 개념들 — 예컨대, 리(理) · 기(氣) · 성(性) · 정(情) 등등 — 을 사용하고 있다는 점에 있다. 그리고 비교와 고찰의 당위성은 최한기가 리학을 극복하고자 한 점에 있다.

그러나 이러한 사실은 리학과 기학이 서로 같은 용어를 사용한다고 하더라도 그 실질적 내용은 상호 상반된 의미를 가진다는 것을 예상할 수 있다. 그렇기 때문에 여기에서 주요개념에 대한 그 개략적인 윤곽을 제시함으로써 공통된 기반에도 불구하고 상반된 내용으로의 전개에서 오는 혼란을 방지하고자 한다.

• 천인합일(天人合一)

필자는 이 책 안에서 '천'(天)을 '자연'(自然)이라고 번역하여 사용하고자 한다. 사실 이러한 번역어를 채택하면, '자연과 합일'이라는 도가철학적 경향을 가진 것으로 최한기의 철학이 오해될 여지가 있다. 그러나 최한기의 철학은 이른바 세간(世間)이라는 생활세계 속의 가치를 인정하며 그 가치를 추구하는 점에서 근본적으로 도가철학과 같을 수 없다. 그럼에도 불구하고 '자연'이라는 개념을 채택한 이유는 이 책에서 최한기의 기학이 리학과 다른 근본적인 점이 천인관계(天人關係)에 대한 견해에 있기 때문이다.

다시 말하면, 최한기는 자연에는 자연 나름의 법칙이 있고, 인간에는 인간 나름의 법칙이 있다는 이른바 '천인유분'(天人有

分)적 입장을 취하는 반면, 리학은 자연과 인간이 하나의 법칙으로 설명된다는 이른바 '천인미분'(天人未分)적 입장을 취한다. 리학은 그 자신이 천을 도덕적 의미로 해석하는 의리천(義理天)으로 규정하는 데에서도 볼 수 있는 것처럼 외부 대상 세계를 인간의 입장에서 해석하는 것에 반하여, 최한기는 외부 대상 세계를 인간의 눈으로 해석하는 것이 아니라 외부 대상 세계를 외부 대상 그대로 해석하고자 한다. 이와 같은 최한기의 입장은 무엇보다도 우주 만물을 통일적으로 해석하는 기(氣)의 성격에 대한 최한기의 규명에서 엿볼 수 있다. 즉 최한기는 기를 스스로 움직이는 다시 말해 자기원인적 존재자로서 설명한다. 현상으로 보이는 외부 대상 세계의 변화와 운동을 설명함에 어떠한 초월적 형이상학적 존재자를 상정함이 없이 대상 세계 그 자체의 운동으로 설명하고자 한다. 이와 같은 이유로 필자는 '저절로 그러하다'라는 의미를 가진 '자연'으로 최한기의 천을 해석하고자 한다.

- **존재원리(存在原理) / 당위규범(當爲規範) / 자연법칙(自然法則)**[3]

필자는 이 책에서 주희의 '소이연지고'(所以然之故)를 '존재원리'로 '소당연지칙'(所當然之則)을 '당위규범'으로 번역해서 사용하고자 한다. 이와 같은 '존재원리'와 '당위규범'은 서양철학에서 사용하고 있는 '존재'와 '당위'라는 개념과 혼동될 가능성이 있다.[4] 특히 G.E.Moore의 '자연론적 오류'(naturalistic fallacy)라는 개념이 "가치어(value terms)를 비가치어(non-value terms)로써 정의하려는 시도 또는 가치판단을 사실판단으로 번역하려는 시도 안에 깃든 논리적 난점을 지적한 것"[5]처럼 존재와 당위가 상호 배타적인 의미로 사용되는 반면, 주희의 '소이연지고'와 '소당연지칙'은 상호배타적이지 않으며 "가치세계의 법칙은 사실세계의 법칙에 의존한다." 더우기 '소이연지고'는 "당연지칙의 소이연지고" 즉, 당위규범의 근거와 '실연지소이연자'(實然之所以然者) 즉, 자연법칙의 근거로서 두 가지 의미를 동시에 가진다.[6]

3

	朱熹		崔漢綺	
物猶事	所當然之則	人道 : 當爲規範	推測之理	事理 / 倫理
	實然之理	天道 : 自然法則	流行之理	物理
	所以然之故 : 總體太極	存在原理	인식대상에서 제외	

4 윤사순(1997)은 그의 「존재와 당위에 관한 퇴계 이황의 일치시」에서 주희의 '所以然之故'와 '所當然之則'을 '存在'와 '當爲'으로 번역하는 것에 대하여 양자간에 어감의 차이가 있음에도 대체적인 의미에는 큰 차이가 없다고 하여, "소이연과 소당연의 일치 여부의 사고는 곧 존재와 당위의 일치 여부의 사고에 해당한다."고 말하고 있다(263쪽).

5 김태길(1983), 171쪽.

이상과 같은 여건과 또한 자연현상의 법칙과 인간사회 속의 규범을 분리해서 보고자 하는 최한기의 입장을 고려해서 필자는 주희의 '소이연지고'를 '존재원리'로 그리고 '소당연지칙'을 '당위규범'으로, 그리고 주희에서 자연현상에 해당하는 '실연지리'(實然之理)을 '자연법칙'으로 번역해서 사용하고자 한다.

성(性) · 정(情)[7]

최한기는 그 자신의 인간관을 제시하는 과정에서 기존의 리학이 사용했던 용어를 그대로 사용한다. 예컨대 그는 '성' · '본연지성'(本然之性) · '기질지성'(氣質之性) · '정' 등등을 사용한다. 하지만 최한기가 그 용어들을 몰(沒)가치적 의미로 사용하

---

6 류인희(1980)는 范康壽가 주희의 價値世界의 法則이 事實世界의 法則에 의존한다는 생각이 모순이라는 지적에 대하여 "주희의 眞意를 이해하지 못한데서 나온 것"(175쪽)이라고 말한다.

7

	朱熹		崔漢綺	
純善無惡	本然之性 仁義禮智	性	流行之理:性理	氣之順逆
有善惡	氣質之性 喜怒哀樂愛惡欲	情	推測之理:心理	好惡

였다는 점에서 도덕적 가치적 의미로 사용하는 리학과 그 의미상에서는 반대가 된다.

리학의 극복이라는 측면에서 기학을 연구하는 이 책은 그의 초기 저작인 『신기통(神氣通)』(1836년)과 『추측록』을 중점적으로 논의할 것이며, 그의 철학의 완성기라 할 수 있는 후기의 『기학(氣學)』(1857 / 54세)과 『인정(人政)』(1860 / 57세)은 그의 전기사상의 입장을 확인해주는 측면에서 거론될 것이다. 그리고 최한기의 기학과 비교가 될 리학의 근거로서 주희 사상은 기존의 연구 성과를 주로 참작하였음을 밝힌다.

이상과 같이 최한기의 기학을 리학과 비교를 통해 분석하고 고찰하고자 하는 필자의 의도는 최한기 철학의 출발점을 분명하게 드러내고자 한 것이다. 그리고 기존의 연구가 주로 서양자연과학의 수용, 또는 근대 지향적이라는 측면에서 조명된 것에 반하여 필자는 유학자로서 최한기가 리학을 어떻게 극복하고자 하였는지를 고찰하고자 한다. 이것은 최한기의 철학이 동도서기(東道西器)의 입장에서 서양자연과학을 수용하였다면 그 정치함의 결함을, 그리고 형이상학적 배제라는 입장에서 전통유가철학을 계승하고자 했다면 그 심오함의 결핍이라는 지적을 면하기 어렵기 때문이다. 따라서 전통유가철학의 계승과 기존 리학의 극복이라는 측면에 대한 고찰은 최한기 철학이 전통 유가철학 안에서 가지는 의미를 밝혀줄 것이며, 아울러 유가철학이 새로운 시대를 맞이하여 어떻게 적응하고 변화할 수 있는지 그 방향을 제시해 줄 것이다.

1

최한기, 주희에게 방법의 타당성을 묻다

모든 형태의 유가철학들은 생활세계 속에서의 인도(人道) 체현을 통한 천도(天道)와 합일이라는 궁극적 이념을 공유한다. 그 시원을 이루는 공자(孔子)로부터 유가철학에 형이상학적 체계를 세운 송대 리학과 또한 그것을 극복하고자 한 조선후기의 실학에 이르기까지, 비록 그 이론체제가 원시적이든 형이상학적이든 또는 반(反)형이상학적이든 궁극적으로 일상적인 것을 출발점과 기반으로 삼아 천인합일(天人合一)을 실현하고자 함은 똑같다.

이러한 시각으로 본다면 유학사는 어떻게 하면 현실세계 속에서 궁극적 이념을 구체적으로 실현할 수 있는가에 대한 탐색의 역사이다. 가령 『대학』의 '격물치지'와 이것에 대한 주희의 재해석으로서 '궁리', 그리고 이 '궁리'를 비판하고 그 대안으로 제시된 최한기의 '추측'이 그것이다. 여기에서 최한기가 '궁리'를 비판하고 그 대안을 제시하였다는 사실 자체는 방법론으로서의 '궁리'에 대한 회의이며 부정을 의미한다. 다시 말하면, '궁리'가 현실세계 안에서 인도를 궁구하고 그것을 체현하지 못하였다는 것에 대한 문제제기이다.

따라서 여기에서는 최한기가 주희의 '궁리'에 대해서 제기한 문제가 무엇이며 그에 대한 그 자신의 대안은 무엇인지 고찰하고자 한다. 이러한 고찰은 두 가지 측면에서 이루어지는데, 하나는 '궁리'의 대상에 대한 비판과 극복이며, 또 하나는 '궁리'의 주체에 대한 비판과 극복이다. 최한기는 '궁리'의 대상으로서 리가 현실세계를 반영하지 못한다는 의미에서 '궁리'의 허구성을 지적하며, 또한 그 리의 체현이 현실세계 속에서가 아닌 인간 내면 안에서만 이루어진다는 의미에서 '궁리'의 향내성(向內性)을 지적하고 새로운 방법의 체계를 제시한다.

결국 이것은 최한기가 제시하는 '추측'에 대한 고찰이다. 즉, 추측의 대상으로서 제시된 리는 실리(實理)인지, 그것이 실리라면 어느 의미에서 인지, 그리고 추측의 주체로서 신기(神氣)는 과연 그 리를 현실세계 속에 체현하고 있는지에 대한 검토가

될 것이다.

1. '추측(推測)'과 실리(實理)

1) '궁리(窮理)'의 허구성 비판

최한기는 『기측체의(氣測體義)』 서문에서 "주공(周公)과 공자의 학문은 실리를 좇아 지식을 확충하고 이로써 나라를 다스리고 천하를 평화롭게 하는 데 나아가기를 바라는 것이니, 기는 실리의 근본이요, '추측'은 지식을 확충하는 요체이다."[1]라고 말함으로써, 기학의 방법으로서 '추측'이 생활세계 속에서 실리를 추구하는 방법임을 천명하고 있다. 이러한 천명은 『대학』의 '격물'에 대한 재해석으로서 리학의 '궁리'를 비판하고 그 대안으로 '추측'을 제시한 것에서 확인된다.

> '궁리'와 '추측'은 제목이 다르고 입문이 다르므로 반드시 '궁리'를

1 기측체의 序-2b:1-3. "周孔之學, 從實理而擴其知, 以冀進乎治平, 則氣爲實理之本, 推測爲擴知之要."

훼방할 것도 없지만, '궁리'의 폐단을 살펴보면 오로지 나를 주장함이니, 『대학』에서 '격물'을 말하고 '궁리'를 말하지 않은 그 뜻을 알 수 있다.[2]

여기에서 '궁리'란 주희가 『예기(禮記)』 가운데 한 편으로 있던 『대학』을 경(經) 1장과 전(傳) 10장으로 편집하는 과정 가운데 자신이 삽입시킨 이른바 '보망장'(補亡章) — 또는 '보격물치지장'(補格物致知章) — 가운데에서 나오는 개념이다.

근간에 내 일찍이 조심스럽게 정자(程子)의 뜻을 취하여 빠진 부분을 다음과 같이 보충하였다. : 이른바 '치지'가 '격물'에 있다는 것은 나의 지식을 지극히 하고자(致知) 한다면 사물에 나아가(卽物) 그 리를 궁구함(窮理)에 있음을 말한 것이다.[3]

한편 필자는 최한기가 지적한 '궁리'의 문제점 하나를 허구성이라고 말하고자 한다. 여기에서 허구성이란 '궁리'라는 개

---

2 추측록 6-29b:1-172. 窮理不如推測. "'窮理''推測'之題目旣異, 入門亦異, 不必毁'窮理', 而察'窮理'之弊, 專主乎我. 『大學』說'格物', 而不言'窮理'者, 可見其義."

3 『大學章句』, 『經書』, 24쪽. 주희주. "間嘗竊取程子之意, 以補之, 曰: 所謂'致知在格物'者, 言欲致吾之知, 在卽物, 而窮其理也."

념이 가지는 관념성을, 다시 말해 궁구 대상이며 '궁리'를 통해 체인되어야 하는 리가 함의하는 관념적 구조를 지칭한 것이다. 그 근거는 바로 최한기 자신이 학문을 성실한 것과 허위인 것으로 구분하여, "성실한 것은 인도운화(人道運化)에 쓸모 있는 사물이고, 허위의 것은 그림자만 취한 쓸모없는 공담(空談)이다."[4] 라고 말하였고, 또한 궁리의 대상이 되는 리학의 리에 대하여 "기를 따르지 않고 관념적 사유로 미루고 헤아려서 제멋대로 구성한 리는 허구적인 것 가운데 허구적인 리이다."[5]라고 말한 바에 있다.

그렇다면 최한기가 왜 '궁리'의 대상인 리를 허리(虛理)라고 비판하였는지 먼저 주희의 '궁리'에 관하여 알아보자. '즉물궁리'(卽物窮理)는 앞서 제시한 인용문에서 알 수 있듯이 '격물'에 대한 주희의 재해석으로 '사물에 나아가 리를 궁구함'으로 해석된다. 주희가 '격물'을 이렇게 해석한 이유는 『대학』의 경문(經文)인 "致知在格物, 格物而后至知, 物格而后知至."[6]에 대한 그의

4 인정 12-1a:2-213. 古今學問遷移. "學有誠實虛僞. 誠實者, 人道運化, 有用事物也. 虛僞者, 襲取光影, 無用空談也."

5 인정 11-25a:2-199. 知與數虛實. (循氣以知之, 則其知實, 從理以知之, 則其知虛. …… 盖氣實, 而理虛. 然推氣之先后彼此, 認其理, 亦實理也.) "不循氣, 而以意思推度排撰牽合之理, 虛中之虛理也."

6 『대학』.

주석에서 찾아진다. "격은 이름(至)이요, 물(物)은 사(事)와 같으니, 사물의 리를 궁구하여 그 극처에 이르지 않음이 없고자 하는 것이다. …… 물격은 물리의 지극한 곳에 이르지 않음이 없다."[7] 이에 따르면, 격은 이르는 것(至)이고, 물은 사와 같다고 하였으니, '격물'이란 사물에 이르는 것이다. 여기에서 이른다는 것은 궁구의 주체가 되는 마음[8]이 궁구의 대상이 되는 외부 사물에 나아가 이르는 것이다.[9] 그리고 '격물'의 물, 즉 사물이란 구체적으로 "소리 · 색깔 · 모양 · 형상이 있으면서 천지 사이에 가득 찬 것"[10]으로부터 "옷 입는 것 · 먹고 마시는 것 · 일하는 것 · 쉬는 것 · 보는 것 · 듣는 것 · 손드는 것 · 발로 밟는 것"[11]까지도 포함할 뿐만 아니라, 『대학』의 '명덕(明德)'과 '신민(新民)' 그리고 뒤이어 나오는 '지지(知止)'와 '능득(能得)'에 이르

7 『대학장구』. 14~16쪽. 주희주. "格, 至也. 物, 猶事也. 窮至事物之理, 欲其極處無不到也. …… 物格者, 物理之極處, 無不到也. 知至者, 吾心之所知, 無不盡也."

8 『주자어류』 권5 「性理2」. "所覺者, 心之理也. 能覺者, 氣之靈也." 『주자어류』 권14 「大學1」. "明德者, 人之所得乎天, 而虛靈不昧, 而具衆理而應萬事者也." 참조.

9 『주자어류』 권15, 「大學2」. "致知, 是自我而言. 格物, 是就物而言." 참조. 『주자어류』 권15 「大學2」. "就事物上格去 …… 端身正坐, 以觀物之來, 便格也."에서 '格'은 사물이 나에게 오는 것(來)으로 해석된다. 이것은 마음이 사물에 나아가는 것(就)은 처음 사물을 접하였을 때를, 그리고 사물이 나에게 오는 것(來)은 사물을 접하고 理會하는 과정으로 해석할 수 있겠다.

10 『大學或問』, 165쪽. "凡有聲色貌象, 而盈於天地之間者, 皆物也."

11 『中庸或問』, 413쪽. "衣食作息, 視聽擧履, 皆物也."

기까지 모두 사물[12]에 포함되니, "천하의 일이 모두 사물"[13]이라고 할 수 있다. 그러므로 마음이 사물에 이른다는 것은 궁구의 대상이 되는 외부 대상 세계인 만사만물에 마음이 나아가는 것이다.

그리고 이렇게 마음이 나아가 이르는 곳은 그 사물의 리의 극처이다. 여기에서 "'극'이란 '지극(至極)'"[14]이며, 태극(太極)을 지칭한다.[15] 그러므로 사물의 리의 지극한 데 나아간다는 것은 그 사물이 함유하고 있는 태극에 나아가는 것이다.[16] 따라서 '격물'이란 단순히 사물의 현상적인 지식만을 구하는 것이 아니라 현상 이면의 그 사물의 리의 극처를 궁구하는 것이다.

---

12 『대학혹문』. 108쪽. "明德新民, 兩物而內外相對, 故曰:本末. 知止能得, 一事而首尾相因, 故曰:終始." 참조. 여기에서 '明德'과 '新民'은 『대학』의 三綱領에 해당하고, '知止'와 '能得'은 삼강령 다음의 經文에 있다. "大學之道, 在明明德, 在新民, 在止於至善. 知止而后, 有定, 定而后, 能靜, 靜而后, 能安, 安而后, 能慮, 慮而后, 能得."

13 『주자어류』 권15 「大學2」. "天下之事, 皆謂之物."

14 『文集』 권72:19-5231. 「皇極辨」. "極者, 至極之義." 『中國思想叢書』, 『晦庵先生朱文公文集』, 권72: 19권 5231쪽. 앞으로는 편의상 '『문집』 권72:19-5231.' 식으로 표기.

15 『문집』 권36 「答陸子靜」:15-2280. "至於太極, 則又初無形象方所之可言, 但以此理之極, 而謂之極耳." 참조.

16 『주자어류』 권1 「理氣上」. "太極, 只是天地萬物之理, 在天地言, 則天地中有太極, 在萬物言, 則萬物中各有太極." 『주자어류』 권94 「孔孟周程張子」. "人人有一太極, 物物有一太極." 참조.

> 사물은 반드시 리를 가지니 모두 궁구해야 할 바이다. 가령 하늘이 높고 땅이 깊은 이유, 귀신이 숨어 있거나 드러나 있는 이유와 같은 것이 이것이다. 만약 '하늘은 내가 그 높음을 알 뿐이고 땅은 내가 그 깊음을 알 뿐이며, 귀신은 내가 그 드러나지 않음과 드러남을 알 뿐이다.'라고 말한다면, 이것은 이미 그렇다는 것을 말할 뿐이니, 또한 어떤 리를 궁구할 수 있겠는가?[17]

이 인용문이 의미하는 것처럼 궁구하는 것은 '하늘이 높다.'라든지 '땅이 깊다.'라는 현상적인 사실이 아니다. 단순히 '천고지심'(天高地深)과 같은 현상적인 것만을 아는 것은 리를 궁구하는 것이 아니다. 왜 하늘이 높은지, 왜 땅이 깊은지를 궁구하는 것이 '궁리'이다. 그렇다면 주희에게 있어서 리는 표층과 심층의 두 층차를 가진다. 표층적 리란 현상의 법칙이고, 심층적 리란 존재의 원리이다. 그리고 현상의 법칙은 다시 '천고지심'과 같은 자연현상의 자연법칙(實然之理)과 '효제'(孝弟)와 같은 도덕적 행위규범을 의미하는 당위규범(所當然之則)으로 구별된다.

---

17 『대학혹문』. 157쪽. "物必有理, 皆所當窮. 若天之所以高深, 鬼神之所以幽顯, 是也. 若曰: '天吾知其高而已矣, 地吾知其深而已矣, 鬼神吾知其幽且顯而已矣', 則是已然之詞, 又何理之可窮哉."

어떤 사람이 물었다. "당위규범이 있는데 또 존재원리가 있다는 것은 어떤 까닭입니까?" (주자가) 말했다. "부모를 섬기는데 마땅히 효성스러워야 하고 윗사람을 섬기는데 마땅히 공손해야 한다는 것들은 바로 당위규범이다. 그러나 부모를 섬기는 데 왜 반드시 효성스러워야 하며 윗사람을 따르는 데 왜 반드시 공손해야 하는가 하는 것, 이것이 곧 존재원리이다. 정자(程子)가 하늘의 높은 까닭과 땅의 두터운 까닭을 말하는 것과 같은 것이다. 만일 다만 하늘이 높고 땅이 두텁다고만 말하면 그 존재원리를 논한 것이 아니다."[18]

주희의 자연법칙에 관한 관심은 일찍이 잘 알려져 있지만,[19] 그러나 "궁리란 사물의 존재원리와 그 당위규범을 알고자 하는 것일 뿐이다. 그 존재원리를 알기 때문에 앎이 의혹되지 않으며, 그 당위규범을 알기 때문에 행동이 어긋나지 않는다."[20]라

18 『주자어류』 권18 「大學5」. "有當然之則, 亦有其所以然之故爲何. 曰 : 如事親當孝, 事兄當弟之類, 便是當然之則, 然事親如何卻須要孝, 從兄如何卻須要弟, 此卽所以然之故. 如程子云天所以高, 地所以厚. 若只言天之高地之厚, 則不是論其所以然矣."

19 야마다 케이지(山田慶兒)는 『朱子의 自然學』(1991)의 '잊혀진 자연학자'라는 序章(25~32쪽)에서 자연학자로서의 주희에 대하여 설명하고 있다. 그는 여기에서 주희가 자연 연구에 대한 관심을 가졌음에도 불구하고 후세 사람들에게 자연학자로서 각인되지 못하는 여러 원인 가운데 가장 중요한 요인은 "인간학 혹은 윤리학"(31쪽)으로서의 그의 학문의 존재양식에 있다고 지적하고 있다.

20 『문집』 권64 「答或人」:18-4748. "窮理者, 欲知事物之所以然與所當然者而已. 知其所以然, 故知不惑. 知其所當然, 故行不謬."

는 주희의 언급에서도 알 수 있듯이 그의 일차적인 관심은 당위규범과 그 근원으로서 존재원리이다.[21] 그리고 존재원리로서 '소이연지고'가 다름 아닌 사물의 리의 극처로서 태극이다. 이상에서 고찰한 궁리의 리가 함유하는 두 가지 특징은 리가 표층적으로는 자연법칙과 당위규범의 의미를, 심층적으로는 존재원리의 의미를 가진다[22]는 것이며, 또 하나는 자연법칙과 당위규범이 모두 같이 존재원리로부터 연원한다는 것이다. 최한기가 '궁리'의 리를 허리(虛理)라고 칭하였던 것은 바로 그것이 존재원리를 함의하기 때문이다. 그리고 '궁리'가 이것을 궁구의 대상으로 삼기 때문에 그로부터 폐단이 발생한다고 최한기는 말한다.

> 알 수 없는 존재원리(所以然)를 고심하여 구색하는 것은 수고롭고 무익할 뿐만 아니라 도리어 허무하고 괴이함에 쉽게 빠진다.[23]

---

21 주희에게 있어서 '즉물궁리'에서 '즉물'은 讀書·講明·道義 등을 말한다. (『대학혹문』, 151~152쪽. "凡有一物, 必有一理, 窮而至之, 所謂格物者也. 然而格物, 亦非一端, 如或讀書講明道義, 或論古今人物而別其是非, 或應接事物而處其當否, 皆窮理也." 그리고 설혹 자연현상에 관한 관찰을 거론한다고 하더라도 이것은 궁극적으로는 당위규범의 타당성을 입증하기 위한 준거자료일 뿐이다. 天圓地方, 頭圓足方 등등.

22 『주자어류』 권18 「大學或問下」. "所當然之則, 理之實處, 所以然之故, 乃其上一層, 理之源頭也." 참조.

23 인정 8-23a:2-142. 教學虛實. "不可知之所以然, 苦心究索, 非但勞憔無益, 反易陷於

일찍이 주희의 제자가 주희에게 우주의 밖(六合之外)에 관하여 물었을 때 주희는 우주의 안팎을 논한 적이 있지만,[24] 이에 반해 최한기가 "우주 밖은 있다고 하더라도 논하지 않는다."[25]고 말한 것은 "나의 감각이 미치는 곳이 곧 내가 관할할 수 있는 범위이며, 감각이 미치지 못하는 곳은 곧 내 감각의 그림자"[26]로서 형이상학적 대상이 근본적으로 궁구의 대상이 될 수 없기 때문이다.

> 가까운 데 있는 것으로는 형질의 내부에 있다는 존재원리요, 밖에 있는 것으로는 천하 사람의 귀와 눈이 미치지 못하는 것이니, 이런 것을 통할 수 없는 것이라 이른다. 이런 것은 혹 스스로 통했다고 말하더라도 누가 그 통한 것을 믿겠는가.[27]

虛無荒誕."

24 『주자어류』 권1 「理氣上」. 問: "康節論六合之外, 恐無外否?" 曰: "理無內外, 六合之形須有內外. 日從東畔升, 西畔沈, 明日又從東畔升. 這上面許多, 下面亦許多, 豈不是六合之內! 曆家算氣, 只算得到日月星辰運行處, 上去更算不得. 安得是無內外!" 참조.

25 기학 1-9a:1-201. "六合之外, 存而不論也. 不知爲不知, 是知也."

26 추측록 4-11b:1-132. 見聞有管. "見聞所及, 乃我管轄之地境. 見聞所及之外, 乃我見聞之虛影."

27 신기통 1-25b:1-19. 通之所止及形質通推測通. "且在近, 則形質之內所以然者, 在外, 則天下人耳目之所不及者, 是謂不可通也. 縱或自言其通, 誰信其通也."

최한기가 존재원리를 궁구의 대상으로부터 배제시킨 이유는 그것이 형이상자(形而上者)로서 인간의 감각기관에 의해서는 인식될 수 없는 관념성을 함유하기 때문이다. 최한기에게 관념성이란 주관적 사변으로부터 구성되는 것으로 감각적 인식이 불가능하며 그 타당성 여부를 증험할 수 없는 대상이다. 즉 그는 형이상학적 담론은 오묘하기는 하지만 실로 규명하기 어렵다고 말한다. 가령 하늘과 땅의 높고 두터움의 원인은 그것을 비록 말한다고 하더라고 그 합당한 근거를 제시할 수 없다. 근거가 없고 실행할 수 없는 심오한 이론은 비록 한 때의 이야기거리는 되겠지만 실제로는 실천이 불가능하며 또 논리적 모순이 많은데, 그 이유는 감각적 인식이 불가능한 형상이 없는 것을 좇아 형상이 없는 것을 말하기 때문이다.[28] 사실 최한기는 "형상이 없는 것으로써 형상이 없는 것을 밝히는 것이 형상이 있는 것으로써 형상이 없는 것을 밝히는 것만 못하다."[29]라고 말한다. 그것은 "형상이 있어 드러나는 것을 미루는 것으로 모

28 추측록 6-67a:1-191. 器用學. "無形之理譚, 縱云微妙, 實難究竟, …… 至於大而無當, 虛而無實之譚理說玄, 縱爲緩頰之資, 實無模着, 且多斑駁, 以其從無形, 而談無形也." 참조. 『대학혹문』 158쪽. "語其大, 天地之所以高厚, 語其小, 至一物之所以然, 皆學者, 所宜致思也." 참조.

29 추측록 1-4a:1-75. 取象譬諭. "以無明其無, 不如以有明其無也."

범으로 삼아 그 앞뒤를 헤아린다 해도 여전히 멀리서 보는 것이 가까이서 보는 것만 못하고 멀리서 듣는 것이 가까이서 듣는 것만 못할까 걱정인데, 더욱이 형상이 없어 드러나지 않는 것을 미루는 것을 모범으로 삼아 드러나지 않는 것의 앞뒤를 헤아리는"[30] 것은 언급할 필요조차도 없기 때문이다. 결국 최한기가 존재원리를 궁구의 대상으로부터 배제한 이유는 그것이 형이상자로서 통할 수 없기 때문이다.

그렇다면 최한기에게 있어서 통함이란 무엇이며, 통함의 조건은 무엇이고, 통할 수 있는 것은 무엇인가? 우선 그는 '통함(通)'과 '통하도록 함(通之)'을 구별하여 전자는 "기의 대략을 통함"이고, 후자는 "정력을 다하여 철저하게 궁구해서 기필코 그것에 이르고자 함"이라고 말한다. 그러면서 그는 "통할 수 있음을 알아 통하고자 하는 것이 통함이요, 통할 수 없음을 알아 통하고자 하지 않는 것 역시 통함이라고 말할 수 있다."라고 말하는데, 이것은 최한기의 '통함'이 단순히 인식론 상의 지식의 획득이 아님을 의미한다. 참된 통함이란 "통하도록 하여서 이것과 저것이 서로 합하고 서로 응하여 딱 들어맞는 것이 있

30 추측록 1-49a:1-98. 推形有無. "推有形而著顯者以爲法, 測其前測其後, 尙慮遠視不如近視, 遠聽不如近聽, 況推無形而幽隱者以爲法, 測幽隱之前後乎."

는 것"[31]이며, 그 반대로 "인간과 대상물이 서로 단절되어 통하지 못하는 것은 진실로 삶을 영위하는 데 있어서 크게 해로운 것"[32]이라는 최한기의 언급은 통합의 실천적 의미를 보여준다. 이것은 또한 통합이 일방적인 인식 행위가 아닌 상호간의 교류임을 의미한다. 그래서 통합의 조건으로는 주체로서 신기(神氣)와 감각기관이 있으며, 대상으로서 만물이 있다. 그리고 증험이 있다.

> 일신상에는 이미 통한 바의 신기가 있고, 또 통할 수 있는 감각기관들이 있다. 일신의 밖에는 통한 것을 증험하는 만물이 있으니, 각각 그 신기로서 드러내고 있다.[33]

> 대저 기가 통하더라도 증험할 수 있어야 비로소 그 통함이 인정된다. 비록 통했다고 하더라도 증험할 바가 없으면 그 통함을 인정할 수 없다.[34]

---

31 신기통 1-8b:1-10. 通有不同. "所云通者, 指其通氣之大略也. 通之者, 指其精力鑽究, 期達於彼也. 知其可通而通之, 是謂通也. 知其不可通而不通之, 亦可謂通也. …… 通之, 而彼此有相合相應之契者, 是實通也."

32 신기통 1-9a:1-11. 通天下爲一體. "人物之拒絶不通, 實爲衛生之大妨也."

33 신기통 1-7a:1-10. 通有源委. "一身之上, 既有所通之神氣, 又有可通之諸竅. 一身之外, 又有驗通之萬物. 各以其神氣, 呈露."

34 신기통 1-2b:1-7. 通有相應. "夫氣通之而可以證驗者, 方許其通. 雖謂通之而無所證

여기에서 증험이란 "대상물로서 나를 보는 것"[35]으로, 이것은 통합이 그 주체와 대상과 상호교섭관계에 있음으로 단지 나만의 주관적 판단으로 단정할 수 없는 것이며, 반드시 타자와 그 밖의 객관세계와의 검증이 요구됨을 의미한다. 즉 최한기는 "통함과 통하지 않음을 어찌 스스로 단정하거나 만족할 수 있는 것인가. 반드시 남에게 그것을 증험하여서 그 통하지 못한 것을 통하고, 그래도 여전히 석연치 않으면 또 그것을 객관세계의 대상물에 증험하여 자연과 인간의 신기가 서로 통함에 어그러짐이 없어야 한다."[36]라고 말한다.

이러한 조건들은 자연히 통함의 가능범위를 정해주는데, 무엇보다도 감각기관을 벗어나는 것, 증험할 수 없는 것은 통할 수 없다. 가령 우주 전체나 지면의 속과 같은 것은 감각기관이 미칠 수 없는 것[37]이고, 존재원리로서 태극과 같은 것은 증험할 수 없는 것이다.[38] 만약에 볼 수 없고 들을 수 없고 맡을 수

驗, 不可許其通者也."

35 추측록 6-44a:1-179. 觀物有五. "以物觀我, 證驗也."

36 신기통 1-19a:1-16. 物我證驗. "通與不通, 豈可自斷自足. 必須驗之於人, 以通其所不通, 猶未釋然, 又須驗之於物, 要無違於天人神氣之相通也."

37 신기통 1-13b:1-13. 通有可否之限. "人在天地間, 仰見, 則在天之內, 而遠望未能通其全體, 只可通其接地之氣, 與諸曜之行度遲疾而已. 俯察, 則附地之面, 而周覽未能通其內腑, 只可通其接地之天氣, 煦濡萬物, 各遂土宜而已." 참조.

38 신기통 1-25b:1-19. 通之所止及形質通推測通. "且在近, 則形質之內所以然者, 在外,

없고 맛보거나 감촉할 수 없는 형이상자를 헤아린다면, 직접적으로 미룰 수 있는 감각자료가 없으므로 허망한 데에 빠질 것이다. 그러므로 잘 헤아린다는 것은 헤아릴 수 없는 것이 없다는 것이 아니다.[39] 결국 최한기에게 통할 수 있고 증험할 수 있는 것은 바로 형질을 가진 기이다.

> 가만히 생각해 보면, 우주 사이에는 한 점의 공허도 털끝만큼의 무(無)도 없고 오직 충만한 기가 물체들을 흠뻑 적시고 있으니, 물체 속은 한 점의 공허도 없이 기에 젖어 있는 것이다. 인간의 신기는 곧 청명하고 허령한 형질이 있는 기로, 감각기관(九竅)들을 따라서 천지만물의 형질이 있는 기에 통달하게 된다. 형상이 있는 것으로서 형상이 있는 것을 증험하여 부합되는 점이 있으면 지각(知覺)으로 삼는다.[40]

서경덕의 태허(太虛)의 기나 임성주의 기일분수(氣一分殊)의 기

則天下人耳目之所不及者, 是謂不可通也." 참조.

39 추측록 1-6a:1-76. 捨其不可. "若求測其不可見·不可聞·不可齅·不可味觸者, 是無所推, 而殆涉虛妄. 故善測者, 非謂其無不可測也." 참조.

40 인정 10-14a:2-180. 有而無無. "竊想宇宙間, 無一點空一毫無. 惟有充塞之氣, 漬洽物體, 物體之中, 無點空有漬氣. 人之神氣, 卽瀅明靈澈有形之氣, 從九竅而通達天地萬物有形之氣. 以有驗有, 得其符合, 以爲知覺." ※ 최한기의 지각은 지식을 통한 깨달음이라는 의미에서 영국 경험론의 지각(perception)과는 다르다.

가 여전히 본체론적 의미로서[41] 형이상자인 반면, 최한기의 기는 형질이 있는 형이하자(形而下者)이다. 따라서 인간의 신기는 형질이 있는 것이며 외부 대상 세계의 천지만물 역시 형질이 있는 것으로, 형질이 있는 신기로서 감각기관으로 말미암아 형질이 있는 대상물을 인식하기 때문에 그 결과를 증험할 수 있고, 또 그렇게 증험하여 부합된 것이 곧 지각이 된다.

사실 최한기는 — 다음 2장에서 상술하겠지만 — 기일원론자로서 현상세계의 다양하고 끊임없는 변화를 기로서 설명하며, 그 변화 가운데 드러나는 조리를 리라고 한다. 즉, 그는 "천지를 꽉 채우고 물체에 푹 젖어 있어 모이고 흩어지는 것이나 모여지지도 않고 흩어지지도 않는 것이 모두 기 아닌 것이 없는데,"[42] 이 기는 스스로 움직이는 "일단의 활물(活物)"[43]로서 그 움직임으로서 "끊임없이 순환하여 모이고 흩어지는 것에 때가 있어서 그 법칙(條理)을 리"[44]라고 말한다. 이것은 최한기에게 리가 기와 독립된 존재로서 관념적 실재가 아닌 기의 운동현상

41 금장태(1998), 465~467쪽 참조.
42 신기통 1-1a:1-7. 天人之氣. "充塞天地, 漬洽物體, 而聚而散者, 不聚不散者, 莫非氣也."
43 신기통 1-1b:1-7. 氣之功用. "氣之爲物, …… 大凡一團活物."
44 추측록 2-1b:1-101. 大象一氣. "氣者, 充塞天地, 循環無虧, 聚散有時, 而其條理謂之理也." 참조.

에 따라 드러나는 법칙임을 말한다. 다시 말하면, 기의 조리는 사변에 의해 구성된 것으로 객관 대상물 외부로부터 대상물에게 부여된 것이 아니며, 객관적 대상물 자체의 법칙이다. 이러한 조리로서 리는 오랜 세월을 통해 선각자들에 의해 발명과 증험의 반복으로 오늘날에는 그것을 시험하고 이용하는 데까지 이르렀다. 이와 같은 의미에서 조리는 형질이 있는 리이며, 기는 형질이 있는 기이다.[45] 결국 증험의 여부는 유행하고 변화하는 운화기(運化氣)와 합치 여부에 있다. 만약 기에 의거하지 않고 한갓 자신의 주관만을 따른다면 운동하고 변화하는 기와 어긋나는 것이 많기 때문에 리는 모두 운화기에 의거해서 추측해야만 그 리가 실리가 된다. 따라서 리학의 '리'도 '기'로 보아야 형체가 있는 리가 된다[46]고 최한기는 말한다. 이것이 최한기가 "운화를 보지 않고 속으로 심리(心理)만을 구색하면 이것은 자기 혼자 배포하고 자기 혼자 주장하는 것이니, 이것을 실제로 일에 적응하고 남에게 시행하면 틀린 것이 많고 맞는 것은 적게 된다. 그것은 밖에 있는 것이 모두 운화이건만 심리만을

---

45 인정 8-28b:2-144. 無言有言. "方今運化之氣, 賴古人之多言發明, 累試證驗, 至於將器械, 而試之用之, 果是有形質之理, 有造化之物." 참조.

46 인정 8-51a:2-156. 理卽氣. "若不依據於氣, 徒自思量, 多違於氣之運化. 凡'理'字, 皆推運化氣而測之, 無非實理. 故理學之'理', 以'氣'字認之, 乃有形之理也." 참조.

가지고 멋대로 어림짐작하기 때문이다."[47]라고 말한 의미이다.

> 이미 운화의 형질에서 터득함이 없으면 사세(事勢)가 찾고자 하는 것을 장차 무극(無極)의 리나 무형(無形)의 귀(鬼)에서 찾게 되어 유(有)와 무(無)의 사이에서 헤매게 되고 변환의 사이에서 미혹될 것이다. 그러나 만일 리와 귀를 모두 운화기에 나아가 실지의 자취를 증험한다면, 가르침과 배움이 다 명백한 일통(一統)으로 되돌아 갈 것이다.[48]

최한기는 '궁리'의 근본적인 오류는 기에 대한 잘못된 인식에 있다고 한다. 그래서 그는 "허리를 궁구하여 천착하는 것은 실천할 수 없는 격물이지만, 기의 변화를 헤아려 시행하는 것은 실천할 수 있는 격물이다."[49]라고 말하여, 기를 대상으로 하는 격물만이 올바른 실천을 이끈다고 말한다. 여기에서 기를 대상으로 하는 격물이란 생활세계 속에서 날마다 사용하는 사

---

47 인정 9-14b:2-166. 依據證驗. "不顧運化, 而只以心理究索于內, 是自排布自主張, 及其施諸事加諸人, 多差誤少符合. 以其在外者, 皆是運化, 而惟將心理揣度也."

48 인정 10-11b:2-179. 氣之形質. "旣無見於運化形質, 勢將求之于無極之理, 無形之鬼, 浮沈於有無之間, 疑惑於變幻之際. 若以理與鬼, 皆向運化氣, 而驗諸實跡, 教與學, 可歸一統之明白."

49 기학 1-10b:1-202. (春 · 夏 · 秋 · 冬, 運化於循環之氣, 不必究其各殊之所以然, 但當從其經驗, 而要適用, 是乃格物學也.) "窮虛理而穿鑿, 格物之空談, 絜氣化而措施, 格物之實踐."

물 가운데의 실리를 대상으로 하는 것이다.

> 일용의 사물이 미룸의 근본이 될 것이다. …… 평생의 수용은 오직 일용 사물에 있을 뿐이고, 천지의 대도도 일용 사물에서 볼 수 있으며, 경영하고 경제하는 공업(功業)도 일용 사물에서 벗어나지 않는다. …… 총명이 좀 뛰어난 사람은 혹 일용 사물을 범상하게 봄으로써 소홀히 여겨 마음에 두지 않고 한갓 오묘한 방법으로 문득 깨우치기를 바라니, 이것은 미룸은 없이 한갓 헤아리기만 하는 것이다.[50]

허리를 궁구하는 궁리자는 언뜻 보기에는 "그 언론이 시원스럽고 풍채가 거침이 없는 것 같지만, 일을 주고 직책을 맡기면 잘못을 면하기 어려운"[51] 것은 생활세계 속의 "기구의 활용(器數)을 자잘한 것으로 생각하여 연구하여 알려고 하지 않으며, 아울러 기구(儀器)로 추측하는 것까지 소홀하게 여기기" 때문인데, 이처럼 형상을 가진 기구를 버린다면, 그들이 궁구하고자

---

50 추측록 6-38b:1-176. 外面推. "日用事物, 爲將推之根本. …… 平生須用, 惟在於日用事物, 天地大道, 可見於日用事物, 營濟功業, 不離於日用事物. …… 稍有聰明之發越者, 或以日用事物, 爲平常而忽略之, 不屑留心, 輒希頓悟於要妙之途, 是無推而徒測也."

51 추측록 5-30a:1-149. 從虛立本. (功夫頭腦, 從虛立本者, 求見其虛, 求養其虛.) "言論爽達, 風采無礙, 及其加諸事任其職, 難免錯落也."

하는 형이상학적 리조차도 결함이 있을 것이라는 것이 최한기의 주장이다.[52]

2) '추측'(推測)과 '행사'(行事)

주희는 『대학』에서 '궁리'를 말하지 않고 '격물'이라고 말한 이유를 "리라고 말하면 포착할 수 없어 사물이 때로 분리되지만, 사물이라고 말하면 리는 스스로 존재하여 그 자체로 분리될 수 없기 때문이다."[53]라고 설명한다. 이것은 "리라고 말하면 리는 포착할 수 없기 때문에 리와 사물은 때로 분리되는 것이고, 사물이라고 말하면 리는 자연히 사물에 내재하기 때문에 리와 사물은 분리되지 않는다."[54]는 것을 의미하는 것으로, 이 해석에 따르면, 주희 역시 구체적인 사물에 나아가 리를 깊이 연구해야 한다고 말하는 것인데, 사실 주희는 그렇게 말하고 있다.

---

52 추측록 6-70a:1-192. 無形儀器. (夫以格物窮理爲學者,) "以器數爲瑣 屑不肯究解, 幷與推測之儀器而忽略." (旣失於形下之器, 則倘無闞於形上之理乎.) 참조.

53 『주자어류』 권15, 「대학2」. "(格物, 不說窮理, 却言格物.) 蓋言理, 則無可捉摸, 物有時而離. 言物, 則理自在, 自是離不得."

54 오하마 아키라(1997), 343쪽.

> 무릇 '격물'은 '궁리'를 일컫는 것이다. 구체적인 일이 있으면 반드시 리가 있다. 그러나 리는 형상이 없어 알기 어렵고 구체적인 일은 자취가 있어 쉽게 살필 수가 있으니, 구체적인 일을 통하여 리를 구하되 그 리가 마음에 확연하게 되어 터럭만큼의 오차도 없다면, 일을 처리함에도 자연히 터럭만큼의 잘못이 없게 된다.[55]

최한기는 '궁리'에 대하여 비판도 하지만 한편으로는 "궁격지학(窮格之學)은 비록 미룸을 말하지는 않았지만 그 공효를 얻기에 이르러서는 절로 미루는 것이 있다."[56]라고 말함으로써 '궁리'의 의의를 인정한 바 있다. 사실 유가철학의 실천적 방법론의 역사로 볼 때, 주희의 '궁리'가 가지는 사상사적 의의는 매우 크다. 주희의 '궁리'는 정이(程頤, 1033~1107)의 '궁리'를 계승한 것[57]으로, 정이의 '궁리'는 출세간적(出世間的)인 불교철학과는 달리 '下學而上達'[58]이라는 입장에서 생활세계로부터 궁극

---

55 『문집』 권13 「癸未垂拱奏箚」:13-749. "夫格物者. 窮理之謂也. 蓋有是物必有是理. 然理無形而難知, 物有迹而易睹, 故因是物以求之, 使是理瞭然心目之間, 而無毫髮之差, 則應乎事者, 自無毫髮之繆." 정상봉(1999b), 7쪽 인용문 재인용.

56 추측록 1-23b:1-85. 雖用而不知推. "窮格之學, 雖不言推, 及其得效, 自有所推."

57 오하마 아키라(1997), 335~341쪽 참조. 저자는 이곳에서 『대학혹문』(174쪽)의 "此愚之所以補乎本傳, 闕文之意, 雖不能盡用程子之言, 然其指趣要歸, 則不合者, 鮮矣."과 같은 주희의 언급과 주희가 '窮理'의 근거 논리로서 '理一分殊'의 수용하고 있음을 통해 주희가 방법론을 정립함에 있어서 정이의 영향을 받았음을 논하고 있다.

적인 이념인 도를 추구한다는 유가철학의 방법론적인 기본입장에도 불구하고 여전히 상일절(上一截), 다시 말해 생활세계로부터는 멀리 떨어진 고원한 세계에서만 리를 추구함으로써 그 공부를 시작할 수 있는 구체적인 시작점(下手處)을 구하지 못했던 당시 기존 방법론의 병폐를 제거한 의의를 가진다. 그리고 주희는 아직 정이가 궁리의 리가 의미한 바를 정확히 밝히진 못했던 것[59]을 존재원리와 당위규범으로써 밝혔던 것이다. 바로 이 존재원리가 궁리를 통해 궁구하고자 했던 사물 가운데 리의 극처이다.[60]

그러면 주희가 사물의 극처에 나아가 그 존재원리를 궁구하고자 했던 이유를 살펴보자. 그 이유의 하나는 천하의 모든 사물을 일일이 궁구할 수 없다는 것이다. 주희는 "격물은 천하의 사물을 모두 궁구하고자 함이 아니다. 단지 하나의 사물에서 완전하게 궁구하면 그 밖의 다른 사물은 유추할 수 있다. 효를 말한다면, 마땅히 그 효를 행하는 이유가 어떠한 것인가를 궁구해야 한다."[61]라고 말하고 있다. 이것은 현실세계 속에서 부모와

58 『논어』「憲問」. "子曰: '不怨天, 不尤人, 下學而上達, 知我者, 其天乎'" 참조.
59 류인희(1980), 79~119쪽 참조.
60 『문집』 권64 「答或人」:18-4748. "窮理者, 欲知事物之所以然與所當然者而已. 知其所以然, 故知不惑. 知其所當然, 故行不謬." 참조.

자식의 관계는 헤아릴 수 없을 만큼 다양한 형태로 드러나게 마련인데, 그러한 모든 경우를 일일이 익힐 수는 없기 때문에 자식이 왜 부모에게 효도해야 하는지 그 근본 이유를 깨닫는다면 다양한 상황 속에서도 효를 실천할 수 있다는 것을 의미하는 것이다. 또 하나의 이유는 올바른 실천은 근본적인 것에 대한 지식만이 보장할 수 있기 때문이다.[62] 예컨대, 주희는 "만약 효를 하고자 한다면 효도는 어떻게 봉양해야 마땅한가, 어떻게 적절히 겨울에는 따뜻하게 하고, 여름에는 시원하게 하는가를 철저히 궁구한 연후에야 실천할 수 있다. 오로지 '효'라는 글자 하나만을 고수한다고 실천할 수 있는 것이 아니다."[63]라고 말한다.

이러한 근거들로 주희는 경험론적 입장을 견지하는 최한기에게 올바른 실천을 위한 조건으로서 보편타당하며 영원불변한 지식[64]을 어떻게 확보할 수 있는지를 물을 것이다. 다시 말

61 『대학혹문』. 155쪽. "格物, 非欲盡窮天下之物, 但於一事上窮盡, 其他可以類推. 至於言孝, 則當求其所以爲孝者如何."

62 『문집』 권64 「答或人」:18-4748. "窮理者, 欲知事物之所以然與所當然者而已. 知其所以然, 故知不惑. 知其所當然, 故行不謬." 『二程集』 권15 「河南程氏遺書」 164쪽. "知至則當至之, 知終則當遂終之, 須以知爲本. 知之深, 則行之必至, 無有知之而不能行者." 참조.

63 『대학혹문』. 158쪽. "如欲爲孝, 當知所以爲孝之道, 如何而爲奉養之宜, 如何而爲溫凊之節, 莫不窮究然後能之, 非獨守夫'孝'之一字而可得也."

해 그는 최한기에게 "사람은 사물과 접하지 않음이 없다. 혹자는 한갓 사물을 접하기만 하고 그 리를 구하지 않으며, 혹은 리를 대강 구하고 그 극처를 구하지 않는다. 그렇다면 비록 사물과 접한다고 하더라도 그 리로서 존재원리와 당위규범을 알 수 없을 것이다. 이제 만약 '한결같이 사물과 접하는 것만으로도 리를 궁구하지 않음이 없다.'라고 말한다면, 이는 또한 지나치게 경솔하고 안이한 것이다."[65]라고 말할 것이다. 왜냐 하면, 존재원리란 이미 형기(形氣)가 있어 그것이 괴멸한다 해도 다시 또 하나가 있게끔 하는,[66] 그것이 반드시 그렇게 되도록 하는 것이며, 당위규범이란 군신·부자·부부·장유·붕우의 떳떳함이 있어 스스로가 그만둘 수 없는 것[67]이다. 이것이 바로 모든 사물을 이루는 실리[68]로서 궁구를 통해 얻어야 하는 것인데,

---

64 『대학혹문』. 150쪽. "程子曰: '誠敬, 固不可以不勉, 然天下之理不先知之, 亦未有能勉而行之者也. 故『大學』之序, 先致知而後誠意, 其等有不可躐者. …… 惟其燭理之明, 乃能不待勉彊而自樂循理爾." 참조.

65 『문집』 권44 「答江德功」:16-3020. 細註. "人莫不與物接, 但或徒接而不求其理, 或粗求而不求其極, 是以雖與物接, 而不能知其理之所以然與其所當然也. 今曰: '一與物接而理無不窮', 則亦太輕易矣."

66 『주자어류』 권45 「論語27·衛靈公」. "旣有形氣, 如何得不壞, 但一箇壞了, 又有一箇." 참조.

67 『대학혹문』. 167쪽. "有君臣父子夫婦長幼朋友之常, 是皆必有當然之則而自不容已, 所謂理也." 참조.

68 『중용장구』 25. 주희주. "天下之物, 皆實理之所爲. 故必有是理, 然後有是物." 참조.

그것은 이러한 실리에 대한 인식이 있을 때 그 앎이 의혹되지 않으며 그 실천이 잘못되지 않기 때문이다.[69]

그러나 최한기는 리학이 현실세계에 적용될 수 없는 공리공담(空理空論)의 쓸모없는 학문이라는 점을 들어 반박한다. 즉 그는 "만약 배우는 것이 생활세계의 사무(事務)와 무관하다면 이는 허무하고 괴탄한 학문이며,"[70] "만약 사무로 학문을 삼지 않으면 그 학문은 쓸모없는 학문이니, 사무로 학문을 삼아야 쓸모 있는 학문"[71]이라고 말함으로써 실용적 사무로서 학문만이 참학문임을 주장한다. 이와 같은 실용적 학문관은 최한기의 지행관에 근거한다. 그는 "지(知)·행(行)의 선후는 자연히 나아가는 차례가 있으니, 처음에는 '행'을 말미암아 '지'가 생기고, '지'가 생긴 뒤에는 혹 '지'로 말미암아 '행'이 있게 된다."[72]는 '선행후지'(先行後知)적 입장을 표명하는데, 이것은 "반드시 '지'가 근본이다. 아는 것이 깊어지면 행위가 반드시 이른다. 아는

---

69 『문집』 권64 「答或人」18-4708. "窮理者, 欲知事物之所以然與所當然者而已. 知其所以然, 故知不惑. 知其所當然, 故行不謬." 참조.

70 인정 9-3b:2-160. 教通事務. "若所學無關於人世事務, 是虛無怪誕之學."

71 인정 11-37b:2-205. 積累. "若不以事務爲學問, 則無用之學問, 以事務爲學問, 則實用之學問. 無用之學, 高則入於虛無怪誕, 下則陷於零瑣文華."

72 추측록 4-8a:1-130. 知行先後. "'知'·'行'先後, 自有進就之序. 於其初, 則由'行'而有'知', 既有'知', 則或由'知'而有'行'."

것이 없으면 행위할 수 없다."[73]는 리학의 '선지후행'(先知後行)적 입장과는 분명히 반대가 된다.

> 귀로 듣고 눈으로 보고 손을 잡고 발로 움직이는 것이 모두 '행'이다. 모태에서 나온 뒤로부터는 귀로 들음이 있고 눈으로 봄이 있고 손으로 잡음이 있고 발로 움직임이 있어 점차 신기에 얻음이 있으니, 이것이 '지'이다. 옛사람들의 '선지후행'은 알고 난 이후에야 행한 것이 있다는 것이고, 애초에 귀로 듣고 눈으로 보고 손으로 잡고 발로 움직이는 '행'으로부터 '지'를 얻는다는 말이 아니니, 이것이 바로 '선행후지'이다.[74]

최한기가 이렇게 '선행후지'를 주장하면서 '선지후행'을 반대하는 이유는 실천에 앞선 이론은 관념적인 것으로 그것에 근거한 실천은 이미 짜여진 그 관념의 틀을 넘지 못함으로써 항상 변화하는 현실에 대하여 능동적이고 적극적으로 대처할 수

73 『二程集·河南程氏遺書』 권15 「入關語錄」. 164쪽. "須以知爲本, 知之深, 則行之必至, 無有知之而不能行者."

74 인정 11-2b:2-187. 知行先後. "耳聞, 目見, 手持, 足運, 皆是'行'也. 自出胎以後, 耳有聞, 目有見, 手有持, 足有運, 漸次有得於神氣, 是謂'知'也. 古人'先知後行', 謂其得知以後乃有所行, 非謂其自初耳聞, 目見, 手持, 足行之行而得之, 是乃'先行後知'也."

없는 반면, 이미 실천한 이후에 구성된 이론은 구성된 이론 이전의 실천과 구성한 이후의 실천을 비교할 수 있기 때문에 유동적인 현실에 능동적이고 적극적으로 대처할 수 있다는 것이다.[75]

다시 말하면, 최한기는 법칙의 근거인 기보다 앞서 미리 법칙의 범위를 정하거나 또는, 변화하는 기를 인식하지 못하고 앞서 얻은 법칙에 고착되어 집착하면 어긋나는 것이 많고 맞는 것은 적게 된다고 한다. 따라서 배우는 자는 먼저 이 법칙을 세워 기에 부합하기를 구해서는 안 되고, 추측으로써 그 법칙을 구하고 통하려고 해야 한다[76]고 말한다. 이것은 참으로 객관적 현실(氣)에 밝으면 법칙은 자연히 그 가운데 있지만 객관적 현실에 대한 인식에 앞서 법칙을 탐구하려고 한다면, 이것은 선입견을 가지는 것으로 인식하고자 하는 객관적 현실은 도리어 은폐되며 객관적 기준을 잃어버리기 때문이다. 다시 말해, 리는 형체가 없고 기는 자취가 있으므로 그 자취를 따라가면

---

75 인정 11-3a:2-188. 知行先後. "用功於'先知後行'之'知', 則'知'有定而鮮變通, 用功於'先行後知'之'知', 則'知'有擇而有變通. 旣行而知, 以其'知'行之, 則'行'在知之先知之後, 以先行較後行, 其間自有硏精. 非獨有定準, 亦可知隨行而有無窮之通達." 참조.

76 신기통 1-6a:1-9. 心性理氣之辨. "先乎氣而豫定範圍, 後乎氣而長留虛影, 有違者多, 有合者少. 學者, 不宜先將此理, 而求合於氣也, 宜將神氣, 而求通此理." 참조.

리는 저절로 드러나서 찾을 수 있는 단서가 있게 되지만, 만약 그 자취를 버리고 형체가 없는 데서 구하면 드러난 기도 도리어 은폐되어 이른바 리도 막연하여 준적이 없어지기 때문이다.[77]

주희는 궁극적 원리를 궁구함으로써 비로소 올바른 실천을 할 수 있음을 "나라의 천 갈래 만 갈래의 길은 모두 서울로 가는 길과 통한다. 다만 하나의 길을 얻어서 서울로 들어가면 유추하여 그 나머지 길로도 통할 수 있다."[78]라는 비유로 설명하지만, 최한기가 보기에 관념적 실재를 믿고 주장하는 사람은 자신의 마음만으로 구성하는 것을 고집하기 때문에 "오직 자기가 들어간 문만을 알아 다른 문으로 들어가는 사람은 그르다고 헐뜯으며, 여덟 갈래의 큰 길이 모두 서울로 통한다는 것을 알지 못하는"[79] 폐단으로 흐른다고 한다.

리학의 태극은 만물 생성의 원인으로 한번 음이 되고 한번

77 추측록 2-14a:1-107. 理在氣中. "苟明乎氣, 則理自在其中矣. 先務究理, 則氣反隱而罔準. 理無形而其有跡, 故循其跡, 則理自顯而有可尋之緒矣. 捨其跡而求諸無形, 則顯著之氣, 反歸隱微, 所謂理者, 漠無準的." 참조.

78 『대학혹문』 155쪽. (格物, 非欲盡窮天下之物. ……) "譬如千蹊萬徑, 皆可以適國, 但得一道, 而立則可以推類而通其餘矣." (蓋萬物各究一理, 而萬理同出一原.)

79 추측록 5-26a:1-147. 道一學一. (一種偏滯之人, 惟知古今異宜, 而不知異宜之中, 自有不易之道.) "惟知有自己之入門, 而非毁從他門入者, 不知八達大道, 皆可以朝京."

양이 되는 일음일양(一陰一陽)하는 생생지도(生生之道)로 그것은 인간의 감각적 경험을 넘어서 있는 관념적 실재이다. 그렇기 때문에 필연적으로 형상화되지 않을 수 없다는 점에서 최한기는 추측의 대상으로 끊임없이 변화하는 역동적인 자연을 그 대안으로 제시한다. 최한기는 일이란 시대의 흐름에 따라 다르고 그 추세에 따르는 일의 법칙에 대해서는 사람의 견해에 따라 같지 않으므로, 시대의 취향을 미루고 사람의 견해를 헤아려야 한다고 말한다.[80] 따라서 그는 봄 · 여름 · 가을 · 겨울이 운행하는 까닭을 궁구할 필요는 없고 다만 그것을 경험함에 따라 적절하게 사용하는 것이 기의 변화를 헤아려 시행할 수 있는 실천적인 격물이라고 한다. 예컨대, 과거에 이 일을 직면하여 이 대상을 이용해서 성공한 사람이 지금 이 일을 직면해서 이 대상을 사용하고도 성공하지 못한 경우가 있고, 과거에 저 일을 당하여 저 대상을 이용하여 성공하지 못한 자가 오늘 저 일을 당해 저 대상을 이용해 성공하는 경우가 있는 것은 비단 저 대상과 이 대상의 유행하고 변화하는 기에 전후의 다름이 있을 뿐만 아니라, 저 일과 이 일의 유행하고 변화하는 기에도 전후가 같지 않기

80 추측록 6-33b:1-174. 古今事機. "事隨時尙而有異, 理隨人見而不同, 何以齊之, 推其時尙, 測其人見." 참조.

때문이다. 격물의 학문이 만물의 다양한 작용에도 불구하고 기의 변화에 따르는 인식과 증험이 가능한 법칙을 통달할 수 있다면, 자체에 따를 수 있는 법도가 있기 때문에 보편타당한 지식을 걱정하지 않아도 된다[81]고 최한기는 말한다.

2. '추측'과 '신기'(神氣)

1) '궁리'의 향내성(向內性) 비판

관념적 실재를 궁구하는 것이 허리를 궁구하는 것이라는 비판에 대해서 주희는 오히려 감각적 인식에 근거하여 자잘한 기수(器數)를 인식하고자 하는 태도는 근본적인 것에 대한 인식이 결여된 피상적인 지식에 지나지 않는 것으로 마치 기마 유격병

81 기학 1-10b:1-202. "萬物產於地面者, 因種類之脈絡, 乘氣化之資育, 各具其質, 各遂其氣, 遍天下而土宜不同, 隨民事而取用有異. 然强・柔・精・麤, 分別於種類之氣, 春・夏・秋・冬, 運化於循環之氣, 不必究其各殊之所以然, 但當從其經驗而要適用, 是乃格物學也. 窮虛理而穿鑿, 格物之空談, 絜氣化而措施, 格物之實踐. 已往當此事, 用此物而得濟者, 方今當此事, 用此物而未濟者, 前日當彼事, 用彼物而不成者, 今日當彼事, 用彼物而得成者, 非但彼此物運化之氣, 有前後之異, 抑有彼此事運化之氣, 亦前後不同. 格物之學, 若通氣化有形之理, 何患萬物不齊之用. 自有軌轍可循之道." 참조.

이 적진에 깊숙이 들어갔다가 돌아갈 방도를 잃어버리는 것과 같다[82]고 말한다. 다시 말하면, 모든 사물의 궁구함에는 완급과 선후의 차례가 있어 보다 근본적인 것에 대한 지식이 있어서 그 방향이 설정되어야 세세한 것까지도 인식할 수 있다고 한다. 가령 우선 천리(天理)를 궁구하고, 인륜을 밝히고, 성인의 말을 논하고, 세상의 일을 통해야지, 만약 방향 없이 막연히 하나의 초목과 기용(器用)에 마음을 둔다면 학문이라 할 수 없다[83]고 말한다. 또한 귀에 들리는 것, 눈에 보이는 모든 것이 사물 아닌 것이 없는데, 이러한 모든 것을 궁구할 수 없으니, 반드시 마음을 살펴 마음의 리를 밝게 한 이후에 사물을 따라서 살핀다면 범람한 데에 이르지 않을 것[84]이라고 주희는 말한다.

'궁리'에는 선후완급의 차례가 있다는 생각의 배경에는 '리선기후'의 논리가 있다. 주희는 그의 제자가 "리가 있고 나서

---

82 『대학혹문』 159쪽. "又曰: '致知之要, 當知至善之所在. 如父止於慈, 子止於孝之類. 若不務此, 而徒欲汎然以觀萬物之理, 則吾恐其如大軍之遊騎, 出太遠而無所歸也.'" 참조.

83 『대학혹문』. 159쪽 細註. "朱子曰: '格物之論, 伊川意雖謂眼前無非是物, 然其格之也, 亦須有緩急先後之序. 如今爲學而不窮天理明人倫論聖言通世故, 乃兀然存心於一草木器用之間, 此是何學問.'" 참조.

84 같은책. 160쪽 細註. "天下之理, 偪塞滿前, 耳之所聞, 目之所見, 無非物也. 若之何而窮之哉, 須當察之於心, 使此心之理旣明, 然後於物之所在從而察之, 則不至於流濫矣." 참조.

기가 있다면 인간이 존재하지 않았을 때, 리는 어디에 있느냐?"는 질문에 "또한 단지 여기에 있었을 뿐이다. 가령 동일한 바닷물을 어떤 사람은 한 표주박만큼 가져가고, 어떤 사람은 한 통만큼 가져가고, 어떤 사람은 한 그릇만큼 가져간다고 하더라도, 모두가 원래의 바닷물인 것과 같다. 다만 리는 주인이고 나는 손님이 되며, 리는 분명히 영원하지만 내가 얻은 것은 오래 가지 못할 뿐이다."[85]라고 대답하고 있다. 이와 같은 관념적 실재로서 리의 선재성에 대한 물음에 주희는 "아직 천지가 생겨나기 전에 필경 이 리가 먼저 있었다. 움직여서 양을 낳는 것도 단지 리요, 고요하여 음을 낳는 것도 단지 리이다."[86]라고 말함으로써 형이상자로서 리가 사물의 형질을 이루는 형이하자인 기에 앞서 존재함을 말한다.

> 리는 기에서 떨어진 적이 없다. 그러나 리는 형이상자이며, 기는 형이하자이다. 형이상과 형이하로 말하면 어찌 앞뒤가 없겠는가! 리는 형체가 없지만 기는 거칠어서 찌꺼기가 있다.[87]

85 『주자어류』. 권1 「理氣上」. "又問: '有是理而後有是氣, 未有人時, 此理何在?' 曰 : '也只在這裡. 如一海水, 或取得一杓, 或取得一擔, 或取得一碗, 都是這海水. 但是他爲主, 我爲客. 他較長久, 我得之不久耳."

86 『주자어류』 권1 「理氣上」. "未有天地之先, 畢竟是先有此理. 動而生陽, 亦只是理. 靜而生陰, 亦只是理."

현상적으로 보면 리가 기와 따로 존재하는 것이 아니라 기 가운데 있으며, 형이하자인 기가 없다면 리 역시 실려 있을 곳이 없기 때문에 리와 기의 선후를 말할 수 없다. 단지 논리적으로 그 연원을 미루어 본다면 형이상자로서 리가 먼저 있다고 말해야 한다는 것이다.[88] 여기에서 논리적으로 리가 먼저 존재한다는 것은 그것이 모든 만물의 존재원리로서 그것이 앞서 존재하지 않는다면 천지는 생겨나지 못하기 때문이다.[89] 다시 말해 리는 만물로 하여금 존재하게 하는 원리로서 그것이 존재하기 때문에 양이 양이 되고 음이 음이 된다. 그래서 한 번 음이 되고 한번 양이 되는 반복이 끝이 없게 된다. 주희는 '리선기후'는 "'一陰一陽之謂道'를 미루어 말한 것"[90]이라고 말하며, 다음과 같이 설명한다. "리가 있으면 곧 기가 있지만 리가 근본이다. 지금 리로부터 기를 설명하면 '태극이 움직여서 양을 낳고 움직임이 극에 이르면 고요해지며, 고요해져서 음을 낳는

---

87 『주자어류』 권1 「理氣上」. "理未嘗離乎氣, 然理形而上者, 氣形而下者. 自形而上下言, 豈無先後！理無形, 氣便粗, 有渣滓."

88 『주자어류』 권1 「理氣上」. "或問 : '必有是理, 然後有是氣, 如何？'曰 : '此本無先後之可言. 然必欲推其所從來, 則須說先有是理. 然理又非別爲一物, 卽存乎是氣之中. 無是氣, 則是理亦無掛搭處. 氣則爲金木水火, 理則爲仁義禮智." 참조.

89 『주자어류』 권1 「理氣上」. "若無太極, 便不翻了天地." 참조.

90 『주자어류』 권1 「理氣上」. "有是理後生是氣, 自'一陰一陽之謂道'推來."

다.'라고 말하는 것과 같으니, 움직이기 이전에 고요하지 않았다는 것이 아니다. 이천 선생(程頤)은 '움직임과 고요함은 끝이 없다.'고 말하였는데, 아마도 이것 역시 우선 움직임으로부터 말한 것이다. 가령 움직이기 이전에도 고요함이 있었고, 고요하기 이전에도 또한 움직임이 있었다고 주장한다면, '一陰一陽之謂道, 繼之者善也.'라고 말하는 것과 같다. 여기에서 '계'(繼)는 곧 움직임의 실마리이다. 만약 단지 한 번 열렸다가 닫힌 이후에 계속 이어지지 않는다면, 곧 멈추게 된다."[91]

사실 주희는 "지극히 미묘한 것은 리이고, 지극히 잘 드러나는 것은 형상이다. 본체와 작용은 근원을 같이 하고, 드러나는 것과 드러나지 않는 것에는 간격이 없다."[92]라는 입장에서 『주역』의 "一陰一陽之謂道, 繼之者善也, 成之者性也."[93]을 "음양을 떠나서는 다시 도는 없다. 음이 되고 양이 되는 까닭이 도이다. 음양은 기이며 기는 형이하자이요, 도는 형이상자이며 형

---

91 『주자어류』 권1 「理氣上」. "有是理便有是氣, 但理是本, 而今且從理上說氣. 如云 : '太極動而生陽, 動極而靜, 靜而生陰.' 不成動已前便無靜. 程子曰 : '動靜無端.' 蓋此亦是且自那動處說起. 若論著動以前又有靜, 靜以前又有動, 如云 : '一陰一陽之謂道, 繼之者善也.' 這'繼'字, 便是動之端. 若只一開一闔而無繼, 便是闔殺了."

92 程頤, 『易傳』 「序」. "至微者理也, 至顯者象也, 體用一源, 顯微無間."

93 『주역』 「繫辭上」 5. "한번 음이 되고 한번 양이 되는 것이 도이다. 그것을 계승하는 것이 선이고, 그것을 이루는 것이 성이다."

이상자는 은밀하다."[94]라고 주석하는 정이의 철학을 계승한다. 주희가 '궁리'를 통해 사물 가운데 리의 극처를 도달하고자 하는 것은, 현상 이면의 실체를 궁구해야 비로소 그 사물을 이해할 수 있다고 주장한 것은, 다름 아닌 정이의 본체와 작용은 같은 근원이며 드러나는 것과 드러나지 않는 것에는 간격이 없다는 '체용일원(體用一源) · 현미무간(顯微無間)'에 근거한 것이다.

> 많은 사람들이 이 도리를 하나의 공중에 매달린 물건으로 생각한다. 하지만 『대학』에서 '궁리'를 말하지 않고 다만 '격물'을 말한 것은 사람들로 하여금 오로지 사물에 나아가서 이해하게 하려는 것이다. 이와 같이 해야만 비로소 실체를 볼 수 있기 때문이다. 이른바 실체는 사물에 나아가지 않으면 볼 수 없다. 배를 만들어 물 위를 다니고, 수레를 만들어 육지를 다니는 것으로 예를 들어보자. 이제 시험삼아 여러 사람들의 힘으로 배를 육지에서 밀어보아도 결코 나아가게 할 수 없으니, 비로소 배는 육지를 다닐 수 없다는 것을 알 수 있다. 이것을 실체라 한다.[95]

---

94 『이정집 · 河南程氏遺書』 권15 「入關語錄」. 162쪽. "離了陰陽, 更無道. 所以陰陽者是道也. 陰陽氣也. 氣是形而下者, 道是形而上者, 形而上者則是密也."

95 『주자어류』 권15 「大學2」. "人多把這道理作一箇懸空底物. 『大學』不說'窮理', 只說箇'格物', 便是要人就事物上理會, 如此方見得實體. 所謂實體, 非就事物上見不得. 且如作舟以行水, 作車以行陸. 今試以衆人之力共推一舟於陸, 必不能行, 方見得舟果不能以行陸也. 此之謂實體." "여기에서 주희가 말하는 '실체'란 현상의 기

그러나 현상 이면의 실체를 상정하여 이 실체에 대한 인식이 앞서야 끊임없이 변화하는 현실세계를 올바로 인식할 수 있다는 주희의 주장은 천지만물의 존재원리로서 태극을 상정하고 그로부터 모든 현상을 설명하고자 하는 관념적 사유로부터 비롯된다. 따라서 리학은 자연법칙과 당위규범이 존재원리에서 근원하기[96] 때문에 자연법칙을 통해서 당위규범을 인식할 수 있다고 주장한다.

최한기는 이와 같은 사고방식은 공부할 수 있는 것과 할 수 없는 것을 구별하지 못한 것이라고 말한다. 여기에서 최한기가 말하는 공부란 '선행후지'의 또는 행사와 사무를 통한 '추측'을 강조하는 입장으로부터 인간의 후천적인 노력을 통해 그 대상을 변화시킬 수 있는 것을 전제로 한다. 구체적으로 말하면, 추운 겨울이 지나고 따뜻한 봄이 오면 온갖 식물이 새롭게 싹을 낸다는 현상을 인간은 인식할 수 있고 또한 그것을 실생활에

초로서 항상적이고 자기동일적인 것과, 형이상학적 대상으로서의 초월적인 것을 의미하는 '실체'(Substanz)와 다르다. 주희가 말하는 실체는 사물에 내재한 리, 사물과 리가 일체인 것과 기와 리가 일체인 것을 의미한다. 그것은 정이의 '사물과 리가 일치하고(事理一致), 은미함과 나타남이 하나의 근원이다(隱顯一源)'라는 사상임에 틀림없다." 오하마 아키라(1997), 344쪽. 『이정집 · 河南程氏遺書』 권25 「暢潛道本」. 323쪽. "事理一致, 隱顯一源."

96 『문집』 권63 「答余正甫」:18-4646. "天下之理萬殊, 然其歸則一而已矣." 참조.

활용할 수 있지만, 왜 추운 겨울이 지나고 따뜻한 봄이 와서 식물들로 하여금 새로운 싹을 나도록 하는지는 알 수도 없고, 더욱이 어찌 할 수도 없다는 것이다. 하지만 리학자들은 그 이유를 규명하고 상정하여, 그것은 천지에 마음이 있기 때문이며 그 마음을 인간 역시 본연지성(本然之性)으로 품부 받았기 때문에 그것을 함양해야 하며 함양할 수 있다고 주장한다는 것이다. 이것이 최한기가 "혼미한 자는 필연적인 것(自然)을 대상으로 공부를 잘못하여 하늘을 대신하여 바쁘지만 헛수고만 하고 이익이 없을 뿐만 아니라 마땅히 해야 하는 것(當然)에는 관심을 두지 않아 인도를 저버리는 것이다."[97]라고 말한 의미이며, 자연법칙을 통해 당위규범을 인식하여 그것을 실천으로 옮기려는 것은 공부할 수 있는 것과 할 수 없는 것을 구별하지 못함으로써 결과하는 오류라는 것이다. 달리 표현하자면 리학자들은 음양의 논리에 선악의 가치를 부여함으로써 공부의 대상으로 삼은 것이다.[98]

---

97 추측록 2-36a:1-118. 自然當然. (自然者, 天地流行之理也. 當然者, 人心推測之理也. 學者, 以自然爲標準, 以當然爲功夫. 自然者, 屬乎天, 非人力之所能增減, 當然者, 屬乎人, 可將此而做功夫也. ……) "或有昏迷者, 專在自然上, 錯用功夫. 是謂替天忙, 徒勞無益, 却將當然 全不着意, 是謂棄人道, 竟有何成哉."

98 『문집』 권67 「仁說」:19-4950. "天地以生物爲心者也, 而人物之生, 又各得天地之心以爲心者也." 같은책 같은 곳. "蓋天地之心, 其德有四, 曰:元亨利貞, 而元無不統.

> 등불 자체에 물체를 비추는 리가 있다는 것이 주리자(主理者)의 말이고, 불이 밝은 것은 물체를 비추는 기 때문이라고 하는 것은 주기자(主氣者)의 말이니, 리를 주장하는 것은 근거 없는 추측이요 기를 주장하는 것은 실천하는 추측이다. 리를 주장하는 자는 추측지리(推測之理)를 유행지리(流行之理)로 혼잡시켜서 혹 유행의 천리를 추측의 심리로 알거나, 아니면 추측의 심리를 유행의 천리와 동일시한다. 그렇게 되면 천리도 순수하지 못할 뿐 아니라 추측도 참되지 못하다. 그 원인을 찾아보면 근거 없이 추측하였기 때문이다.[99]

최한기에 의하면, 리학의 형이상학적 실재에 대한 주장은 증험할 수 없는 것을 주장한 것으로, 이것은 유행지리와 추측지리를 혼동하여 유행지리를 추측지리로 잘못 알거나 추측지리를 유행지리로 오인한 것이다. 여기에서 유행지리(流行之理)란 기가 유행함으로써 드러나는 조리이다.[100] 달리 말하면, 끊임없이

其運行焉, 則爲春夏秋冬之序, 而春生之氣無所不通. 故人之爲心, 其德亦有四, 曰: 仁義禮智, 而仁無不包. 其發用焉, 則爲愛恭宜別之情, 而惻隱之心無所不貫." 정상봉(1999a), 461쪽. 주43) 44) 인용문 재인용.

99 추측록 2-27b:1-114. 主理主氣. "燭中自有照物之理, 主理者之言也. 火明乃是照物之氣, 主氣者之言也. 主理者, 推測之虛影, 主氣者, 推測之實踐也. 主理者, 以推測之理, 渾雜於流行之理, 或以流行之天理, 認作推測之心理, 或以推測之心理, 視同流行天理. 非特天理之不得其純, 并與推測而失其眞然. 究其原, 則乃是推測之虛影耳."

100 추측록 2-1b:1-101. 大象一氣. "氣者, 充塞天地, 循環無虧, 聚散有時而其條理, 謂

운동하며 변화하는 자연현상 자체의 법칙이다. 최한기에게 리는 단지 기의 조리일 뿐이다.[101] 현실세계에 펼쳐지는 자연현상 이면에 어떠한 것도 상정하지 않는다. 만약 그렇게 상정한다면 그것은 다만 그것을 상정한 사람의 마음에만 있을 뿐이다. 즉 그것은 근거 없는 또는 증험할 수 없는 추측의 그림자이며 주관적 상상일 뿐이다. 반면 추측지리(推測之理)란 인식하는 주체가 인식하는 대상을 감각기관을 통해 접촉함으로써 인식주체의 마음 안에 형성된 조리이다.[102] 따라서 이러한 추측지리는 상대적으로[103] 유행지리가 필연적인 반면 가변적이며, 유행지리가 이미 증험된 것임에 반하여 증험을 통해 그 타당성을 인정받아야만 하는 것이다. 그래서 최한기는 천지의 끊임없는 변화와 그 가운데에서 만물이 변화하고 자라는 가운데 부여된, 그렇기 때문에 인간이 증감할 수 없는 것을 유행지리로, 인간의 경험

之理也, 氣之所敷, 理卽隨有." 참조.

101 기학 1-13b:1-203. "氣之條理爲理, 條理卽氣也." 참조.

102 인식주체가 인식대상인 외부 대상물과 접촉을 통해 추측지리가 형성되는 과정 자체를 넓은 의미의 推測之理라고 말할 수도 있다. 그러나 이러한 넓은 의미의 추측지리는 일반적인 인간의 심리적 행위의 법칙으로서 流行之理라고 해야 할 것이다.

103 流行之理는 인간의 인위적인 조작을 가할 수 없는 자연법칙이지만, 그것이 인간의 추측을 통해 인식되어진 법칙이라는 점에서 그 자체의 불변성 여부와 상관없이 인간에게 인식되어진 자연법칙은 바뀔 수 있다 — 예컨대, 천동설이 지동설로 바뀌는 것처럼 — 는 점에서 추측지리와 상대적으로 필연적이다.

에 따라 생소하고 익숙하며 맞고 틀리는 차이가 있어 재단하고 변통할 수 있을 것을 추측지리[104]로 구별하고, 추측지리를 공부의 대상으로 삼고자 한다.

> 리는 기의 조리이므로 기가 있으면 리가 반드시 있고, 기가 없으면 반드시 리도 없다. 기가 움직이면 리도 움직이고, 기가 움직이지 않으면 리도 움직이지 않으며, 기가 흩어지면 리도 흩어지고, 기가 모이면 리도 모인다. 리는 기보다 앞선 적도 없고 뒤선 적도 없으니 이것은 천지의 유행지리이다. 인간의 마음에는 원래 추측하는 능력이 있어서 지나간 것을 헤아리고 또 아직 생기지 않은 일을 헤아릴 수 있는데, 이것이 곧 인간 마음의 추측지리이다. 유행지리는 천지의 도이고, 추측지리는 인간 마음의 공부(功)이니, 먼저 공부로서 도를 구하고 다음에 도로서 공부을 증험한다.[105]

그것은 최한기가 "자연에는 자연의 법칙이 있고, 인간에는

---

104 추측록 2-23b:1-112. 推測以流行理爲準. "天地萬物流行之理, 付諸健順化育之中, 非人之所能增減. 若夫推測之理者, 有生熟得失之分, 可以裁制變通." 참조.

105 추측록 2-13a:1-107. 流行理推測理. "理是氣之條理, 則有氣必有理, 無氣必無理, 氣動而理亦動, 氣靜而理亦靜, 氣散而理亦散, 氣聚而理亦聚. 理未嘗先於氣, 亦未嘗後於氣, 是乃天地流行之理也. 人心自有推測之能, 而測量其已然, 又能測量其未然, 是乃人心推測之理也. 流行之理, 天地之道也. 推測之理, 人心之功也. 先以功求道, 次以道驗功. 氣之條理爲理者, 指其流行之理也."

인간의 법칙이 있다."[106]는 천인유분(天人有分)적 입장을 취하기 때문이다. 그리고 그는 여기에서 더 나아가 천도와 인도를 구별한다. 즉 그는 맹자의 "성(誠)은 천도요, 성하고자 하는 것은 인도이다."라는 말을 예시하면서 인도는 오직 "만물에 부여된 실리를 생각하여 어김이 없고 사특함이 없어야 하는 데" 있다고 말한다.[107] 이러한 태도는 최한기로 하여금 필연적으로 인간의 인식의 한계를 인정하도록 한다.

> 추측의 작용은 무궁하여 어느 곳에서나 미루므로 일정한 규칙이 없다. …… 인생으로 천지를 보면 추측이 무궁하고, 천지로 인생을 보면 추측이 유한하다. 유한한 추측으로 무궁한 추측을 다하려 하면 될 수 없으나, 유한한 추측으로 한정된 안에서의 추측을 다하려 하면 그 방법이 절로 있게 된다.[108]

다시 말하면, "얻기 어렵고 잃기 쉬운 것이 미룸이고, 정밀하

---

106 추측록 5-20b:1-144. 無補於理無益人巧. "(天人旣分,) 天有天之理, 人有人之理."
107 추측록 2-25b:1-113. 天人有分. "孟子曰: '誠者, 天之道也. 思誠者, 人之道也.' 盖天道, 流行付物以實理, 則人之道, 維思付物之實理, 無違無邪耳."
108 추측록 1-34b:1-90. 無窮而有限. "推測之用, 無窮, 到處執推, 未有一定之規. …… 以人生觀天地則, 推測無窮, 以天地觀人生則, 推測有限, 將有限之推測, 欲盡無窮之推測, 不可得也. 將有限之推測 欲盡限內之推測, 自有其術."

기 어렵고 거칠기 쉬운 것이 헤아림"[109]인 것은 그것이 감각기관을 통해 수용한 감각자료를 가지고 하는 후천적인 인식활동[110]이기 때문이다. 따라서 경험적 지식의 개연성을 의식한 최한기는 보다 확고한 지식을 얻기 위해서 올바른 추측 활동에 대한 여러 가지 지침을 제시한다. 우선 첫째로 추측할 수 있는 것과 추측할 수 없는 것의 범위를 설정한다. 시간적으로는 추측이 인간의 후천적인 경험에 근거하는 것이므로 자연히 그 경계는 인간이 태어나서 죽을 때까지이다. "추측의 참된 공부는 자기의 본성이 생겼다가 없어지는 동안을 시작과 끝의 큰 한계로 삼는다. 그 한계 안의 일을 일삼고 그 한계 앞이나 뒤의 일을 일삼지 않는다. 한계 안의 일을 미루어 한계 밖의 일을 헤아려서 한계 안의 일에 도움이 되도록은 하지만, 한계 앞이나 뒤의 일을 가지고 한계 안의 일을 해치지 말아야 한다."[111] 그리고 공간적으로는 감각이 미칠 수 있는 곳에 한정한다. "나의

109 추측록 1-47a:1-97. 推測難易. "難得而易失者, 推也, 難精而易麤者, 測也."
110 신기통 1-7a:1-10. 通有源委. "一身之上, 既有所通之神氣, 又有可通之諸竅. 一身之外, 又有驗通之萬物." 참조.
111 추측록 1-45a:1-96. 推測始終. (自我推測之始生, 至我推測之消滅, 是乃定限.) "故推測眞功, 以己性之生滅, 爲始終之大限, 事其限內之事, 而不事其限前限後之事, 推限前事, 而測限後事, 俾補益於限內之事, 不以限前限後之事, 狀害限內之事, 此所以必有事焉者也."

감각이 미치는 곳이 곧 내가 관할할 수 있는 범위이며, 감각이 미치지 못하는 곳은 곧 내 감각의 그림자이다."[112] 둘째는 추측의 직접적이며 구체적인 대상으로서 물(物)과 간접적이며 추상적인 대상으로서 사(事)를 구별한다. 이것은 주희의 '격물'에서 물을 사와 같이 보는 것[113]과 구별된다. "물을 버리고 일을 헤아리면 일이 아득하여 계제가 없으나, 물로 인하여 일을 헤아리면 일이 근실하여 조리가 있다. 물이란 천지가 생성한 것으로 백성이 매일 사용하고 언제나 운행하는 것이다. 그러므로 물을 버리면 일이 시행될 곳이 없고 그 헤아림도 법도가 없으며, 곁에서 듣는 사람도 시비를 분별할 근거가 없다. 그러나 물로 인하여 일을 헤아리면, 자연히 물의 본말과 일의 선후가 있어서 조리나 증험을 반드시 멀리서 구하지 않아도 된다."[114] 셋

---

112 추측록 4-11b:1-132. 見聞有管. "見聞所及, 乃我管轄之地境. 見聞所及之外, 乃我見聞之虛影."

113『대학장구』. 주희주. "物猶事也." 참조. 주희에게 '仁·義·禮·智'와 같은 추상적 개념은 실재하기 때문에 物과 동일시 되지만, 감각적 인식을 출발점으로 삼는 최한기에게는 추상적 개념이 物과 동일시 될 수 없다. 따라서 최한기에게서는 物로부터는 物理가, 事로부터는 事理 또는 人情이 인식된다. 이것을 보다 엄밀히 말한다면, 물에 대한 인식은 일차적으로 인간의 감각기관을 통해서 이루어지는데, 최한기는 이것을 '形質之通'이라하여 이를 바탕으로 비교하고 판단하는 '推測之通'과 구별한다. 신기통 1-26. 形質推測異通. 참조.

114 추측록 6-16a:1-65. 遺物測事無階. "遺物而測事, 則事在遠而無階, 因物而測事, 則事在邇而有條. 物者, 天地之生成者, 而民之所日用常行者也. 遺物, 則事無所施而其所測量, 亦無柯則矣, 在傍聽之者, 亦無由辨別是非. 至於因物測事, 自有物之本

째는 다양한 관찰법을 사용함으로써 추측의 개연적 결과를 상호보완 한다. "나를 가지고 나를 관찰하는 것은 반관(反觀)이요, 객관적 대상물을 가지고 대상물을 관찰하는 것은 무아(無我)요, 나를 가지고 객관적 대상물을 관찰하는 것은 궁리(窮理)요, 객관적 대상물을 가지고 나를 관찰하는 것은 증험(證驗)이요, 나는 있고 객관적 대상물이 없는 것은 미발(未發)이니, 이 다섯 가지가 갖추어지면 추측이 이루어진다."[115]

최한기는 "성실한 의도는 추측하는 처음에 드러나고, 정심(正心)의 공부는 추측한 뒤에 결과가 나온다. 밝음으로부터 성실해지는 것은 추측이 일찍 이른 것이고, 성실로부터 밝아진 것은 추측이 점차로 나아간 것이다. 추측지리가 없으면 이른바 '사물에 나아가 이를 궁구하는 것'이 막연하고 아득하여 뚜렷한 방향이 없다. 그런 까닭에 혹, 그 마음에 있는 리를 궁구한다고 하거나 혹, 사물에 있는 리를 궁구한다고 하지만 그것은 추측

末, 事之先後, 而條理證驗, 不必遠求."

115 추측록 6-44a:1-179. 觀物有五. "以我觀我, 反觀也, 以物觀物, 無我也, 以我觀物, 窮理也, 以物觀我, 證驗也, 有我無物, 未發也." 신원봉은 「최한기의 기화적 윤리관」(2000)에서 事理에 대한 추측결과에 대한 정확성을 보장하기 위해 최한기가 취하는 세 단계의 방법을 제시하고 있다. ① 주관성 극복을 위한 "자신과 타인의 추측결과를 비교하는 '物我視聽'." ② 공간적 한계를 극복하기 위한 "다른 지역의 결과와의 비교." ③ 시간적 한계를 극복하기 위한 "역사적 비교 검토." 최영진 외(2000), 278~280쪽 참조.

의 여운이고 헛된 그림자로 알 수 없는 것이다."[116]라고 말함으로써 '자성명'(自誠明)과 '자명성'(自明誠)이 모두 추측의 공부임을 주장한다. 이것은 '자성명'을 천도로, '자명성'을 인도로 구별함[117]으로써, 인도를 천도로 간주하고 또한 그 천도가 공부의 대상이 되는 것처럼 주장하는 리학과는 그 입장을 달리한 것이다. 최한기는 리학은 바로 이러한 천인미분적 입장에서 인간의 모든 도덕적 행위는 인간의 내면에 있는 도덕적 본유관념인 '심구중리'에 근원한다고 주장하여 기질의 가림을 탓하거나, 만물만사에 내재하는 리인 분수리(分殊理)가 세계의 궁극적 원인인 '일리'(一理)로부터 근원한다고 주장하여 신비주의적 활연관통을 주장하는 폐단[118]을 초래한다고 주장한다.

---

116 추측록 1-28a:1-87. 推測爲誠實之功. "誠實之意, 自著於推測之初, 正心之功, 妥帖於推測之後. 自明誠者, 推測之早達, 自誠明者, 推測之漸進也. 不有推測之理, 則所謂窮格者, 卽茫茫蕩蕩, 未有湊泊. 故或究其在心之理, 或究其在物之理, 乃是推測之餘韻虛影, 依俙倣似者也."

117 『중용장구』. 21. "自誠明, 謂之性. 自明誠, 謂之教. 誠則明矣, 明則誠矣." 주희주: "自, 由也. 德無不實而明無不照者, 聖人之德. 所性而有者也, 天道也. 先明乎善, 而後能實其善者, 賢人之學. 由教而入者也, 人道也. 誠則無不明矣, 明則可以至於誠矣." 참조.

118 추측록 6-29a:1-172. 窮理不如推測. "惟言窮理, 則理無分於推測流行, 窮無際於湊泊比擬, …… 窮理之學, 有一定之本元而, 究吾知之未盡, …… 務窮理者, 以爲萬理皆具於我心, 猶患我究之未盡." 참조. 『대학혹문』. 103쪽. "是(明德)其所以得之於天, 而見於日用之間者, 固已莫不各有本然一定之則." 에 대한 다음과 같은 주석 참조. 西山眞氏曰: "則者, 法也. 天下之理, 皆天實爲之, 莫不有一定之法, 非人力所可增損, 故曰: '則'". 玉溪盧氏曰: "至善, 乃太極之異名, 而明德之本體, 得之於天,

2) '추측'과 '신기'

최한기는 리학이 '온갖 리가 내 마음에 갖추어져 있다.'는 전제 아래에서 인간 내면의 리를 고찰하고자 하는 경향을 비판한다.

> 어떤 자는 '온갖 리가 내 마음에 갖추어져 있다.'고 하여, 사물의 리를 오로지 마음에서 탐구하고, 사물을 미루고 헤아릴 줄 모른다.[119]

> 오직 궁리라고만 말하면 리에 추측과 유행의 분별이 없어 목표와 목표가 아닌 것에 경계가 없다. …… 궁리를 힘쓰는 사람은 모든 이가 모두 내 마음에 갖추어졌다고 여겨 나의 마음의 궁구가 미진한 것만을 걱정한다.[120]

여기에서 '온갖 리가 내 마음에 갖추어져 있다.'는 것은 —

而有本然之一定之則者. 至善之體, 乃吾心體統之太極, 見於日用之間, 而各有本然一定之則者. 至善之用, 乃事事物物各具之太極也." 추측록 1-14a:1-80. 開發蔽塞. "若謂以利欲所蔽, 未顯我心素具之理, 平生用力, 要除利欲, 冀得一朝, 豁然貫通, 殆近於禪家頓悟之說也." 참조.

119 추측록 2-26a:1-113. 天人有分. "或以爲萬理, '皆具於我心,' 事物之理, 惟窮究於心, 不識推事物而測事物."

120 추측록 6-29a:1-172. 窮理不如推測. "惟言窮理, 則理無分於推測流行, 無窮際於湊泊比擬. …… 務窮理者, 以爲萬理皆具於我心, 猶患我究之未盡."

제3장에서 상술하겠지만 — 인간은 선천적으로 도덕적 본유관념을 타고난다는 이른바 '심구중리'를 말한다. 이와 같은 리학의 주장은 최한기가 판단하기에 궁구자의 마음으로 추측한 것을 객관적인 것으로 착각한 것이다. 다시 말해 리를 탐구하는 자가 추측하여 얻은 심리를 객관적 외부 사물의 유행하는 천리와 구별하지 못한다면 리를 탐구하는 자는 인간의 노력으로는 어찌 할 수 없는 천리를 대상으로 공부를 잘못하게 되며, 결과적으로는 내 마음의 미진한 것만을 탓하는 결과를 초래한다. 따라서 최한기가 "돌이켜 자신에게서 구하는 것에도 과불급의 잘못이 있고, 밖에서 구하는 것에도 과불급의 잘못이 있다. 안에서 구하는 것이 지나친 자는 점차로 옛사람의 현묘하고 심오한 것에 대한 탐구에 더하여, 증험할 수 없는 것에 심력을 허비하고 증험할 수 있는 일을 돌아보지 않는다."[121]라고 말한 것도 바로 리학의 증험할 수 없는 본성의 연원에 관한 탐구를 비판한 것이다.

여기에서 '온갖 리가 내 마음에 갖추어져 있다.'는 것은 리일분수의 논리에 근거한다. 인간의 본성은 태극으로부터 연원하

121 인정 9-7a:2-162. 求內求外. "反求諸己, 有過不及之病, 求之於外, 有過不及之弊. 求諸內而過者, 漸加於前人探懸測奧, 費心力於不可證不可驗, 而不顧其可證可驗."

며, 천하의 만사만물 또한 태극으로부터 연원하기에 인간의 본성의 리는 곧 만사만물의 리와 같음으로 결과적으로 온갖 리가 내 마음에 갖추어져 있는 것이다. 그렇기 때문에 내 마음의 리를 궁구하면 천하의 만사만물의 리를 알 수 있다는 것이 리학의 주장이다. 이러한 주장은 무엇보다도 주희가 『대학』에 삽입한 이른바 「보망장(補亡章)」에서 잘 드러난다.

> 사람 마음의 영명함은 앎이 있지 않음이 없고, 천하의 사물은 리가 있지 않음이 없건마는, 다만 리에 대하여 깊이 연구하지 않음이 있기 때문에 그 앎이 다하지 못함이 있는 것이다. 이 때문에 대학에서 처음 가르칠 때에 반드시 배우는 자들로 하여금 모든 천하의 사물에 나아가서 그 이미 알고 있는 리로 인하여 더욱 궁구해서 그 극에 이름을 구하지 않음이 없게 하는 것이다. 그리하여 힘쓰기를 오래하면 어느 날 아침에 활연히 관통하게 되니, 모든 사물의 겉과 속, 정밀함과 거침이 이르지 않음이 없을 것이요, 내 마음의 전체(全體)와 대용(大用)이 밝지 않음이 없을 것이니, 이것을 '물격'(物格)이라 이르며, 이것을 '앎이 지극하다(知之至)'라고 이른다.[122]

122 『대학장구』「補亡章」. 주희주. "蓋人心之靈, 莫不有知, 而天下之物, 莫不有理. 惟於理有未窮, 故其知有不盡也. 是以, 大學始教, 必使學者, 卽凡天下之物, 莫不因其已知之理而益窮之, 以求至乎其極, 至於用力之久, 而一旦豁然貫通, 則衆物之表裏精粗無不到, 而吾心之全體大用無不明矣. 此謂'物格', 此謂'知之至'也."

여기에서 주희가 말하는 인간 마음의 영명함이란 바로 마음이 그 안에 온갖 리를 갖춤으로써 만사에 응할 수 있다는 선험적 지각의 소유를 말한다.[123] 이것은 마음이 본성과 감정을 통괄한다는 '심통성정'(心統性情)과 본성이 곧 리라는 '성즉리'(性卽理)에 근거한다. 다시 말하면 마음은 리인 본성을 그 본체로서 통괄한다. 그리고 천하의 만물만사에도 그것이 존재하는 한 그 존재원리로서 '소이연지리'를 가지는데,[124] 이 리는 다름 아닌 마음이 통괄하는 본체로서 본성과 그 연원을 같이 한다.[125] 그 연원을 같이함으로 말미암아 인간은 그 마음 안에 외부 사물을 인식할 수 있는 가능 근거를 가지게 된다.

또 한편, 리학은 리의 절대적 근원성을 주장하면서도, "리는 또한 별도로 하나의 물이 되지 않으니, 곧 기 가운데에 있다. 기가 없으면 리도 매달려 놓일 곳이 없다."[126]라고 말함으로써

123 『주자어류』 권14 「大學1」. "明德者, 人之所得乎天, 而虛靈不昧, 而具衆理而應萬事者也." 참조.
124 『주자어류』 권18 「대학5」. "夫心之本體具乎是理, 而理則無所不該而無一物不在." 참조.
125 『주자어류』 권94 「周子之書 · 通書」. "本只是一太極, 而萬物各有稟受, 又自各全具一太極爾. 如月在天, 只一而已, 及散在江湖, 則隨處而見, 不可謂月已分也." 참조.
126 『주자어류』 권1 「理氣上」. "理又非別爲一物, 卽存乎是氣之中, 無是氣, 則是理亦無掛搭處."

기 역시 리와 더불어 세계를 구성한다는 리기이원론(理氣二元論)적 입장을 취한다. 그렇기 때문에 마음속의 리 역시 기 가운데에 있는데 기질지성(氣質之性)이 그것이다. 그래서 주희는 "성을 말하면 거기에는 곧 기질이 포함되어 있다. 기질이 없다면 성은 안착하여 머무를 장소가 없다."[127]라고 말한다. 하지만 주희가 "성을 논하고 기를 논하지 않으면 충분하지 않고 기를 논하고 성을 논하지 않으면 분명하지 않다고 한다. 대개 본연지성(本然之性)은 지극히 선할 따름이다. 그러나 기질로 논하지 않으면 어둠과 밝음·열림과 닫힘·굳건함과 부드러움·강함과 약함이 있다는 것을 알지 못한다. 그러므로 충분하지 않다."[128]라고 말하는 것은 기가 리를 담지하기도 하지만 한편으로는 리를 가리는 역할을 하기 때문이다.

기질이 이렇게 인간의 마음 안의 리를 가리기 때문에 인간은 자신에 내재된 리를 인식하지 못할 뿐만 아니라 사물의 리 또한 인식하지 못한다. 따라서 객관 사물에 나아가 리를 궁구하는 것은 이미 알고 있는 리를 통하여 외부 사물의 리를 인식해

---

127 『주자어류』 권4 「性理1」. (問: 氣質之性. 曰:) "纔說性時, 便有此氣質在裏. 若無氣質, 則這性亦無安頓處."

128 『주자어류』 권4 「性理1」. "論性不論氣, 不備. 論氣不論性, 不明. 蓋本然之性, 只是至善, 然不以氣質而論之, 則莫知其有昏明·開塞·剛柔·强弱, 故有所不備."

나아가면 어느 날 외부 사물의 리와 내 마음 안의 리가 세계의 근원으로부터 다 같이 연원한다는 것을 인식하게 되고 그로부터 기질로 가려졌던 마음 안의 리가 드러나기 때문이다. 이것이 '심구중리'가 가지는 방법론적 의미이다.

그리고 이러한 활연관통(豁然貫通)의 논리가 논리적 비약이라는 지적에 대하여, 다시 말해 '분수리'라는 개별적 리에 대한 궁구로부터 '리일(理一)'이라는 근원적 리를 이끌어내는 것이 논리적 비약이 아니냐는 지적에 대하여 '리일'과 '분수리'의 관계는 결코 보편이 특수를 배제하거나 또는 특수의 상위개념으로서 존재하는 것이 아니라는 설명으로 활연관통이 논리적 비약이라는 지적에 대응할 수 있다. 즉, '리일'과 '분수리'의 관계는 "특수리가 배제되는 것이 아니라 도리어 리일이 있기 위해서는 반드시 있어야 할 것이며, 또 리일은 특수와 격리되어 단절된 것이 아니라 분수리에 일관"[129]된다는 것이다. 그래서 오히려 주희는 "만리(萬理)가 비록 다만 하나의 리가 되더라도 배우는 사람은 또한 만리 가운데 가서 각양각색의 것을 모두 이해해야 한다. 그렇게 사면으로부터 모아지고 합해져오면 저절로 이 일

129 류인희(1980), 151~152쪽.

리로 볼 수 있다. 저 만리에 가서 이해하지 않고 다만 일리에만 관심하여 이해하려고 하면 이것은 다만 공허한 상상일 뿐이다."[130]라고 말한다. 그리고 무엇보다도 활연관통의 의의는 만물을 낳는 천지지심(天地之心)을 궁구 주체 안에서 발견할 수 있다는 것이며 이를 통해 자연과 합일할 수 있다는 것이다.

하지만 이와 같은 리학의 태도, 다시 말해 일리라는 관념적 실재의 보편성으로부터 인식주체와 인식대상과의 인식의 가능 근거를 확보하고 이로부터 자연과 합일의 가능성을 주장하는 태도는 경험론적 입장을 견지하는 최한기에게는 주관적 허구로서 객관적 근거를 가지지 못하는 것이다.

> 어떤 자는 '온갖 이치가 내 마음에 갖추어져 있다.'고 하여, 사물의 이치를 오로지 마음에서 탐구하고, 사물을 미루고 헤아릴 줄 모른다. 또 어떤 자는 사물의 리가 그 마음에 이해되지 않으면, 반드시 드러나지 않는 것에 돌리고 추측을 바꾸어 적합한 것을 구하지 않는다. 또 어떤 자는 자기의 잘못된 견해를 천리라 하고, 사물마다의 개별적인 천리를 돌아보지 않는다.[131]

130 『주자어류』 권117 「訓門人」. "萬里雖只是一理, 學者且要去萬里中千頭萬緒都理會, 四面湊合來, 自見得是一理, 不去理會那萬理, 只管去理會那一理, 只是空想像."
131 추측록 2-25a:1-113. 天人有分. "或以爲萬理, '皆具於我心,' 事物之理, 惟窮究於

최한기는 무엇보다도 마음이 본유관념을 가지기 때문에 그 자체 지각이 된다는 리학의 주장을 비판한다. 그에게 마음으로서 신기[132]는 단지 후천적 경험을 통해 지각을 형성할 수 있는 가능성을 가졌을 뿐이다.[133] 다시 말하면, 리학에서 마음이 온갖 리(理)를 가지고 있기 때문에 영명하다면,[134] 기학에서 마음은 그 기가 가지는 본질로서 활동운화 하는 능력을 가졌을 뿐이다.[135]

> 인간의 마음에는 저절로 추측의 능력이 있어서 지난 것을 헤아리고 아직 일어나지 않은 것을 헤아릴 수 있는데, 이것이 곧 인간 마음의 추측지리이다.[136]

최한기에게 있어서 기는 활물로서 끊임없이 운동하고 변화

心, 不識推事物而測事物. 或以物理之不合於其心者, 必歸之于幽隱, 而不求推測之轉換得宜. 或以己見之誤得, 謂天理之同然, 而不顧物物各殊之天理."

132 인정 12-42b:2-232. 學有一字目. "在身神氣謂之心." 참조.

133 신기통 1-32b:1-22. 收入於外發用於外. "盖人身神明之氣, 惟有通察習染之能." 참조.

134 『주자어류』 권5 「性理2」. "心之全體湛然虛明, 萬理具足." 참조.

135 기학 1-5a:1-199. "氣之明, 曰:'靈'. 氣之能, 曰:'神'". 기학 1-8. "氣之神, 乃運化之能." 같은 책 같은 곳. "神者, 乃指其運化之能. 故運化之氣, 卽是神也." 참조.

136 추측록 2-13a:1-107. 流行理推測理. "人心, 自有推測之能, 而測量其已然, 于能測量其未然, 是乃人心推測之理也."

하는 것[137]으로, 인간의 형체 안에 담겨진 기 또한 끊임없이 운동하고 변화하는데 이것이 신기(神氣)이다.[138] 그리고 이 신기의 활동운화는 그 속성상 필연적으로 감각기관들을 통해서 외부사물과 접촉과 교류를 하게 되는데 그 결과 형성되는 것이 지각이다.[139] 그래서 최한기는 "형체의 기는 천지의 기에 힘입어 생장하는 것이며, 감각기관을 매개로 음식과 소리와 빛을 통하고, 지체(肢體)를 매개로 운동하고 활용하며, (외부사물과) 접촉하고 영위한다. 그 처음을 근거하여 뒤에 그것을 증험하고 그 앞을 미루어 그 뒤를 헤아리니, 대체로 모든 분별하고 비교하며 증험하는 것이 마침내 지각을 이루니, 이로 말미암아 확충할 수 있는 것이다."[140]라고 말한다.

이것은 최한기에게 지각이 그것이 어떠한 형태이든 이미 일정한 형태로 되어 있는 것을 발견하고 깨닫는 것이 아니라, 경

---

137 기학 序-1a:1-197. "夫氣之性, 元是活動運化之物." 참조.

138 신기통 1-1b:1-7. 氣之功用. "氣之爲物, …… 大凡一團活物, 自有純澹瑩澈之質, 縱有聲色臭味之隨變, 其本性則不變, 擧其全體, 無限功用之德, 總括之曰神." 참조. 여기에서 '神'의 무한 공용 가운데 하나가 인간에게 부여된 기의 작용으로서 추측을 통해 知覺이 된다.

139 신기통 1-42b:1-27. 經驗乃知覺. "神氣者, 知覺之根基也. 知覺者, 神氣之經驗也. 不可以神氣爲知覺也, 又不可以知覺爲神氣也." 참조.

140 신기통 1-1a:1-7. 天人之氣. "形體之氣, 資賴乎天地之氣而生長, 從諸竅而通飮食聲色, 自肢體而通運用接濟. 因其始而驗之於後, 推其前而測其後, 凡諸分別較驗, 遂成知覺, 可由此而擴充矣."

험과 증험의 반복의 과정 가운데 형성되는 것임을 말한다. 따라서 그에게 추측은 사무 가운데에서 이루어지는 것이며, 그리고 그렇게 사무 가운데 이루어질 때 성실한 학문이 된다.

> 만약 사무로 학문을 삼지 않으면 그 학문은 쓸모없는 학문이나, 사무로 학문을 삼으면 그 학문은 실용의 학문이다.[141]

> 여러 가지 사무가 모두 참되고 절실한 학문이니, 사무를 버리고 학문을 구하는 것은 허공에 달아 놓은 학문이다.[142]

달리 말하면, 추측이 의거하는 바와 증험하는 바가 없으면, 허황되고 조리가 없기 쉬운 반면, 의거하는 것을 미루어 의거할 수 있는 것을 헤아리고 증험을 미루어 증험할 수 있는 것을 헤아리면 준적이 있는 추측이 된다.[143] 바로 그와 같은 추측이 사무 가운데 추측이며, 행사 가운데 추측이다. 최한기가 형이

---

141 인정 11-37b:2-205. 積累. "若不以事務爲學問, 則無用之學問, 以事務爲學問, 則實用之學問."

142 인정 11-1b:2-187. 事務眞學問. "凡百事務, 皆是眞切學問, 捨事務而求學問, 乃懸空底學."

143 인정 9-14a:2-166. 依據證驗. "心之推測, 不有依據證驗, 易入于虛雜. 推依據測可依據者, 推證驗測可證驗者, 是乃有準的推測也" 참조.

상학적 대상을 탐구의 대상으로부터 배제하고자 한 것은 바로 그러한 탐구는 사무와 행사 속에서 이루어질 수 없으며, 따라서 그것을 증험할 수 없고 변통할 수 없기 때문이다. 즉 만약 의거하는 바가 없이 추측의 심리만을 끌어대면, 크게는 천지의 처음과 끝을 헤아리고 작게는 성명(性命)의 심오함을 헤아리지만 그 실상이 그러함을 증험할 수 없으며 더욱이 그것을 변통할 수도 없다. 이러한 원인은 현실세계의 운동하고 변화하는 것 가운데 나아가 리를 탐구하지 않고 자기 혼자 구성하고 자기 혼자 주장하기 때문이라고 최한기는 말한다.[144] 이것을 다시 말하면, 운화(運化) 가운데 나아가 리를 탐구하면 허황된 것에 빠지지 않는다는 것이니, 여기에서 운화란 바로 행사요 행사가 곧 운화이다.[145] 결국 최한기의 추측이란 일용생활 속에서 사무를 수행하는 실천이다.

이것은 최한기에게 있어서 자연과 합일이 일용생활의 행사라는 실천 속에서 이루어지는 것임을 의미한다. 이에 반해서 리학에서 비록 일용생활의 객관적 대상물에 나아가 그 개개의

144 같은 책, 같은 곳. "若無依據而只將推測之心理, 大而測天地之始終, 細而測性命之微奧, 詎證其實然. …… 不顧運化而只以心理究索于內, 是自排布自主張, 及其施諸事加諸人, 多差誤少符合, 以其在外者皆是運化, 而惟將心理揣度也." 참조.
145 인정 11-48a:2-210. 源委得合. "行事卽運化, 運化卽行事." 참조.

리를 궁구한다고는 하지만, 그 리는 분명 관념적 실재이며, 또한 그러한 '궁리'의 궁극적 목적이 활연관통을 통한 일리에 대한 체인에 있는 것인 만큼 이를 통한 자연과 합일 또한 관념적 성향을 벗어날 수는 없다.

이상에서 최한기가 리학의 궁리를 비판하고 그 대안으로 제시한 추측에 관해서 고찰하였다. 최한기는 궁리가 가지는 문제점으로 허구성과 향내성을 비판한다. 여기에서 허구성이란 궁리의 대상으로서 리가 함의하는 관념성이며, 향내성이란 궁리의 주체로서 마음이 온갖 리를 함유함으로써 그 리를 자각하고자 하는 경향을 말한다. 이러한 궁리의 특성은 그 궁극적 목적이 자연과 합일에 있음에도 불구하고, 자연을 그 자체로 인식하지 못하게 하고 주관적 의사로써 왜곡하거나 그 실천이 현실사회 속에서 이루어지지 못하고 인간의 내면만을 천착함으로써 결과적으로 본래 의도한 바를 이루지 못하게 한다.

최한기는 그와 같은 리학의 오류의 원인으로 첫째, 리를 객관적 실재로 인식한 점. 둘째, 자연법칙과 당위규범을 혼동한 점을 제시한다. 다시 말하면 리학은 리를 감각적으로 인식할 수 있고 그 결과를 증험할 수 있는 형질이 있는 기의 조리로 인식하지 않는다. 리학은 단지 주관적 사변에 의거해서 구성한 형이상학적 관념을 실재한다고 함으로써 결과적으로 현실세계의 리를 인식하지 못한 폐단을 낳았다. 또 한편 리의 보편성에 근거 인식주체인 마음에 선험적 인식능력을 전제함으로써 객관적 사물의 리에 대한 궁구는 궁극적으로는 기질에 가려진 마음속의 리에 대한 인식이며, 세계의 근원으로서 태극과 일치를 추구함으로써 객관적 자연법칙을 주관에 의해 왜곡하고, 인간 내면의 존재근거에 대한 성찰이라는 향내적 주정주의의 폐단을 결과한다.

그래서 최한기는 감각기관을 통해 인식할 수 있고, 그 결과를 증험하고 변통할 수 있는 기의 조리를 추측의 대상으로 삼아 그러한 리를 일용생활의 사무와 행사 가운데에서 추측함으로써 외부세계와 끊임없는 교류와 소통을 추구하고자 한다. 또 한편으로 인간의 선험적 인식능력을 부정하고, 자연법칙과 당위규범을 분리함으로써 공부의 표준과 대상을 엄격히 구별하여 객관적 사물의 법칙에 대한 왜곡을 근원적으로 차단하고, 그와 더불어 인간이 노력해야 할 분야를 분명히 함으로써 인도를 확립하고자 한다.

그러나 이와 같은 최한기의 의도는 몇 가지 문제점을 생각하게 한다. 그 하나는 형이상학적 보편자를 궁구의 대상으로부터 제외하고 일차적인 감각의 영역을 궁구의 대상으로 삼음으로써 근본적으로는 보편적 개념의 선행적 인식 없는 개별적 존재자의 인식 가능성에 대한 의문이다. 사실 리학에서 관념적 실재로서 리의 보편성을 제시한 이유는 보편적 인식으로부터 비로소 현실의 다양한 사태에 대한 인식이 가능하며 아울러 올바른 실천으로 이행할 수 있기 때문이었다. 다른 한편으로는 선험적 인식 가능 근거를 부정함으로써, 특히 이것은 도덕적 원리에 대한 인식이므로 도덕실천의 주체성을 의미하는데, 최한기에게 있어서는 인식주체 또는 도덕실천의 주체성을 어떻게 확보되는지에 대한 의문을 제기할 수 있다. 이 또한 리학은 선천적 도덕실천 능력과 지식을 인정함으로써 도덕실천의 주체성을 확보하고자 한 것이다.

따라서 제2장에서는 리학의 '리일분수'에 대한 대안으로서 객관적 법칙의 인식가능의 근거로서 제시한 기학의 '만수귀일'(萬殊歸一)를, 제3장에서는 리학의 '심구중리'에 대한 대안으로서 기학의 인식과 실천의 주체로서 제시한 기학의 '신기'를 고찰할 것이다.

2

최한기, 주희에게 자연을 묻다

유가철학에서 자연은 인간을 포함한 모든 존재자를 낳은 점에서 근원이며, 모든 존재자가 그 안에서 생존한다는 의미에서 토대이며, 모든 존재자가 그 끊임없는 생명력에 의존하는 점에서 귀착점이다. 달리 말하면, 존재의 근원, 생존의 토대, 생명의 원천으로서 자연은 인간의 합일 대상이다.

그런데, 최한기는 리학의 자연관을 비판한다. 즉 그는 경험론적 입장에서 천지만물의 근원으로서 태극을 상정하는 자연관을 비판한다. 최한기가 관념적 자연관을 비판하는 이유는 그것이 추측의 대상이 될 수 없기 때문이다. 합일의 대상으로서 자연은 합일할 수 있는 대상으로서 인간에게 이해되어야만 한다. 달리 말하면, 자연은 인간이 접근할 수 있는 존재이어야 한다. 이러한 의미로 볼 때, 최한기의 관념적 자연관에 대한 비판은 그것이 인간에 의해 이해될 수 없고 접근할 수 없기 때문이다. 즉 합일의 실천적 기반을 가지고 있지 못하기 때문이다.

그러나 사실 리학이 관념적 실재를 통해 자연을 이해한 것은 자연과 합일할 수 있는 근거를 마련하기 위해서다. 자연이 인간과 보편적 기반을 가질 때 인간은 자연을 이해하고 접근할 수 있기 때문이다. 하지만 여기에는 문제가 있다. 그것은 인간이 이해할 수 있고 따라서 접근가능한 자연이 그 자체로 정체성을 확보해야만 하는 것이다. 왜냐하면 자연이 그 자체로 정체성을 확립하지 못할 때, 다시 말해 합일의 대상으로서 자연이 단지 인간의 주관적 산물에 지나지 않는다면, 자연은 이미 만물의 근원으로서 자신의 정체성을 잃기 때문이다.

최한기가 리학의 자연관을 비판하는 이유 또한 리학이 자연을 왜곡함으로써 결과적으로 합일할 수 있는 실천적 기반을 박탈하였기 때문이다. 아래에서는 이러한 측면으로부터 최한기는 과연 자연의 정체성과 더불어 인간과의 보편적 토대를 어떻게 확보하는지 그의 관념적 자연관의 비판과 그 대안으로서 제시한 경험론적 자연관을 고찰함으로써 알아보고자 한다.

1. 경험론적 자연관

1) 태극론 비판

최한기는 “가까운 데 있는 것으로는 형질의 내부에 있는 존재원리(所以然者)요, 밖에 있는 것으로는 천하 사람의 귀와 눈이 미치지 못하는 것, 이런 것을 통할 수 없는 것이라 이른다. 이런 것은 혹 스스로 통했다고 말하더라도 누가 그 통한 것을 믿겠는가?”[1] 라고 말함으로써, 리학의 리와 태극을 감각적으로 인식할 수 없는 것이며, 그것은 단지 사유의 산물이라고 말한다.

> 리학의 리와 태극의 리 그리고 무릇 서적에서 논하고 있는 리는 모두 추측지리이다.[2]

주희는 사물이 존재하면 그것이 존재하는 한 반드시 그 존재의 근거로서 리가 실재한다고 말한다. 큰 것으로는 하늘의 높

---

1 신기통 1-25b:1-19. 通之所止及形質通推測通. “且在近, 則形質之內所以然者, 在外, 則天下人耳目之所不及者, 是謂不可通也. 縱或自言其通, 誰信其通也.”

2 추측록 2-23b:1-112. 推測以流行理爲準. “理學之理, 太極之理, 凡載籍之論理者, 儘是推測之理也.”

고 땅의 두터운 까닭과 작은 것으로는 한 사물의 존재원리가 그것이라고 말한다.[3] 여기에서 리는 하나의 정결하고 공활한 세계로서 형적이 없는 것[4]이며, 태극 또한 애초에 말로 표현할 만한 형상과 장소(方所)가 없는 것[5]으로 이른바 형이상자로서 관념적 실재이다. 다시 말하면, 리학의 리나 태극은 감각기관을 통해 인식할 수 있는 대상이 아니다. 그래서 주희는 "극진하고 지극하여 이름을 붙일 수 없었기에 단지 태극이라 말한 것이다."[6]라고 말한다.

리학에서 태극은 만물의 근원이다.[7] 만물의 근원이기 위해서는 어떠한 형상도 가져서는 안 된다. 그것이 형상을 가지는 순간 그것은 이미 만물의 근원일 수 없기 때문이다. 하지만 그렇다고 해서 그것을 아무것도 아닌 것으로 말할 수도 없다. 아무

---

3 『대학혹문』, 157~159쪽. "物必有理, 皆所當究. 若天地之所以高沈, 鬼神之所以幽顯, 是也. …… 語其大, 天地之所以高厚, 語其小, 至一物之所以然, 皆學者, 所宜致思也." 참조.

4 『주자어류』 권1 「理氣上」. "若理, 則只是箇淨潔空闊底世界, 無迹." 참조.

5 『문집』 권64 「答陸子靜」:15-2280. "至於太極, 則又初無形象方所之可言, 但以此理至極而謂之極耳." 참조.

6 같은 책, 같은 곳:15-2279. "聖人之意, 正以其究竟至極, 無名可名, 故特謂之太極."

7 『주자어류』 권94 「周子之書 · 太極圖」. "聖人謂之太極者, 所以指夫天地萬物之根也." 『주자어류』 권1 「理氣上」. "太極, 只是天地萬物之理. 在天地言, 則天地中有太極. 在萬物言, 則萬物中各有太極. 未有天地之先, 畢竟是先有此理. 動而生陽, 亦只是理. 靜而生陰, 亦只是理." 참조.

것도 아닌 것 역시 만물의 근원이 될 수 없기 때문이다. 그래서 주돈이(周敦頤, 1017~1073)가 말한 "無極而太極"[8]에 대해서 주희는 "무극을 말하지 않으면 곧 태극은 하나의 물건과 같아져서 온갖 변화의 근본이 될 수 없다. 태극을 말하지 않으면 무극은 공적(空寂)에 빠져 온갖 변화의 근본이 될 수 없다."[9]라고 하여 무극은 논리적 의미로 말한 것이며, 태극은 실재적 의미로 말한 것[10]이라고 설명하고 있다. 이러한 태극의 의미는 천하의 만물만사에 대한 그 실재를 긍정하는 것이며 현상계를 적극적으로 긍정하는 것이다.

사실 태극이 무극임을 말한 것은 끊임없이 변화하는 현상계의 불변하는 근원이 있음을 강조하고자 함이다. 즉 주희는 "이리가 있으면 바야흐로 이 사물이 있으니, 마치 초목에 씨앗이 있으면 바야흐로 초목이 생겨나는 것과 같다."[11]라고 하였고, 또한 "사물마다 모두 하나의 극을 가지고 있으니 이것은 도리가 지극한 것이다."라고 하였을 때, 장원진(蔣元進)의 "군주의 인

8 『성리대전』 권1 「太極圖說」 1면.
9 『문집』 권36 「答陸子靜」:15-2282. "不言無極, 則太極同於一物, 而不足爲萬化根本. 不言太極, 則無極淪於空寂, 而不能爲萬化根本."
10 『주자어류』 권94 「周子之書 · 太極圖」. "以理言之, 則不可謂之有. 以物言之, 則不可謂之無."
11 『주자어류』 권13 「學7」. "有是理, 方有這物事, 如草木有個種子, 方生出草木."

(仁)이라든가 신하의 경(敬) 같은 것이 극입니까?'"라는 물음에 "그것은 한 사물에 있어서의 극이요, 천지만물의 리를 총괄한 것은 바로 태극이다. 태극은 본래 이러한 명칭을 붙일 수 없으니, 단지 덕을 나타낸 것일 뿐이다."[12]라는 대답은 이러한 측면을 입증하고 있다.

이와 같은 근원에 대한 강한 긍정은 도가철학의 허무나 불교철학의 공적(空寂)에 대한 것으로 리학이 실학[13]이며 그들의 철학이 유의 철학[14]이고 그들의 리가 실리임을 주장한 것이다.

> 노자의 학문은 대저 허정 · 무위 · 충퇴자수(沖退自守)를 일삼는다.[15]

> 불교철학(釋氏)은 다만 공(空)만을 추구하나 유가철학(聖人)은 다만 실(實)을 추구한다.[16]

---

12 『주자어류』 권94 「周子之書」. "事事物物, 皆有個極. 是道理極至. 蔣元進曰: '如君之仁, 臣之敬, 便是極?' 先生曰: '此是一事一物之極, 總天地萬物之理, 便是太極, 太極本無此名, 只是表德.'"

13 『중용장구』. 주희주. "子程子曰: '不偏之謂中, 不易之爲庸. 中者, 天下之正道, 庸者, 天下之定理. …… 其書始言一理, 中散爲萬事, 末復合爲一理, 放之則彌六合, 卷之則退藏於密, 其味無窮, 皆實學也.'" 참조.

14 『이정집 · 河南程氏遺書』 권2상 「元豊己未呂與叔東見二先生語」. 46쪽. "天地間事, 只是一箇有, 一箇無, 旣有卽有無卽無." 참조.

15 『주자어류』 권125 「老氏」. "老子之學, 大抵以虛靜無爲沖退自守爲事."

오로지 실리를 보지 못했으므로 예·악·형·정이 나온 바를 알지 못하고 배제하려는 것이다.[17]

그러나 최한기는 "천지를 꽉 채우고 물체에 푹 젖어 있는 것은 기(氣) 아닌 것이 없다."[18]라고 말한다. 그렇다고 최한기가 세계를 통일적으로 설명하기 위해 제시한 기가 형이상자는 아니다. 왜냐하면, 그는 감각기관을 통하여 일차적으로 주어진 것 이외의 것을 실재로서 인정하지 않기 때문이다. 따라서 여기에서 말하는 기도 구체적 형질을 가지는 것[19]이다. 예컨대, "지·월·일·성·만물구각의 형질지기와 우·양·풍·운·한·서·조·습의 운화지기"[20]가 그것이다.

그리고 이 기는 스스로 움직여서 이동하며 변화하는 활동운화를 그 속성으로 가지는 것[21]으로, "색에 비추어지면 색에 따라 변하고, 냄새에 어울리면 냄새에 따라 달라지는 것으로 어

---

16 『주자어류』 권126 「釋氏」. "釋氏只要空, 聖只要實."
17 『주자어류』 권125 「老氏」. "只是不見實理, 故不知禮樂刑政之所出, 而欲去之."
18 신기통 1-1a:1-7. 天人之氣. "充塞天地, 漬洽物體, ……, 莫非氣也."
19 최한기는 氣가 形質를 가지고 있다는 것을 『인정』 10-11. '氣之形質'에서 여섯 가지 증거를 들어 주장하고 있다.
20 기학 1-6a:1-200. (氣有形質之氣運化之氣.) "地月日星萬物軀殼形質之氣, 雨暘風雲寒暑燥濕運化之氣也."
21 기학 序-1a:1-197. "氣之性, 元是活動運化之物."

떤 형체이건 침투하지 못하는 것이 없고 어떤 물건이건 파고들지 않은 것이 없어 빈틈을 남기려 해도 할 수 없으며, 박멸해 버리려 해도 그렇게 할 수 없는 한 덩어리의 살아있는 존재자이다."[22]

이처럼 기를 세계를 설명하는 통일적 존재로 보는 최한기에게 리는 단지 기의 운동과 변화에 따른 법칙으로서 조리일 뿐이다. 즉 최한기는 천지를 가득채운 기가 끊임없이 순환하며 모이고 흩어짐에 그 때가 있으니, 그 조리가 리라고 말한다.[23] 따라서 "기가 있으면 리가 반드시 있고, 기가 없으면 반드시 리도 없다. 기가 움직이면 리도 움직이고, 기가 움직이지 않으면 리도 움직이지 않으며, 기가 흩어지면 리도 흩어지고, 기가 모이면 리도 모인다."[24] 그럼에도 불구하고 리학자들이 리를 실재로서 기에 앞서 존재한다고 주장하는 것은 기의 형질을 인식하지 못했기 때문이다.

22 신기통 1-1b:1-7. 氣之功用. "氣之爲物, 暎諸色而隨變和, 諸臭而隨異, …… 無體不透,無物不洽, 欲要有空隙而不可得, 欲使撲滅而不可得, 大凡一團活物."

23 추측록 2-1b:1-101. "大象一氣. 氣者, 充塞天地, 循環無虧, 聚散有時, 而其條理, 謂之理也." 참조.

24 추측록 2-13a:1-107. 流行理推測理. "理是氣之條理, 則有氣必有理, 無氣必無理, 氣動而理亦動, 氣靜而理亦靜, 氣散而理亦散, 氣聚而理亦聚."

> 충만한 기의 형질을 볼 수 있어야 운화의 도를 알 수 있다. …… 운화형질을 보지 못하면 사세가 찾고자 하는 것을 장차 무극의 리나 무형의 귀(鬼)에서 찾게 되어 유와 무의 사이에서 헤매게 되고 변환의 사이에서 미혹될 것이다.[25]

조단(曺端, 1376~1434)는 일찍이 "천지 사이의 무릇 형상이나 소리나 공간을 차지하는 것(方所)들은 모두 그다지 크지 않다. 오직 리만은 형상을 볼 수도 없고 소리를 들을 수도 없고 장소를 가리킬 수가 없으면서도, 실지는 천지에 충만하고 고금에 관철된 것이니, 무엇이 이보다 더 크겠는가. 그러므로 주자(周子)가 '無極而太極'이라고 말한 것이다."라고 말하였는데, 최한기는 이것에 대하여 리를 근본으로 보는 견해로서 기의 형질을 보지 못하고 기가 유행하며 변화되는 자취만을 추측하여 리라고 말한 것이라고 평한 바 있다.[26] 이처럼 기를 제쳐 놓고 도리

---

25 인정 10-11a:2-179. 氣之形質. "見得充滿氣之形質, 然後可以見運化之道.…… 旣無見於運化形質, 勢將求之于無極之理無形之鬼, 浮沈於有無之間, 疑惑於變幻之際."

26 인정 10-12a:2-179. 道理無形. "明曺月川端曰: '天地間凡有形象聲氣方所者, 皆不甚大. 惟理, 則無形象之可見, 無聲氣之可聞, 無方所之可指, 而實充塞天地, 貫徹古今, 大孰可言. 故周子言'無極而太極.'' 若是則充塞天地者, 理也非氣也. …… 理與道謂之充塞天地者, 由於不見氣之形質, 而但推測氣之流行之迹, 曰:'理'曰:'道'. 理與道, 其可貯藏乎器皿, 而須用乎天地大器也." ※ 月川 曺端.(1372~1434) 류인희(1980)는 조단의 "若然, 則人爲死人, 而不足以爲萬物之靈. 理爲死理, 而不足以爲萬物之原."(「太極圖說術解」) 이라는 글을 들어 태극이 추상해서 얻어낸 보편법칙이 아

를 구하는 것은 마치 형체를 제쳐 놓고 그림자와 메아리를 찾는 것과 같으며, 따라서 '리'를 기의 리로 보고 '도'를 기의 유행으로 볼 때, 비로소 도와 리가 모두 그 진면목을 갖게 된다고 말한다.[27]

최한기는 유와 무는 기존의 학자들 사이에서 반복해서 논란되었던 것으로 이러한 논란의 원인은 기가 내외에 충만하여 활동운화하고 있다는 것을 모르는 데 있는 것이라고 말한다. 즉 형상도 소리도 냄새도 없는 도리를 가지고 탐구하는 사람은 평생 감각경험을 통해 인식할 수 없는 것만을 탐구하며, 또한 이 것을 증험하는 것 역시 형이상자에 의거함으로써 허망한 것에서 벗어날 수 없게 된다는 것이다. 자세히 말하면, 이들은 단지 허명한 마음으로 만물의 실상을 추구하기 때문에 인식주체인 허명한 마음에 근거하여 무라고 하자니 인식대상으로서 만물의 실상인 유를 가리기 어렵고, 그렇다고 유라고 하자니 본래 마음이 형체가 없기 때문에 유와 무 사이에서 논란을 반복하게 되었다는 것이다. 그러나 우주에는 한 점의 공도 털끝만큼의

님을 말하고 있다. 195쪽.

27 인정 10-13b:2-180. 道理求於氣. "'理'字, 以氣之理認之, '道'字, 以氣之流行認之, 道理, 皆得其眞面目. 若捨氣而求道理, 如捨形而求影." 참조.

무도 없이 오직 충만한 기가 물체들을 흠뻑 적시고 있고, 물체 속에도 한 점의 공허 없이 기에 젖어 있으며, 그런가 하면 사람의 신기도 곧 청명하고 허령한 형질의 기이니, 이것은 형질이 있는 신기로 감각기관(九竅)를 통하여 천지만물의 형질이 있는 기를 인식하는 까닭에 결국 유로써 유를 증험하는 것으로 그 증험이 부합되면 올바른 인식이 되니,[28] 유와 무 사이에는 어떠한 논란도 없을 것이라는 것이 최한기의 주장이다.

이러한 최한기의 주장에 의하면, 리학이 무형의 리를 만물의 근원으로 삼고 만사만물을 모두 마음에서 구하는 것은 한갓 옛날에 듣고 본 것만을 쫓음으로 해서 현실세계의 운동과 변화를 준적으로 삼지 못하고 단지 사변만으로 구성한 헛된 그림자에서 리를 구하는 것에 지나지 않는다.[29]

---

28 인정 10-14a:2-180. 有而無無. "有無二字, 古今學問之反復辨難, 或有有而無無, 或無中求有, 或有中求無, 皆出於不見氣之內外充塞活動運化. 只從心之虛明, 推究物之實象, 言無則難掩其有, 言有則心本無形. 有屬于物, 無屬于心, 而心較物, 有無相雜, 迄無定準. 竊想宇宙間, 無一點空一毫無. 惟有充塞之氣, 漬洽物體, 物體之中, 無點空, 有漬氣. 人之神氣, 卽瀅明靈澈有形之氣, 從九竅而通達天地萬物有形之氣. 以有驗有, 得其符合, 以爲知覺." 참조.

29 기학 2-26b:1-237. "若不識此(運化氣之理), 只從舊聞見, 萬事萬物, 皆求於心, 旣不因運化之準的, 惟求於意思虛影, 是乃無形之理也." 참고.

2) 경험론적 자연관

하지만 주희는 "리가 사물 밖에 있는 것은 아니지만, 그렇다고 사물을 도라고 생각하면 안 된다. 사물은 사물일 뿐이고, 사물이 되는 존재원리가 곧 도이다."[30]라고 말함으로써 사물의 존재근거를 감각적으로 인식할 수 없다고 하여 그 존재 자체를 인정하지 않으려는 경험론적 기일원론에 대하여 반박할 것이다. 다시 말하면, 형이상학적 존재원리가 존재하지 않는다면 존재자의 정체성과 규범의 필연성을 설명할 수 없다고 관념적 실재론자는 말할 것이다.

리학의 리에는 두 가지 의미가 동시에 함의되어 있다. 존재원리과 당위규범이 그것이다.[31] "신·심·성·정의 덕과 인륜일용의 상도에서 천·지·귀·신의 변화와 조·수·초·목의 마땅함에 이르기까지, 어느 한 사물 가운데서도 그 규범으로서 필연성과 그 존재로서 정체성을 보지 않음이 없다."[32] 여

---

30 『주자어류』 권5 「性理2」. "理不外物, 若以物爲道則不可. 物只是物, 所以爲物之理乃道也."

31 『대학혹문』. 113쪽. "至於天下之物, 則必各有所以然之故, 與其所當然之則, 所謂理也." 참조.

32 『대학혹문』 172쪽. "身心性情之德, 人倫日用之常, 以至天地鬼神之變, 操守草木之宜, 自其一物之中, 莫不有以見其所當然而不容已, 與其所以然而不可易者."

기에서 규범의 필연성으로서 '마땅히 그래서 그렇지 않을 수 없음(所當然而不容已)'은 마땅히 그렇게 해야만 하는 당위규범이며, 존재자의 정체성으로서 '그로서 그러하여 바꿀 수 없음(所以然而不可易)'은 그것이 반드시 그렇게 되어야만 하는 존재원리이다.

주희는 "역(易)에 태극이 있으니, 이것이 양의(兩儀)를 낳는다."[33]를 설명하면서 실리를 말한다. 주희는 다음과 같이 실리를 설명하고 있다. "주자(周子)는 '태극이 동하여 양을 낳고 정(靜)하여 음을 낳는다.'고 말한다. 태극이 움직이는 것은 양이며, 움직이는 것이 극에 다 달으면 고요해지고, 고요하면 곧 음이라고 말하는 것과 같으니, 움직일 때는 곧 양의 태극이고 고요할 때는 곧 음의 태극이다. 대개 태극은 음양 속에 내재한다. '역에 태극이 있으니, 이것이 양의를 낳는다.'는 말은 먼저 실리의 측면에서 말한 것이다."[34]

태극과 음양은 동시에 존재한다. 즉 태극이 동할 때 그것이 양이 되는 까닭은 동시에 태극이 그곳에 내재하기 때문이다.

---

33 『原本周易』 권22 「繫辭上」, 1057쪽. "易有大極, 是生陽儀."
34 『주자어류』 권75 「易11 · 繫辭上之下」. "周子言'太極動而生陰, 靜而生陰.' 如言太極動是陽, 動極而靜, 靜便是陰, 動時便是陽之太極, 靜時便是陰之太極. 蓋太極卽在陰陽裏. 如'易有太極, 是生兩儀.' 則先從實理處說."

그리고 태극이 정할 때에도 그것이 양이 아니고 음이 되는 까닭은 동시에 태극이 그곳에 내재하기 때문이다. 만약 태극이 그곳에 동시에 존재하지 않는다면 그것은 양이 되지도 음이 되지도 않는다. 고자(告子)처럼 생(生) 그 자체를 본성으로 인정한다면 개가 개가 되고 소가 소가 되며 인간이 인간이 되는 까닭을 설명할 수가 없다.[35] 이것이 정이가 『주역』의 "一陰一陽之謂道, 繼之者善也, 成之者性也."[36]를 존재와 생성으로 구별하여, "음양을 떠나서는 다시 도는 없다. 음이 되고 양이 되는 까닭이 도이다. 음양은 기이며 기는 형이하자이요, 도는 형이상자이며 형이상자는 은밀하다."[37]라고 해석한 이유이다.[38] 다시 말하면 형이상자로서 리를 상정하지 않는다면 음양의 자체의 정체성은 있을 수 없고 따라서 음과 양이 반복해서 지속적으로 변화하는 것도 불가능하기 때문이다. 그래서 주희는 "이 천지·음양의 기를 사람과 사물은 예외 없이 가진다. 기가 모이

35 『맹자』 권12 「告子上」. "告子曰: '生之謂性.' 孟子曰: '生之謂性也, 猶白之謂白與?' 曰: '然.' '白羽之白也, 猶白雪之白, 白雪之白, 猶白玉之白與?' 曰: '然.' '然則犬之性, 猶牛之性, 牛之性, 猶人之性與?'" 참조.

36 『주역』 「繫辭上」 5.

37 『이정집 · 河南程氏遺書』 권15 「入關語錄」. 162쪽. "離了陰陽, 更無道. 所以陰陽者是道也. 陰陽氣也. 氣是形而下者, 道是形而上者, 形而上者則是密也."

38 장원목(1997), 45~47쪽 참조. 장원목의 여기에서 二程 특히 程頤에 의해 유가철학이 '絶對的 有의 철학'으로 확립되었다고 평가하고 있다.

면 사람이 되고 기가 흩어지면 귀가 된다. 그러나 이 기가 이미 흩어져도 천지・음양의 리는 생생하고 무궁하다."[39]고 말한다.

또 한편 어떤 사람이 주희에게 "당위규범이 있는데 또 존재원리가 있는 것은 무슨 까닭입니까?" 라고 물었을 때, 주희는 "부모를 섬기는데 마땅히 효성스러워야 하고 윗사람을 섬기는데 마땅히 공손해야 한다는 것들은 바로 당위규범이다. 그러나 부모를 섬기는 데 왜 반드시 효성스러워야 하며 윗사람을 따르는 데 왜 반드시 공손해야 하는가 하는 것, 이것이 곧 존재원리이다. 정자(程子)가 하늘의 높은 까닭과 땅의 두터운 까닭을 말하는 것과 같다. 만일 다만 하늘이 높고 땅이 두텁다고만 말하면 그것은 그 존재원리를 논한 것이 아니다."[40]라고 대답하였다. "이미 사물이 존재하면 그 사물이 그렇게 된 이유로 마땅히 그러해야만 하는 당위규범을 가지지 않은 것이 없어서 스스로 그만둘 수가 없다. 이것은 모두 자연(天)이 부여한 바로서 인간이 할 수 있는 것이 아니다."[41] 부모에게 효성스러워야 하는

39 『주자어류』 권3 「鬼神」. "只是這箇天地陰陽之氣, 人與萬物皆得之, 氣聚則爲人, 散則爲鬼. 然其氣雖已散, 這箇天地陰陽之理, 生生而不窮."

40 『주자어류』 권18 「大學5」. "有當然之則, 亦有其所以然之故爲何. 曰 : 如事親當孝, 事兄當弟之類, 便是當然之則, 然事親如何卻須要孝, 從兄如何卻須要弟, 此卽所以然之故. 如程子云天所以高, 地所以厚. 若只言天之高地之厚, 則不是論其所以然矣."

이유, 그리고 윗사람에게 공손해야 하는 이유는 자연(天)이 그에게 부여한 존재원리가 있기 때문이다. 여기에서의 존재원리로서 리는 그래서 "인 · 의 · 예 · 지"[42]이다. 만약 이러한 존재원리가 없다면, 부모에게 효하고 윗사람에게 공손해야 하는 필연성은 성립하지 않는다. 말하자면 리학의 존재원리는 당위규범의 성립근거이다. 결국 주희가 말하는 실리란 존재원리이며, 이 존재원리는 존재자의 정체성과 동시에 규범의 필연성의 근거이기도 하다.

그러나 존재원리와 당위규범으로서 관념적 실재인 리는 최한기에게 허구적인 것에 지나지 않는다. 그는 "이름이란 실질에서 나오는 것으로, 그 실질이 있으면 그 이름도 있고 그 실질이 없으면 그 이름도 없다."[43]고 말하며, 가령 "귀 · 눈의 이름을 서로 바꾸면, 귀를 '눈'이라 하고 눈을 '귀'라고 할 수는 있지만, 듣고 보는 실제 용도는 바꿀 수 없다. 그렇기 때문에 '귀'로써 보고, '눈'으로써 듣는다 해도 보고 듣는 실제 용도에는 해가 되지 않는다."[44]라고 말한다. 이에 의거하면, 리학의 리나 태

41 『대학혹문』. 165쪽. "旣有是物, 則其所以爲是物者, 莫不各有當然之則, 而自不容已, 是皆得於天之所賦, 而非人之所能爲也."

42 『주자어류』 권1 「理氣上」. "理則爲仁義禮智."

43 추측록 5-16b:1-142. 名實取捨. "名生於實, 有其實則有其名, 無其實則無其名."

극은 그 실질은 없이 단지 이름만 있을 뿐이다. 왜냐하면 그 실질이란 기에 근거해서 인식할 수 있는 것임에도 리학의 태극이나 리는 기를 인식하지 못하고 단지 마음으로 구성한 허구이기 때문이다. 즉 기를 따라 알게 되면 그 지식은 근거가 있지만(實), 리를 좇아 알게 되면 그 지식은 근거가 없다(虛). 기를 따르지 않고 생각으로만 미루어 헤아려서 멋대로 규정하여 꿰어 맞춘 리는 허구 가운데 허구적인 리이다.[45]

> 기를 알지 못하면 리를 알지 못하고, 기를 보지 못하면 리를 보지 못한다. …… 기를 알지 못하는 사람은 성리를 중시해서 단지 리가 천하에 가득하다고만 알고, 기를 보지 못하는 사람은 오직 허리만을 궁구해서 말하는 바가 모두 신령의 리일 뿐이다.[46]

여기에서 필자는 최한기가 사용하는 '실(實)'이라는 개념을 '근거가 있는 것'이라는 의미로 해석하였다. 그것은 무엇보다

44 추측록 1-39b:1-93. 名虛實存. "'耳'·'目'之名相換, 則耳謂之'目', 目謂之'耳', 至於聞見之實用不可換. 以'耳'見之, 以'目'聽之, 故無害於見聞之實用矣."

45 인정 11-25a:2-199. 知與數虛實. "循氣以知之, 則其知實, 從理以知之, 則其知虛. …… 盖氣實而理虛, 然推氣之先後彼此, 認其理, 亦實理也. 不循氣, 而以意思推度排撰牽合之理, 虛中之虛理也." 참조.

46 인정 9-26b:2-172. 理有虛實. "不識氣, 則不識理, 不見氣, 則不見理. …… 不識氣者, 歸重於性理, 而但知理滿天下矣. 不見氣者, 惟究於虛理, 而語皆神靈之理也."

도 최한기의 기는 형이상자가 아닌 구체적 존재로서 형이하자이며, 최한기는 경험론적 기일원론자이기 때문이다. 필자가 여기에서 '경험론적 기일론자'라고 한 것은 최한기에게 형이상학적 세계관이 적용되지 않기 때문이다. 이러한 면에서 최한기의 기학은 성리학의 본체론적 의미로서 기철학을 제시한 장재(張載, 1020~1077), 서경덕(徐敬德, 1489~1546), 임성주(任聖周, 1711~1788)와는 다르다. 다시 말해서 인간이 자연으로부터 부여받은 것은 일단의 신기와 기를 소통할 수 있는 감각기관과 사지(四肢)일 뿐,[47] 어떠한 선험적 본유관념도 가지지 않았기 때문에 그로부터 사변으로 구성되는 형이상학적 세계는 성립될 수 없다. 그에게 인간의 삶이란 감각기관을 통해 외부 세계의 인정(人情)・물리(物理)를 수취해서 신기에 익히고 또 그것을 감각기관을 통해 드러난 것이다.[48] 한 인간의 몸 안에 있는 기나 외부세계의 기나 모두 끊임없는 운동을 본질로 한다. 외부세계와의 단절은 곧 죽음이다.[49] 그렇기 때문에 그에게 '통'(通)이란 행위

---

47 신기통 1-4a:1-8. 知覺推測皆自得. "人之所稟于天者, 乃一團神氣與通氣之諸竅四肢, 則須用之具如斯而已, 更無他分得來者矣." 참조. 이 부분은 제4장에서 상론함.

48 신기통. 序-1a:1-5. "天民形體, 乃備諸用, 通神氣之器械也. 目爲顯色之鏡, 耳爲聽音之管, 鼻爲嗅香之筒, 口爲出納之門, 手爲執持之器, 足爲推運之輪. 總載於一身, 而神氣爲主宰, 從諸竅諸觸, 而收聚人情物理, 習染於神氣, 及其發用積中之人情物理, 從諸竅諸觸而施行, 卽踐形之大道也." 참조.

주체로서 신기와 대상세계로서의 운화기와의 끊임없는 교류로서 단순히 지식을 취득하는 차원을 넘어 인간의 생존 방식 자체이다. 결국 최한기에게 '유'란 외부세계와의 끊임없는 교류와 소통을 본질로 하는 경험론적 인간에게 구성된 기일원론적 세계이다.

> 대저 추측의 도는 유를 유라 하고 무를 무라 하니, 유라는 것은 그 몸이 있음이요, 무라는 것은 그 몸이 없음이다.[50]

> 삶이란 있음이고, 죽음이란 없음이다. 그 있는 것을 있다 하고, 그 없는 것을 없다 하는 것이 성실하고 올바른 도이다.[51]

이러한 기본전제 속에서 볼 때, 최한기에게 '실'이란 경험할 수 있는 것, 증험할 수 있는 것 그래서 근거가 있고 상호 소통할 수 있는 것이다. 다시 말하면, 최한기에게 리의 유형·무형

---

49 신기통 1-11b:1-2. 氣通而未嘗出入. "神氣者, 諸竅肢體集統而生成者也. 雖須臾間, 停隔則眩亂, 飛越則昏倒, 離身則命絶." 인정 9-19. 通氣. "雖瞬息不相通氣, 則萬事休矣." 참조.

50 추측록 5-35b:1-152. 老佛學推測. "夫推測之道, 以有爲有, 以無爲無, 有者有其身也, 無者無其身也."

51 추측록 4-12a:1-132. 生有死無. "生爲有, 死爲無. 有其有, 而無其無. 誠正之道也."

은 기의 인식 여부에 있다. 최한기는 리란 마음으로 기억하고 생각하고 보고 들어서 사물을 추측함에 형성되는 것이라고 한다. 이처럼 견문에서 비롯되는 추측지리는 그 견문의 빠름과 늦음, 있음과 없음, 정밀함과 거침, 많음과 적음, 근거 있음과 없음, 진실됨과 거짓됨이 제각각 달라 자연히 기에 맞는 것이 적고 맞지 않는 것이 많게 된다. 그래서 형질이 있는 기에 나아가 추측하고 증험함으로써 선후완급이 서로 맞는 것을 모으면 이것이 형질이 있는 리가 된다. 그러나 만약 운화의 기를 표준으로 삼지 않고 다만 리를 위주로 한다면 천하만사를 먼저 마음속에서 배포하고는 문득 천지를 세우고 귀신에게 질정하게 되며,[52] 그리고 또한 기를 보지 못하면 옛날 것에 집착하는 병이 이것으로 말미암아 생긴다. 하지만 기를 얻게 되면 바로 현재의 기준이 이것으로 말미암아 정립되게 된다[53]고 최한기는

---

52 인정 12-12b:2-216. 理學有實據. "曰心, 本活動運化之氣, 而能記繹見聞推測事物, 是所謂理也. 以此心推測天地, 則天地理也. 推測褻中, 則褻中理也. 推測一身, 則一身理也. 至於推測萬事萬物, 皆是理也. 然推測之理, 生於見聞, 而見聞之早晩有無精夲多寡虛實誠僞, 各自不同, 推測之理, 亦各不同, 合於氣者少, 不合於氣者多矣. 氣有形質運化,萬物, 推測此氣, 累證驗於此氣, 先後緩急, 聚其合以爲理, 卽氣之條理也. 是謂有形之理, 擧措事物 皆有實據 不以運化氣爲準的 但以理爲主 天下萬事先自心中排布 便爲建天地質鬼神." 참조.

53 기학 2-27a:1-238. "蓋理之有形無形, 由於氣之見不見, 無見於氣, 泥古之病, 所以起, 有得於氣, 當今準的所以立." 참조.

말한다.

> 우주 내에서 지금 현재 펼쳐지고 있는 운화야말로 모든 사물이 의지해야 할 뿌리와 바탕이요, 과거와 미래의 표준이 된다. 학자는 모름지기 이 근기와 표준을 정립한 뒤에야 비로소 방향을 찾을 수 있고, 또 만사를 조처하고 시행할 수 있다.[54]

현세지향적인 최한기는 자연히 눈앞에 펼쳐진 현실세계를 넘어선 어떠한 주재자도 상정하지 않으며 어떠한 관념적 실재도 상정하지 않는다. 그래서 그에게 기는 그 스스로 끊임없이 변화하는 활동운화이다. 그렇기 때문에 만약 그에게 만물생성의 영원성과 만물의 정체성을 묻는다면, 그는 "대기(大氣)는 모든 변화를 포괄하여 스스로 생성을 하는 것이니, 어찌 반드시 자신 밖의 다른 원인을 기다려 운행되며 밖의 것을 빌려 변화를 일으키겠는가?"[55]라고 반문할 것이다. 최한기에게 기는 한 덩어리의 활물로서 본래부터 순수하고 담박하고 맑은 바탕을 가진다. 그래서 비록 소리와 빛과 냄새와 맛에 따라 변하더라

---

54 기학 1-4a:1-199. "宇內羅列, 方今運化, 資賴之根基, 前後之標準. 學者, 須定根基立標準, 然後庶尋方向, 亦可措行."

55 기학 1-9a:1-201. "大氣包化, 自生陶鑄, 何必待行而周旋, 借外而行化也."

도 그 본성만은 변하지 않는데, 이와 같은 기의 무한한 작용의 덕을 총괄하여 신이라 한다.[56] 최한기는 그의 기를 신기라고 칭함으로써 경험론적인 자신의 입장을 견지하고자 한다. 다시 설명하면, 최한기는 기의 무한한 작용의 원인을 그 이외의 어떤 것에서 구하지 않고 기 자체로서 설명하니, 그 알 수 없고 형언할 수 없는 자체원인적 존재자를 억지로 칭한 것이 신기이다.[57]

이러한 의미에서 리학의 리나 태극이 세계를 설명하는 통일적 존재로서 부정되는 이유는 그것이 경험할 수 없고, 증험할 수 없는 따라서 상호 소통할 근거가 없기 때문이다. 최한기에 의하면 리학이 리나 태극을 실재로서 주장하게 된 원인은 단지 전 날의 익혀서 물든 것은 생각하지 않고 다만 오늘 부합되는 것만을 보고 마음속에 이미 태극을 받아 본래 갖춘 이치가 있다[58]고 생각한 것에서 비롯된다. 그리고 그들은 더 나아가 이로부터 모든 사물 속에서 그것을 찾아내어 이른바 정리(定理)라는

56 신기통 1-1b:1-7. 氣之功用. "大凡一團活物, 自有純澹瀅澈之質, 縱有聲色臭味之隨變, 其本性則不變, 擧其全體無限功用之德, 總括之曰: '神'."

57 기학 2-37a:1-243. "活動運化氣之靈, 强名曰神."『주역』「繫辭上」5. "陰陽不測之謂神." 참조. 최한기는 공자의 합리적 사고방식을 계승하여 "不知爲不知, 是知也."(『기학』 1-9a:1-201 :『論語』 2-17)라고 말한 바 있다.

58 신기통 1-36a:1-24. 收得發用有源委. "若不念前日之習染, 只見今日有所符合, 自有悅樂, 以謂心中已稟太極素具之理, 無或怪也." 참조.

것을 억지로 증명하고, 그것을 일에 응하고 사물을 주재하는 법칙으로 삼았다. 이것은 어떠한 선험적 가치도 함의하지 않은 신기에 선악과 허실의 가치를 부여한 것이다. 다시 말해 선입견을 가지고 사물을 인식함으로써 사물을 사물 그 자체로 인식하지 못한 것이다. 예컨대, 그들이 귀로 소리를 듣기 전에 듣는 리가 있고 눈으로 색깔을 보기 전에 밝게 보는 리가 있다[59]라고 리의 선재성을 주장하고 또한 그러한 리를 규명하고 증명하려고 하는 것은 사물 개개의 자체에 내재된 법칙을 인식하지 못하고, 경험으로부터 얻은 사물의 법칙을 보편원리로 구성해서 그것으로부터 오히려 사물을 설명하는 것이라고 최한기는 말한다.[60]

59 인정 9-2b:2-160. 善惡虛實生於交接. "世俗之論, 不究其所以得, 只見其發用之端, 以爲自初稟賦所具. 乃索之於事事物物之中, 强證其所謂定理者, 以爲應事宰物之則, 是神氣之中, 先有善惡虛實也. 耳未聽聲而以爲聰, 目未見色而以爲明." 참조.

60 추측록 2-26a:1-113. 天人有分. "或以爲萬理, '皆具於我心,' 事物之理, 惟窮究於心, 不識推事物而測事物. 或以物理之不合於其心者, 必歸之于幽隱, 而不求推測之轉換得宜. 或以己見之誤得, 謂天理之同然, 而不顧物物各殊之天理." 참조.

2. 기일원론적 자연관

1) '리일분수'(理一分殊) 비판

주희는 "천지의 마음, 천지의 리에서 리는 도리이고, 마음은 주재한다는 의미인가?"라는 물음에 "마음은 진정으로 주재한다는 뜻이다. 그러나 이른바 '주재한다'고 말하는 것은 곧 리이기 때문에 마음 밖에 따로 리가 있거나 리 밖에 따로 마음이 있는 것은 아니다."[61] 라고 대답한다. 이것은 '천지는 만물을 낳는다는 것을 마음으로 삼는다.'는 것을 마치 하늘 위에 초월적 인격체가 존재하여 그가 주재하는 것처럼 생각해서는 안 되고, 그것을 의리적 도덕적 의미로 해석해야 함[62]을 말한다.

> 푸르디푸른 것을 하늘이라 말한다. 끊임없이 빙글빙글 돌면서 두루 유행하는 것이 곧 하늘이다. 지금 하늘 속에 어떤 사람이 있어서 죄악을 판결한다고 절대로 말할 수는 없다. 그렇다고 그것을 주관하는 것

---

61 『주자어류』 권1 「理氣上」. "問 : '天地之心, 天地之理, 理是道理, 心是主宰底意否 ?' 曰 : '心固是主宰底意, 然所謂主宰者, 卽是理也, 不是心外別有箇理, 理外別有箇心."

62 『주자어류』 권1 「理氣上」. "帝是理爲主." 참조.

이 전혀 없다고 말할 수도 없다. 이것을 사람들은 알아야 한다.[63]

리학은 주재천(主宰天)도 반대하지만 창창지천(蒼蒼之天) 즉 자연천(自然天)[64] 또한 반대한다. 주희는 그의 제자가 자연천의 의미로 천지를 해석하고자 했을 때, "그렇다면 『주역』의 '복괘(復卦)에서 천지의 마음을 본다.', '바르고 위대하기 때문에 천지의 정감을 볼 수 있다.'고 말한 것은 무엇인가? 그대가 말한 것은 단지 그것의 '마음이 없는 측면'만을 말한 것이다. 만약 정말로 마음이 없다면, 소가 말을 낳고 복숭아나무에서 오얏꽃이 생길 것이다. 따라서 거기에는 오히려 본래부터 일정한 것이 있다. …… 마음은 곧 천지가 주재하는 곳이기 때문에 '천지는 만물을 낳는 것을 마음으로 삼는다.'고 말한다."[65]라고 응답하였다.

---

63 『주자어류』 권1 「理氣上」. "蒼蒼之謂天. 運轉周流不已, 便是那箇, 而今說天有箇人在那裡批判罪惡, 固不可. 說道全無主之者, 又不可。這裡要人見得."

64 유가철학에서 天이 가지는 의미는 크게 3가지가 있다. 첫째는 天帝의 의미로 인격과 의지를 가지고 만사만물을 주재하는 존재로서 主宰天, 둘째는 초자연적 정신역량이나 혹은 세계의 정신본원으로서 義理天, 셋째는 물질적 객관적 자연으로서 自然天이 있다. 郭原安編, 『중국유학사전』 569쪽. 참조. 1988. 김충열(1994), 18~23쪽 참조.

65 『주자어류』 권1 「理氣上」. (道夫言 : "向者先生教思量天地有心無心. 近思之, 竊謂天地無心, 仁便是天地之心. 若使其有心, 必有思慮, 有營爲. 天地曷嘗有思慮來! 然其所以 '四時行, 百物生'者, 蓋以其合當如此便如此, 不待思推, 此所以爲天地之道.") "曰 : "如此, 則易所謂'復其見天地之心', '正大而天地之情可見', 又如何! 如公所說, 衹說得他無心處爾. 若果無心, 則須牛生出馬, 桃樹上發李花, 他又卻自定.

이것은 만약 천을 단순히 물리적 자연으로만 해석한다면, 다시 말해 천지에 도덕적 의지의 실현으로서 마음[66]이 없다면 소는 말을 낳고 복숭아나무에는 오얏꽃이 필 것이라고 말하는 것이다. 이렇게 볼 때, 지금 현재 펼쳐진 자연현상, 소는 소를 낳고, 복숭아나무에는 복숭아꽃이 피는 현상을 설명하려면 일정한 것을 설정하지 않으면 안 되는데, 그것이 바로 천지가 만물을 낳는 마음이라는 것이다. 그리고 그 마음이 다름 아닌 의리로서 리이다.

> 가령 음양과 오행이 종횡으로 엇갈리면서도 질서를 잃어버리지 않는 것은 곧 리이다. [67]

> 어떤 사람이 물었다. "반드시 리가 있은 이후에 기가 있다는 것은 무슨 뜻입니까?" 대답하셨다. "이것은 본래 먼저와 나중으로 나누어 말할 수가 없다. 그러나 굳이 그 연원을 미루어 본다면(推其所從來), 반드시 리가 먼저 있다고 말해야 한다. 그러나 리는 또한 따로 존재하

…… 心便是他箇主宰處, 所以謂天地以生物爲心."

66 주희, 『맹자집주』 권3 「公孫丑上」. "孟子曰: '人皆有不忍人之心.'"에 대한 주희주. "天地以生物爲心, 而所生之物, 因各得夫天地生物之心, 以爲心. 所以人皆有不忍人之心也." 『朱子語類』 1(1998) 刊. 102쪽. 주35) 인용문 재인용.

67 『주자어류』 권1 「理氣上」. "如陰陽五行錯綜不失條緒, 便是理."

는 것이 아니라, 기 속에 간직되어 있다. 기가 없다면 리도 실려 있을 곳이 없다. 기는 금 · 목 · 수 · 화이고 리는 인 · 의 · 예 · 지이다."[68]

주희는 자연을 리와 기로 설명한다. "천지 사이에 리도 있고 기도 있다. 리란 것은 형이상의 도로서 물을 낳는 근본이요, 기란 것은 형이하의 기(器)로서 물을 낳는 재료이다. 이로써 사람과 사물이 생김에 반드시 이 리를 받은 연후에 본성이 있고, 반드시 이 기를 받은 연후에 형체가 있다. 그 본성과 그 형체는 비록 일신을 떠나지 않는다 해도 그 도와 기(器)사이에는 경계가 매우 분명하므로 혼란되어서는 안 된다."[69] 이렇게 리와 기의 관계는 현상적 측면으로 보면 두 가지가 뒤섞여서 각각 다른 곳에 갈라놓을 수 없지만, 존재론적의 측면으로 보면 사물이 존재하기 전에 먼저 사물의 리가 있을 뿐이니 엄연히 구별하지 않으면 안 된다.[70]

68 『주자어류』 권1 「理氣上」. "或問 : '必有是理, 然後有是氣, 如何 ?' 曰 : '此本無先後之可言. 然必欲推其所從來, 則須說先有是理. 然理又非別爲一物, 卽存乎是氣之中. 無是氣, 則是理亦無掛搭處. 氣則爲金木水火, 理則爲仁義禮智.'"

69 『문집』 권58 「答黃道夫」:18-4153. "天地之間, 有理有氣. 理也者, 形而上之道也, 生物之本也. 氣也者, 形而下之器也, 生物之具也. 是以人物之生, 必稟此理, 然後有性. 必稟此氣, 然後有形. 其性其形, 雖不外乎一身, 然其道器之間, 分際甚明, 不可亂也."

70 『문집』 권46 「答劉叔文」:16-3195. "所謂理與氣, 此決是二物. 但哉物上看, 則二物渾淪不可分開各在一處, 然不害二物之各爲一物也. 若在理上看, 則雖未有物而已,

주희에게 기 또한 세계를 구성하는 하나의 원리로서 존재하지만, 그럼에도 불구하고 주희는 앞서 보았듯이 모든 생성의 근원으로 리를 말함으로써 무엇보다도 리의 선재성을 강조한다. 이 선재성이 의미하는 것은 리의 보편성이다. "천지는 마음을 만물에 두루 미치게 하기 때문에 사람이 그것을 얻으면 사람의 마음이 되고, 사물이 그것을 얻으면 사물의 마음이 되며, 초목과 짐승이 그것을 얻으면 초목과 짐승의 되니, 단지 하나의 마음일 뿐이다."[71] 이것을 달리 표현하면 "천지의 만물을 모두 합하여 말한다면 단지 하나의 리일 뿐이지만, 사람의 경우를 말한다면 각자가 스스로 하나의 리를 간직하고 있다."라고 하는 이른바 '리일분수'이다.[72]

그러나 또 한편 '리일분수'는 현실적 차별성을 설명해주는 근거이다. 초목에서 인간에게까지 모든 만물이 '일리(一理)'를 부여 받음으로써 그 자신의 정체성을 유지하면서 끊임없이 그 생성을 반복할 수 있지만, 이것은 다른 한편으로는 복숭아가

有物之理, 然亦但有其理而已, 未嘗實有是物也."

71 『주자어류』 권1 「理氣上」. "天地以此心普及萬物, 人得之遂爲人之心, 物得之遂爲物之心, 草木禽獸接著遂爲草木禽獸之心, 只是一箇天地之心爾."

72 『주자어류』 권1 「理氣上」. "'理一分殊.' 合天地萬物而言, 只是一箇理. 及在人, 則又各自有一箇理."

오얏꽃을 피우지 않고 복숭아꽃을 피우며, 소가 말을 낳지 않고 소를 낳는 이유로서 이것이 가치론적 의미로 전도될 때, "오랑캐는 단지 오랑캐일 뿐이니, 반드시 그들이 차지한 중원을 회복해야 한다."[73]는 언급을 가능하게 하는 근거가 되며, 중세사회의 신분질서를 정당화시킬 수 있는 근거가 된다.

그러나 최한기는 "궁리의 학문이란 본래부터 일정한 본원이 있다고 여겨 나의 지식의 미진한 것을 궁구한다."[74]라고 말함으로써, 일정한 본원으로써 태극 또는 '일리'을 상정하는 관념적 자연관에 근거한 '리일분수'를 비판한다.

> 궁격(窮格)의 학문은 온갖 일과 온갖 사물이 이치가 없는 것이 없고 사람의 마음 하나에 온갖 이치를 갖추었으므로 탐구하지 못할 이치가 없다고 한다.[75]

> 만수일본(萬殊一本)의 말이나 통만귀일(統萬歸一)의 설이 기의 드러난 형체가 아니면 어떻게 그 줄거리와 조리를 찾으며, 어떻게 그 단계

73 『주자어류』 권1 「理氣上」. (曰 : 蓋一治必又一亂, 一亂必又一治.) "夷狄只是夷狄, 須是還他中原."

74 추측록 6-29a:1-172. 窮理不如推測. "窮理之學, 有一定之本元, 而究吾知之未盡."

75 추측록 1-23b:1-85. 雖用而不知推. "窮格之學, 以爲萬事萬物, 莫不有理, 而人之一心具萬理, 故無不可窮之理也."

를 밟아 올라갈 수 있겠는가.[76]

최한기는 '리일분수'는 단지 선험적인 본유관념을 근거삼아 멋대로 안배한 것에 지나지 않으며, 그 근본은 추측의 심리를 유행의 천리와 혼잡시킴으로써 비롯된 것이라고 말한다. 즉 주리자(主理者)는 등불 자체에 물체를 비추는 리가 있다고 주장하는데, 이것은 단지 마음속의 추측으로만 구성한 것으로 이것을 실재한다고 말하는 것은 마음속으로 추측하여 얻은 조리와 자연현상의 조리를 혼잡시킴으로써 혹 유행의 천리를 추측의 심리로 알거나, 아니면 추측의 심리를 유행의 천리와 동일시함으로서 비롯된 것이다.[77] 다시 설명하면, 리학자들은 자연법칙과 당위규범이 존재원리로부터 근원하기 때문에 자연법칙에 대한 규명으로부터 당위규범의 필연성을 인식할 수 있고 그렇게 함으로써 올바로 당위규범을 실천할 수 있다고 주장한다. 리학이 자연법칙과 당위규범의 동일한 근원으로 존재원리를 상정한

---

76 인정 13-19b:2-246. 三等不可闕一. "萬殊一本之語, 統萬歸一之論, 非氣之著形質, 何以見其脈絡條貫."

77 추측록 2-27b:1-114. 主理主氣. "燭中自有照物之理, 主理者之言也. 火明乃之照物之氣, 主氣者之言也. 主理者, 推測之虛影, 主氣者, 推測之實踐也. 主理者, 以推測之理, 渾雜於流行之理, 或以流行之天理, 認作推測之心理, 或以推測之心理, 視同流行天理." 참조.

까닭은 당위규범의 당위성의 근거와 그것을 실천하는 주체의 정체성을 확보하기 위한 것이고, 또한 자연법칙의 규명을 통해 다시 말하면, 생활세계 속의 개개 사물에 대한 규명을 통해 도덕적 실천이 가능함을 주장하기 위해서이다. 그러나 이러한 의도는 현실적으로 자연법칙을 가치화함으로써 자연법칙을 그 자체로 인식하는 것을 방해하였으며, 아울러 당위규범을 절대화하기 위해 존재원리를 상정한 결과가 되었다.

이와 같은 문제점을 인식한 최한기는 자연에는 자연의 법칙이 있고, 인간에게는 인간의 법칙이 있기 때문에 인간 행위를 규정하는 당위규범은 인간 행위 자체 안에서 법칙을 찾아야 한다고 주장한다. 그는 만물 그 자체에 그 나름의 법도가 있다[78]고 말한다. 따라서 최한기에게 자연은 다만 경험과학을 통해 증험과 변통에 의해서 밝혀진 세계일 뿐이다.[79]

78 기학 1-11a:1-202. "格物之學, 若通氣化有形之理, 何患萬物不齊之用, 自有軌轍, 可循之道." 참조.

79 김용헌(2000, 참조)은 「최한기의 자연관」의 '서양 근대과학의 수용'이라는 항목에서 최한기의 우주설이 지구중심설로부터 태양중심설로 전환되어가는 과정을 설명하고 있다. 이 글에 의하면 최한기는 『지구전요』와 『기학』이 완성되는 1857년 이전까지는 지구중심설을, 그리고 1867년에 쓴 『성기운화』에서 태양중심설을 확고하게 수용하기 이전까지는 두 가지 설의 진위 판단을 미루었다고 한다. (218~222쪽 참조). 또한 이러한 사실로부터 최한기가 언급하는 '流行之理'의 가설적 성격을 미루어 짐작할 수 있다.

천지의 이치가 점차 밝아지고 기에 관한 이론이 차츰 밝혀지면서부터, 하늘과 땅과 사람과 물건에는 더욱 증험하고 시험하는 방법이 생겼다.[80]

상고(上古)에 지구가 움직이지 않는다고 생각하여 책력을 만들 즈음에 혼천(渾天)이 하루에 지구를 한 바퀴씩 돈다고 간주하였고, 중고(中古)에는 지구가 돈다고 생각해서 책력에 관해 논할 때 경성천(經星天)은 움직이지 않는다고 간주했다. 근고(近古)에는 지구가 황도를 따른다고 생각해서 계산을 하고 태양은 우주의 중앙에 위치하고 있다고 여겼다. 그런데 천체의 운행되는 범위가 어찌 이처럼 달라짐이 있었겠는가. 옛날이나 지금이나 배열된 것이 일정하여 변함이 없었겠지만 사람들이 보고 규명해낸 것이 각기 달라서 결과적으로 이 동정(動靜)하고 윤전(輪轉) — 지구의 자전과 공전이 서로 뒤바뀌는 일이 있었던 것이다.[81]

최한기는 모든 것을 기로써 설명하고자 한다. 여기에서 기는

80 신기통 1-23a:1-18. 古今人經驗不等. “自天地之理漸明, 氣說漸暢, 天地人物, 益有驗試之道.”

81 기학 1-12a:1-203. “上古, 以地靜造歷, 勢將以渾天一日周, 中古, 以地轉論歷, 勢將以經星天爲不動, 近古, 以地循黃道立算, 勢將以太陽居宇宙之中. 天體範圍, 豈有若是變改, 當有古今一定排布, 而人見之究明各異, 有此動靜相換, 輪轉互易.”

가치가 배제된, 의미가 부여되지 않은 객관적 대상 그 자체이다. 즉 자연은 인간의 가치관이 투영되지 않은 그 자체로 해석되어야 한다는 것이 최한기의 기본입장이다. 이와 같은 최한기의 과학적 태도를 예증하는 것의 하나는 자연을 설명하는 전통적인 방식으로서 음양오행설을 그가 부정한다는 것이다. 즉 그는 "금・목・수・화・토 오행은 백성이 살아가면서 날마다 쓰고 늘 사용하는 물건인데, 오직 이 다섯 가지가 가장 많아서 대략 뽑아 이름을 달리 붙였을 뿐 다른 뜻은 없다."[82]라고 말한다. 이와 같은 객관적 인식으로부터 최한기에게는 대기운화・통민운화・일신운화 등의 개념이 성립된다.

> 대기운화에는 지・월・일・성의 회전에 따라 연・월・일・시의 변하지 않는 법도가 있고, 통민운화에는 예와 법률, 기강이 있어 다스림과 혼란, 성함과 쇠락함의 변천이 있고, 일신운화에는 어림과 장성함 그리고 노쇠함이 있어 날카로움과 둔함, 성공과 실패가 몇 배씩 늘거나 준다.[83]

---

82 運化測驗 2-29a:1-286. 五行四行. "金木水火土五行, 乃民生日用常行之物. 惟此五者最多, 略擧其槩, 而別名目而已, 別無他義." 김용헌(2000), 217쪽. 인용문 재인용.

83 인정 12-19a:2-221. 四性三等. "大氣運化, 隨地月日星之轉, 而年月日時有常度. 統民運化, 有禮律綱紀 而治亂盛衰有遷移. 一身運化, 有少壯衰老 而利鈍成敗有乘除."

대기운화란 자연의 운동과 변화로서 여기에는 자연의 법칙이 있고, 통민운화란 한 국가의 통치 가운데 드러나는 변화 현상으로 역시 통치질서라는 것이 있으며, 일신운화란 한 인간이 태어나 죽을 때까지의 변천하는 현상으로 그 가운데에는 대기운화나 통민운화와는 다른 그 나름의 법칙이 있다. 그렇기 때문에 최한기는 도와 리는 모두 기의 도요 기의 리인데, 리학에서는 기를 제대로 인식하지 못하고 주관적 관념으로부터 도와 리를 구성함으로써 모두 기착할 곳이 없는 허황된 것[84]으로 만들었다고 말한다.

리학이 '리일분수'를 말하며 '심구중리'를 말했던 것은 바로 자연법칙과 당위규범을 혼합함으로써 인간의 힘으로 어찌할 수 없는 것을 대상으로 공부를 했기 때문이다. 이와 같은 리학의 천인미분적 태도는 그들이 '일리'라는 동일한 만물의 근원을 상정함으로써 인간과 인간, 인간과 만물의 화합을 추구함에도 불구하고 오히려 관념적 태도가 선입견으로 고착됨으로써 분열을 조장하는 결과를 낳았다고 최한기는 말한다. 즉 그는 "만약 천도는 인도요, 인도는 천도라고 하면서도 대기의 범위

84 인정 9-12a:2-165. 文字道理. "凡言道理, 皆是氣之道氣之理, 而無見於氣, 則道與理, 皆沒着虛滉." 참조.

에 어긋나는지의 여부를 고려하지 않고 오직 심기를 좇아 학문을 말한다면, 이해를 같이 하는 사람들끼리는 화답하여 호응은 하겠지만 세상 사람들이 모두 기꺼이 따르지는 않을 것이다. 그렇다면 이것은 곧 동당(同黨)의 학문이지 천인(天人)의 학문은 아니다."[85]라고 말한다.

2) '만수귀일'(萬殊歸一)

주희는 그가 생존했던 당시의 도가철학이나 불교철학에 대응해서 전통적 유가철학에 형이상학적 기초를 구축함으로써 생활세계 속의 윤리도덕의 정당성과 진리성을 주창하고자 했다. 다시 말하면 리학은 외도이단에 대응하기 위한 이론의 정합성과 이념의 타당성을 추구한 결과이다.

주희의 리기이원론은 이러한 노력의 산물이다. 즉 주희는 리와 기로서 세계를 설명한다. 여기에서 리는 존재자의 정체성과 규범의 필연성을 함의한다. 그리고 무엇보다도 이 리는 "도덕

85 기학 1-6a:1-200. "若謂天道卽人道, 人道卽天道, 不顧大氣範圍有違無違, 惟從心氣而說學. 豈無人情之同類和應, 難期天下人共悅服, 其實, 乃人類之中, 同黨之學, 非天人之學."

적 이상을 제시하기 위해 도입된 개념"[86]이다. 반면 기는 형이하자로서 리를 담지하는 담지자의 역할도 하며 또한 리를 은폐하는 은폐자의 역할도 한다.[87] 즉 기는 "다양한 현실세계의 모습을 설명하기 위해 도입된 것"[88]이다.

현실세계에는 천차만별의 여러 현상들이 있지만, 그 가운데에서도 인간의 행위로부터 나타나는 도덕적 현상 또한 일괄해서 설명하기 어려운 것이다. 이것은 유가철학의 역사가 인간의 도덕적 행위의 근원에 대한 탐구의 역사이었음에도 확인된다. 주희의 리기이원론 역시 이와 같은 측면에서 조명될 수 있다. 보편원리로서 리가 도덕적 행위의 근원으로, 또는 도덕적 행위를 해야만 하는 필연성의 근거인 반면, 리의 실재에도 불구하고 현실 속에 항상 드러나는 악의 현상을 설명하는 근거로서 기라는 개념 도구를 주희는 사용한다.

모든 존재자와 규범의 근거로서 리는 필연적으로 만물을 포섭하는 위치를 점유하는데 태극과 일치도 이와 같은 이유이다. 이처럼 리의 절대화는 도덕적 이상의 강화를 의미하는 것이고,

---

86 김현(1996), 25쪽.
87 장원목(1988), 13~20쪽 참조.
88 김현(1996), 25쪽.

따라서 그것은 그 만큼의 비도덕적인 현실의 무질서를 반영하는 것이다. 이러한 예는 조선시대의 이황이 기대승과 사단칠정에 대하여 논변하면서 리의 운동성을 주장한 것에 찾을 수 있다. 다시 말하면 천지만물의 근원으로서 리가 기의 운동에 의해 드러나고 가려지는 수동적인 위치에만 처한다면, 어떠한 현실적 조건에서라도 도덕적 행위를 해야만 한다는 인간의 정체성을 확보하기 어렵다. 따라서 논리적으로 리의 운동성을 주장하는 것이 문제가 됨에도 불구하고 이황은 리의 운동성을 주장함으로써 기보다 리가 이념적으로 우위에 있어야 함을 강변한 것이다.[89]

리의 운동성 주장은 윤리의 사회 속의 실현이라는 이상으로부터 궁극에는 자연(천)과 합일을 추구하는 유가철학의 전형을 보여준다. 리학은 애초에 이러한 도덕질서의 실현이라는 이상 속에서 현실을 설명하고자 한 철학이다. '리일분수'는 바로 이러한 점을 충분히 설명해준다. 즉 '리일'은 도덕원리의 보편적 실재를 말함으로써, 이 세계가 삼강오륜이라는 질서로 설명될 수 있으며, 또 그렇게 질서 있게 되어야 함을 설명한다. 반면

89 윤사순(1982), 84~118쪽 참조.

'분수'는 '리일'이라는 보편적 실재에도 불구하고 현실사회로 드러나는 차별적인 신분사회의 양태와 그것의 타당성을 설명한다.

그러나 이와 같은 리학의 체계는 그 논리적 구조나 현실적인 면에서 모순점을 드러낸다. 논리적 모순이란 보편화의 원리로서 리와 개별화의 원리로서 기를 별개의 실재로 인정함으로써, 리와 기의 관계를 설명함에 있어서 논리적으로는 리와 기가 독립적 실재로서 서로 혼동할 수 없다는 것을 제시하는 반면, 현실적으로는 리와 기가 서로 떨어질 수 없다는 것을 말한다. 이러한 모순점이 잘 드러난 예가 바로 이황과 기대승과의 사단칠정논변이다. 또 한편으로는 순선무악의 리가 선도 있고 악도 있는 기의 존재원인이라는 점 또한 설명하기 어려운 부분이다. 또 한편, 현실적 모순이란 리학이 '리일분수'의 논리를 통해 무질서한 현실세계를 도덕적 이상의 실현을 통한 조화 있는 사회를 만들려고 하지만, 조선후기사회가 보여주는 것처럼 '리일분수'는 오히려 신분적 혈연적 차별을 정당화하는 논리로 오용됨으로써 분열된 사회를 고착화시키는 결과를 초래했다.

따라서 최한기는 리의 선재성을 주장하는 리기이원론과 리일분수의 리학의 논리를 현실에 근거하지 않은 사변을 통해서 구성된 허구적 이론으로 비판하는 것이다. 최한기 역시 리학이 인류사에서 도덕을 강조함으로 기여한 바를 인정하지만,[90] 오히려 도덕을 지나치게 강조함으로써 현실사회를 도덕이념이라는 프리즘을 통해 왜곡되게 보았음을 비판하는 것이다. 사실 도덕이란 사람과 사람이 모여 사는 인간사회 집단 가운데 사람들 사이의 질서를 말하는 것으로 무엇보다도 그 집단 구성원들이 살고 있는 현장 자체가 그 길의 존재적 근거이다. 물론 리학 역시 그 사회 현장에 직접 나아가 개개의 사태와 존재자를 궁구함으로써 그 길을 인식하고자 하지만, 리학의 '지선행후(知先行後)'의 입장이나 하·은·주를 이상시 하는 상고주의(尙古主義) 그리고 무엇보다도 선현의 경전 안에서 이치를 궁구하고자 하는 태도는 이미 정형화된 이념을 통해 개개의 사물에 나아가기 때문에 끊임없이 운동하고 변화하는 현실세계를 있는 그대로 인식하기에는 그 한계성이 분명하다.

최한기는 이러한 리학의 문제점이 무엇보다도 자연과 인간을 분리시켜 보지 못하는 점에 있다고 생각한다. 이러한 천인미분적 사고방식은 인간의 도덕적 행위의 필연성에 대한 절대적 근거의 요청의 결과이다. 무엇이 선하고 무엇이 악한 것이

---

90 인정 16-29b:2-306. 學問比較. "近古理學, 探無形而勉誠實, 矯靡俗而明義理." 참조.

라는 것은 그 기준이 실재하든 하지 않든 그 기준을 인식하는 집단이나 개인의 이해적 관계에 의해 쉽게 왜곡될 수 있는 것이다. 따라서 리학은 그 도덕적 기준의 절대성을 시간과 공간을 초월해서 언제나 변함없는 자연현상의 법칙에서 근거지움으로써 유가철학 전통의 윤리규범을 절대화하고자 한 것이다.

하지만 최한기가 보기에 리학의 천인미분적 사고방식은 자연을 인식하는 인간의 한계성을 생각하지 못한 것이다. 중세의 천동설은 유럽인으로 하여금 유럽을 세계의 중심으로 생각하게 한 것처럼, 중국인으로 하여금 자신들을 세계의 중심으로, 그리고 주변 국가를 변방국가로서 오랑캐로 인식하도록 하였다. 하지만 근세 이후 지구는 우주의 중심을 태양에게 넘겨주었고, 지구(地球)의 발견은 변방국가의 위상을 바뀌기에 충분하였으며, 그들의 자아를 새롭게 발견할 수 있는 계기가 되었다. 그렇기 때문에 서양자연과학에 의한 자연에 대한 인식의 변화는 리학이 기대한 것처럼 자연이 인간 행위 규범의 절대적 근거가 되기에 충분치 않음을 일깨워주었다.

특히나 최한기가 생존했던 당시는 정치사회적으로나 학술적으로 급변하였던 시기였고 그 가운데에서도 서양의 자연과학의 동양사회로 유입은 동양인들로 하여금 세계관을 비롯하여 가치관의 변화를 촉구하였다. 이러한 영향의 하나가 기에 대한 인식이다. 리학에서 기는 리를 담지함으로써 리를 실현하는 매개체이기도 하지만 한편으로는 리를 가리는 은폐적 기능도 한다. 이와 같은 은폐자로서의 기는 현실사회의 다양성을 설명해주는 긍정적 역할을 하기도 하지만, 도덕적 이상의 실현이라는 이념을 추구하는 리학에 있어서 기는 욕망으로 대변되는 그래서 무질서하고 예측할 수 없는 제거의 대상이었다. 하지만 서양자연과학의 동양사회의 유입은 기 자체가 무질서한 존재가 아니며, 그 안에는 관찰하고 실험하고 증험하면 찾아낼 수 있는 법칙이 있음을 기철학자들에게 각인시켜주었다.

이와 같은 영향의 결과가 최한기의 천인유분적 사고방식이다. 즉 최한기는 자연에는 자연의 법칙이 있고 인간에게는 인간 나름의 법칙이 있음을 인식한다. 그리고 그러한 법칙은 당연히 감각기관에 의거한 경험적 관찰을 통해 도출되는 것이며, 또한 증험과 변통의 반복을 통해 인식된 것이다.

최한기가 세계를 통일적으로 설명하는 원리로 채택한 기 또한 눈앞에 펼쳐진 자연에 대한 탐구의 결과이다. 그는 "학자가 공부하는 데 있어서 갑자기 그 전체를 알기는 어려우므로 반드시 개개의 특수한 두세 개의 단서를 궁구하여 근원으로 소급해 가야 된다. 그래도 분명하지 못할 경우에는 열 가지 백 가지 단서를 궁구하여 본원에 도달하기를 꾀하면 거의 전체를 알게 될 것이다."[91]라고 말하여 개개의 사례에 대한 고찰을 통해 일반적인 법칙을 도출하는 귀납법적인 방법을 제시한다. 실제로 그는 "천지를 헤아리지 못하고 기를 헤아릴 수 있는 사람은 없고, 기를 헤아리면서 리를 헤아리지 못하는 사람은 없다. 또한 기를 헤아리지 못하는데 리를 헤아릴 수 있는 사람이 있다는 것은 결코 들어보지 못하였다."[92]고 하여 천지에 대한 구체적인 관찰로부터 기를 인식하고, 그리고 기를 인식하였다면 그 이전에 조리로서 리를 이미 인식하고 있음을 말한다.

> '만수일본'의 말이나 '통만귀일'의 설이 기의 드러난 형체가 아니면 어떻게 그 줄거리와 조리를 찾으며, 어떻게 그 단계를 밟아 올라갈 수 있겠는가. 도리를 논하는 자는 오직 본래 그런 것이라고 짐작할 뿐이다.[93]

이러한 태도는 도덕적 이념으로서 또는 보편적 개념으로서

---

91 추측록 2-1b:1-101. 大象一氣. "學者用功, 猝難擧其全體, 則須從分殊上, 究得二三端緖, 以소其源. 猶未晰然, 究得十百端緖, 要達本原, 則全體庶可擧."

92 추측록 2-1b:1-101. 測氣測理. "不能測天地, 而能測此氣者, 未之有也. 能測此氣, 而不能測此理者, 亦未之有也. 不能測此氣, 而有能測此理者, 絶未之聞也."

93 인정 13-19a:2-246. 三等不可闕一. "'萬殊一本'之語, '統萬歸一'之論, 非氣之著形質, 何以見其脈絡條貫, 何以循其躡級階梯. 論道理者, 惟固然之斟酌."

리에 대한 선행적 인식으로부터 개개의 사례를 이해하려는 리학의 태도와는 대조가 된다. 사실 최한기 역시 하나의 일반화된 법칙에 대한 인식이 다양한 세계를 인식하는 데에서 선결조건이 됨을 알고 있다. 즉 그는 “전체를 알면 만 가지의 조리는 다 그 가운데 있다. 만약 하나의 근본을 강구하지 않고 만 가지 갈래를 궁구하려 하면, 복잡다단하게 엉겨 일생을 마치도록 궁구해도 끝내지 못한다.”[94]라고 말한다. 하지만 여기에서 전체 또는 일반화된 법칙은 앞서 말한 것처럼 개개의 사례로부터 얻어진 결과일 뿐이다.

최한기는 이렇게 귀납적으로 얻어진 기로부터 현실세계의 다양성을 설명하고자 한다. 다시 말하면, 현실세계의 다양성은 기가 유행함에 따라 드러난 현상일 뿐이다.

> 기는 하나이지만 그 있는 곳을 가리켜 명칭이 각각 다르다. 그 전체를 가리켜 천이라 하고, 그 주재를 가리켜 제(帝)라 하고, 그 유행함을 가리켜 도라 하고 사람과 사물에 부여되는 것을 가리켜 명(命)이라 하고, 사람과 사물이 받은 것을 가리켜 성(性)이라 하고, 몸을 주장하는

94 추측록 2-1b:1-101. 大象一氣. “全體旣擧, 則萬殊之條理, 皆在其中. 若不究擧一本, 而要究萬殊, 紜紜紛紛雖沒吾生, 而不可訖也.”

> 것을 심이라 한다. 또 그 움직임을 가리켜 각각의 명칭이 있다. 기가 펴지면 신(神)이 되고 굽어지면 귀(鬼)가 되며, 창달하면 양이 되고 거두어지면 음이 되며, 가면 동(動)이 되고 오면 정(靜)이 된다.[95]

따라서 최한기에게 개별성은 본질적인 것이 아니다. 그 기가 사람에게 품부되면 사람의 신기가 되지만, 그것이 물건에 품부되면 물건의 신기가 된다. 그 있는 곳을 따라 그 이름이 주어질 뿐이다. 그렇기 때문에 "만물의 동일한 근원을 논하면 리는 같지만 기는 다르고, 만물의 다른 형상으로 보면 기는 오히려 비슷하지만 리는 절대로 같지 않다."[96]라는 리학의 '리일분수'와는 전혀 다른 입장을 가진다. 최한기에게 리는 단지 기의 조리일 뿐이며, 개별적 현상들로부터 도출해낸 법칙일 뿐이다. 그래서 최한기에게 기는 인식론적으로는 사물의 쓰임(器數 : 數)을 통해 상(象)이 인식되고, 상을 통해 리가 인식되며, 리를 통해 최종적으로 기가 인식된다. 즉 기는 온갖 현상으로부터 인식론

---

95 추측록 2-12b:1-106. 一氣異稱. "氣卽一也, 指其所而名各殊焉. 指其全體謂之天, 指其主宰謂之帝, 指其流行謂之道, 指其賦於人物謂之命, 指其人物稟受謂之性, 指其主於身謂之心. 又指其動而各有稱焉, 伸爲神, 屈爲鬼, 暢爲陽, 斂爲飮, 往爲動, 來爲靜."

96 『문집』 권46 「答黃商伯」:16-3169. "論萬物之一原, 則理同而氣異, 觀萬物之異體, 氣猶相近, 而理絕不同."

적으로 도출된 세계를 설명하는 통일원리이다.

> 기에는 반드시 리가 있고, 리에는 반드시 상이 있고, 상에는 반드시 수가 있으며, 수를 따라 상을 통하고, 상을 따라 리를 통하고, 리를 따라 기를 통하는 것이다.[97]

그러나 존재론적으로 보면, 천지에 가득차서 끊임없이 순환하는 것이 기일 뿐이다. 그 기가 모이고 흩어지는 것이 일정한 시기가 있어서 이루어진 것이 바로 조리로서 리이다. 그래서 기가 가는 곳에 리도 문득 따라 생기니, 그 전체를 들어 기가 하나라고 하면 리 역시 하나이고, 그 분수를 들어 기가 만 개라고 하면 리 역시 만 개다.[98]

이렇게 최한기에게 개개의 사물의 리가 본질적인 것이 아니라는 것은 현실의 다양성은 궁극적으로는 하나로 통일될 수 있는 잠재적 가능성을 함의한다. 왜냐하면 최한기에게서 현실의 차별성을 설명해주는 것은 질(質)에 있는데, 그 질은 다름 아닌

---

97 신기통 1-49b:1-31. 數學生於氣. "氣必有理, 理必有象, 象必有數, 從數而通象, 從象有通理, 從理而通氣."

98 추측록 2-1b:1-101. 大象一氣. "氣者, 充塞天地, 循環無虧, 聚散有時而其條理, 謂之理也. 氣之所數, 理卽隨有. 擧其全體而謂之氣一, 則理亦是一也. 擧其分殊而謂之氣萬, 則理亦是萬也." 참조.

기로부터 형성된 것이기 때문이다.[99]

> 천하의 모든 개개의 사물은 기와 질이 서로 합하여 생긴 것이다. 처음에는 질이 기를 말미암아 생기고, 다음에는 기가 질을 말미암아 스스로 그 사물을 이루어 각각 제 기능을 드러낸다. …… 기는 하나이지만 사람에 품부되면 자연히 사람의 신기가 되고, 물건에 품부되면 자연히 물건의 신기가 된다. 사람과 물건의 신기가 같지 아니한 까닭은 질에 있고 기에 있지 않다.[100]

반면, 리학은 "그 근본으로부터 말단으로 나아가면 일리의 가득함이 만물에 나누어져서 본체가 되는 까닭에 만물 가운데 각기 하나의 태극을 가지게 된다. 작고 큰 사물 할 것 없이 각기 일정한 분(分)을 가지지 않음이 없다."[101]라고 말한다. 이것이

---

99 佐佐充昭(1992)는 "전체적인 우주신기의 관점에서 보았을 때 神氣로 구성되어 있는 모든 개별적 존재는 존재양상상 이미 '通' 곧 서로 통하고 있는데 비해, 형질에 제한된 개별적 신기의 관점에서 본다면 주체적 노력에 의해 우주전체로 다시 '通之' 곧 통하게 해야 할 존재라고 할 수 있다."라고 말함으로써 宇宙神氣 —形質안의 神氣—의 과정을 설명하면서 그 과정의 수행 방법으로 '通之'를 제시하고 있다. 85쪽.

100 신기통 1-7b:1-10. 氣質各異. "天下萬殊, 在氣與質相合. 始則質由氣生, 次則氣由質, 而自成其物, 各呈其能. …… 氣是一也, 而賦於人, 則自然爲人之神氣. 賦於物, 則自然爲物之神氣. 人物之神氣不同, 在質而不在氣."

101 『성리대전』 권3 「通書2 · 理性命22」 2면. "自其本而之末, 則一理之實而萬物分之以爲體, 故萬物之中各有一太極, 而小大之物, 莫不各有一定之分也."

의미하는 바는 이미 분화된 개별자들은 그 본성으로서 태극을 함유함으로써 자신의 정체성을 가지기 때문에 근원적인 통일은 불가능하다는 것이다. 여기에서 가능한 것은 다만 그 사회 구성원들이 자신의 직분에 충실함으로써 구성되는 조화 위주의 사회를 이루는 것이다.

이상에서 최한기가 리학의 자연관이 가지는 허구성을 비판하고 그 대안으로 제시한 경험론적 기일원론을 고찰하였다. 여기에서 리학의 자연관이 함의하는 허구성이란 그들이 자연의 구조로 제시한 리일분수의 관념성을 지적한 것이다. 리학은 '태극' 또는 '일리'를 세계의 궁극적 존재원리로 제시함으로써 자연의 정체성과 통일성을 설명하고자 한다. 다시 말해, 존재의 근원성으로서 '태극'과 만물의 보편성으로서 '일리'를 인간과 합일의 대상으로서 자연을 설명한다.

그러나 감각적 인식을 지각의 근원으로 삼는 최한기에게 그와 같은 관념은 단지 인식주체의 주관적 상상물에 지나지 않는다. 최한기가 이렇게 판단하는 이유는 관념적 실재를 경험할 수 없고 증험할 수 없으며 따라서 상호교류와 소통을 할 수 없는 것으로 보기 때문이다. 달리 말하면, 관념적 자연관은 합일할 수 있는 실천적 근거를 제시하지 못하기 때문이다.

최한기는 리학의 자연관이 가지는 관념성의 원인을 형질을 가진 기를 인식하지 못하고 형질이 없는 리를 좇아서 세계를 구성한 것에서 찾는다. 즉 인간의 몸을 구성하는 것이나 인간 밖의 외부세계를 구성하는 것이 모두 활동운화하는 기임에도 불구하고, 리학은 주관적 관념을 가지고 대상세계를 구성함으로써 자연을 그 자체로 인식하지 못하고 결국 자연을 왜곡하는 결과를 초래하였다.

따라서 최한기는 기 자체로부터 자연을 설명한다. 다시 말하면, 현실세계의 넘어 어떠한 존재에게서도 자연현상의 원인을 구하지 않고, 단지 운동하고 변화하는 기 자체로부터 자연을 설명한다. 기는 활동운화 그 자체로 생명의 근원으로서 자연이며, 또한 그것의 끊임없는 운동과 변화는 인간이 자연에게 접근할 수 있는 근거이기 때문이다.

3

최한기, 주희에게 인간을 묻다

여기에서는 자연과 합일을 추구하는 주체로서 인간에 관한 최한기의 입장을 고찰하고자 한다. 최한기가 자신의 기학(氣學)에서 새로운 인간상을 제시한다는 사실은 기존 학문체계에서 제시한 인간관을 비판하고 부정한다는 것을 의미한다. 이것은 기학이 제시하는 인간관이 주희의 리학이 제시했던 인성관을 비판하고 부정하는 데에서 출발함을 의미한다.

필자는 이 책에서 인간에 관한 기학과 리학의 입장을 각각 인간론과 인성론으로 구별하고자 한다. 이렇게 구별하는 근거는 인간에 관한 기학과 리학의 견해의 차이에 있다. 이러한 견해의 차이는 무엇보다도 실체로서 본성에 대한 인정 여부에 있다. 리학은 인간의 본성을 만물의 근원적 존재인 태극과 일치시킴[1]으로써 그 실체를 인정하는 반면, 보편자의 실재를 인정하지 않는 최한기[2]는 실체로서의 본성을 부정한다. 이러한 입장 차이를 본장에서는 먼저 마음 안의 도덕적 본유관념을 의미하는 리학의 '심구중리'에 대한 최한기의 비판과 그가 제시하는 대안을, 그리고 다음 절에서는 자연과 인간의 합일의 매개체로서 본성에 관한 리학의 입장에 대한 최한기의 비판과 그가 제시하는 대안을 고찰함으로써, 최한기의 인간관이 의미하는 바를 살펴보고자 한다. 이러한 논의 설정은 리학이나 기학이 똑같이 마음은 실천의 주체로서, 본성은 자연과 인간의 합일의 근거로 삼아, 그 합일의 실천적 방법으로 각각 '즉물궁리'(卽物窮理)과 '추측'을 객관적 인식 방법으로 제시하였기 때문이다.

인간이 자연과 합일을 추구하는 것은 그 자체 내재적 모순을 가진다. 자연과 합일을 추구하는 인간은 우선 합일의 주체로서

---

1 『주자어류』 권5 「性理2」. "心之理是太極, 心之動靜是陰陽. 上同. 性卽理也. 在心喚做性, 在事喚做理." 참조.

2 추측록 5-16a:1-142. 名實取捨. "以名取而驗之實, 名或有不取. 以古取而驗之今, 古或有不取. 名生於實, 有其實則有其名, 無其實則無其名. 凡物之有其名者, 頗鮮爽實, 以其物不能自矯僞也." 추측록 1-39b:1-93. 名虛實存. "凡物之名號可換, 而實用不可換矣. 推測之名號可泯, 而推測之實用, 萬古常存. '耳'·'目'之名相換則, 耳謂之'目', 目謂之'耳', 至於聞見之實用不可換. 以'耳'見之, 以'目'聽之, 故無害於見聞之實用矣. 且使耳·目, 無'耳'·'目'之名號. 亦無害於見聞之實用. 推念上古'耳'字'目'字未造之前, 人無見聞乎? '耳'字'目'字, 傳播之後, 人益其聰明乎?" 참조.

자연과 구별되는 정체성을 확보해야 하는 한편으로 자연과 합일할 수 있는 가능 근거를 가져야만 하기 때문이다. 만약 인간으로서 정체성을 확립하지 못한다면 자연과 합일을 추구하는 주체 자체가 성립되지 않기 때문에 자연에 매몰된다. 그런 반면, 자연과 공통된 기반을 가지지 못한다면 자연과 합일은 단지 관념에 지나지 않을 것이기 때문이다. 리학은 도덕적 본유관념을 인정함으로써 합일의 주체성을 확보하고자 했고, 본성이 곧 자연법칙과 일치한다고 주장함으로써 합일의 가능 근거를 마련하였다. 최한기는 리학의 인성론이 함유하고 있는 이 두 가지에 대하여 반론을 제기하고 자신의 대안으로서 새로운 인간상을 제시한다. 아래에서는 이와 같은 두 측면을 통해 최한기의 인간관을 고찰하고자 한다.

1. '추측지리(推測之理)'와 마음

1) '심구중리(心具衆理)' 비판

리학을 극복하고자 하는 최한기는 그의 인간관을 제시하기 위해 무엇보다도 주희가 주장하는 도덕적 본유관념을 부정한다. 그는 "리를 궁구하는데 힘쓰는 자는 '온갖 리가 모두 내 마음에 갖추어져 있다.'고 여겨 나의 궁리가 미진한 것만을 걱정한다."[3]고 말한다. 여기에서 '온갖 리가 모두 내 마음에 갖추어져 있다.'는 것은 인간의 마음에는 선천적으로 도덕적 관념이 구비되어 있다는 도덕적 본유관념에 대한 주희의 주장이다. 이러한 주희의 주장은 맹자의 "그 마음을 다하는 자는 그 본성을 아니, 그 본성을 알면 하늘을 알게 된다."[4]라는 말에 대한 그의 주석을 통해 확인된다.

> 마음은 인간의 신명(神明)이니, 뭇 리를 갖추어 온갖 사태에 응한다. 본성은 마음에 갖추어져 있는 리요, 하늘은 또 리가 따라서 나온 곳이다. 인간이 가지고 있는 이 마음은 전체 아님이 없으나, 리를 탐구하지 않으면 가려진 바가 있어, 이 마음의 헤아림을 다하지 못하는 것이다.[5]

리학에서 만물은 태극으로부터 근원하며, 그렇기 때문에 태

---

3 추측록 6-29b:1-172. 窮理不如推測. "務窮理者, 以爲萬理皆具於我心, 猶患我究之未盡."

4 『맹자』 권13 「盡心上」. "孟子曰: '盡其心者, 知其性也. 知其性, 則知天矣.'"

5 『맹자집주』 권13 「盡心章句上」 1장 주희주. "心者, 人之神明, 所以具衆理而應萬事者也. 性則心之所具之理, 而天又理之所從以出者也. 人有是心, 莫非全體, 然不窮理, 則有所蔽而無以盡乎此心之量."

극으로부터 근원한 만물의 각각은 그것이 존재하는 한 존재의 근거로서 태극을 받는다.[6] 따라서 태극은 존재근원이며 존재원리로서 천지만물의 리이다.[7] 그리고 태극이며 동시에 존재원리는 개개의 형질 안에 있을 때 본성이 된다.[8] 인간 또한 이것으로부터 예외가 되지 않으니, 인간의 "본성이란 마음이 가지고 있는 리"[9]이고, "인간이 (하늘로부터) 부여 받은 천리"[10]이다. 그래서 "마음의 리는 태극"[11]이며, 태극은 천지만물의 리이니, 형질 안의 존재원리로서 "본성은 온갖 리를 총괄한 이름"[12]으로서 전체 아님이 없다. 이것이 '온갖 리가 모두 내 마음에 갖추어져 있다.'는 주장의 논리적 구조이다.

주희는 다시 맹자의 '만물이 모두 나에게 갖추어 있다.'라는 언급에 대해서, "이것은 리가 본래 그러함(理之本然)을 말한 것이

6 『주자어류』 권1 「理氣上」. "太極只是天地萬物之理, 在天之言, 則天地中有太極, 在萬物言, 則萬物中各有太極, 未有天地之先, 畢竟是先有此理, 動而生陽, 亦只是理, 靜而生陰, 亦只是理." 『주자어류』 권94 「孔孟周程張子」. "人人有一太極, 物物有一太極." 참조.
7 『주자어류』 권1 「理氣上」. "太極, 只是一箇理字." 같은 책, 같은 권. 太極, 只是天地萬物之理. 참조.
8 『주자어류』 권117 「訓門人」. "性只是理, 萬理之總名. 此理亦只是天地間公共之理, 稟得來便爲我所有." 참조.
9 『주자어류』 권5 「性理2」. "性, 便是心之所有之理."
10 『논어집주』 권5 「公冶長」 12장 주희주. "性者, 人所受之天理."
11 『주자어류』 권5 「性理2」. "心之理是太極."
12 『주자어류』 권117 「訓門人」. "性只是理, 萬理之總名."

다. 크게는 군주와 신하・아버지와 자식, 작게는 사물의 미세한 것까지 그 마땅히 그러한 리(當然之理)가 어느 하나 본성 안에 갖추지 않음이 없는 것이다. …… 이 장은 만물의 리가 내 몸에 갖추어져 있음을 말한 것이다."[13]라고 해석함으로써 인간이 본성으로서 가지는 마음의 리가 당위규범임을 말한다. 결국 이것은 인간이 선천적으로 그 마음 안에 도덕적 관념을 가진다는 것을 의미한다.

그러나 최한기는 마음은 거울과 같아서 물건을 비출 뿐이지 그 안에 만물의 리가 선천적으로 갖추어져 있는 것은 아니라고 말한다.

> 거울이 물건을 비춤에 티끌이나 때에 가려지지 않는다면, 천하의 물건을 빠짐없이 비추기에 그 부족함이 없을 것이다. 이것이 어찌 만물의 형상이 거울 안에 들어 있기 때문이겠는가. 그 응고된 형질이 기에 가까워서 밝은 빛이 비추어 물건을 따라 저절로 나타날 따름이다. 마음이 물건을 대하는 것도 이와 같아서, 다만 일에 따라 헤아릴 수 있는 것이요, 만물의 리가 본디부터 마음에 갖추어 있는

13 『맹자집주』 권13 「盡心章句上」 4장 주희주. "此言理之本然也. 大則君臣父子, 小則事物細微, 其當然之理, 無一不具於性分之內也. …… 此章, 言萬物之理, 具於吾身."

것이 아니다.[14]

거울이 그 안에 만물의 형상을 갖추고 있어서 만물을 비출 수 있는 것이 아닌 것처럼 마음 또한 그 안에 리를 담고 있어서 외부 사물에 반응할 수 있는 것이 아니다. 다만 마음은 텅 비고 깨끗한 거울이 만물의 상을 비추듯이 비출 뿐이다. 여기에서 마음이 사물을 비춘다는 것은 최한기에게 있어서는 사물을 미루고 헤아리는 것으로 추측을 말한다.[15] 다시 말하면 마음은 사물을 추측하는 거울이다.

> 마음은 사물을 추측하는 거울이니, 그 본바탕으로 말하면 깨끗하고 허명하여 어떠한 사물도 그 속에 있지 않다. 다만 보고 들은 이력이 쌓인 지가 오래되어 습관이 됨에 추측이 거기에서 생긴 것이다.[16]

인간이 선천적으로 마음에 온갖 리를 가지고 있다면, 경험하

---

14 추측록 1-4b:1-75. 如鏡如水. “鏡之照物, 不爲塵垢所蔽, 則照盡天下物, 未見其不足也, 是豈萬物之像, 具在鏡中耶. 但其形質之凝, 近乎氣而明光映澈, 隨物過而自顯而已. 心之於物, 亦猶乎是, 但能引事類而測度, 非萬物之理素具于心也.”

15 추측록 2-32b:1-116. 氣生聲色. “心無體, 而推測事理爲心.” 참조.

16 추측록 1-20b:1-83. 萬理推測. “心者, 推測事物之鏡也, 語其本體, 純澹虛明, 無一物在中. 但見聞閱歷, 積久成習, 推測生焉.”

기 이전에라도 바늘이나 송곳과 같은 것에 찔리는 것이 무엇이며 그것에 찔리면 피부가 상하고 아프다는 것을 선험적으로 알아야 한다. 하지만 바늘과 같은 뾰족한 것을 그전에 전혀 접해보지 못한 사람은 그것을 두려워하지 않는다. "바늘이나 송곳이 옆에 있으면 찔릴까 두려워하는 것은 과거에 보고 들은 경험이 있기 때문이다. 만약 과거에 보고 들은 경험이 없다면, 옆에 있는 바늘과 송곳을 보더라도 무슨 물건이며 무엇에 쓰는 것인지 모를 것이며 또 피부를 찔러 상하게 할 수 있는 것인 줄은 더욱 모를 것이다. 그러나 한 번이라도 보고 들은 경험이 있다면, 다만 바늘과 송곳에 찔리는 것을 두려워할 뿐 아니라 가시와 같은 것은 모두 조심하여 피할 수 있을 것이다."[17]

어린아이가 바늘과 같은 뾰족한 물건을 두려워하여 피하는 것은 그전에 이미 그와 같은 물건에 찔려 본 경험이 있기 때문이며, 그로부터 그것을 미루어 헤아린 결과일 뿐이다. 그리고 이렇게 미루고 헤아리는 추측조차도 마음이 본래부터 가진 기능이 아니라 감각기관을 통한 외부 사물과 빈번한 접촉의 결과

17 신기통 3-15b:1-60. 觸待見聞. "針錐在傍而畏刺者, 以有前日見聞閱歷也. 若無前日見聞閱歷, 雖見在傍之針錐, 初當而不知爲何物而何所用, 又不知刺膚有傷也. 一有見聞閱歷則, 非惟畏針錐之見刺, 亦能於荊棘芒刺之類, 皆得謹避之矣."

이며,[18] 따라서 인간의 마음은 다만 통찰하고 익히는 능력만을 가질 뿐이다.[19] 결국, 이른바 마음의 도덕적 본유관념을 말하는 '심구중리' 역시 오래 경험을 통해 이루어진 추측의 결과이다. 이것은 최한기가 맹자의 '양지 · 양능'을 경험을 통해 축적된 추측의 결과로서 해석하는 데에서 확인된다.

> 이른바 사랑과 공경이 '양지 · 양능'에서 나왔다는 것은 특별히 그 물들고 익힘 이후를 말하는 것이요, 익힘 이전의 일을 말하는 것은 아니다.[20]

맹자는 "사람들이 배우지 않고도 능한 것은 양능이요, 생각하지 않고도 아는 것은 양지이다. 어린아이로 그 어버이를 사랑할 줄 모르는 이가 없으며, 그가 장성함에 그 형을 공경할 줄 모르는 이가 없다."[21]고 하여 어린아이가 배우거나 생각하

---

18 추측록 1-29b:1-88. 不可以知自許. "人生之初, 惟有靈明之心, 而能見聞事物. 見聞積漸, 而推測生焉, 推測生, 而能知覺事." 참조.
19 신기통 1-32b:1-22. 收入於外發用於外. "盖人身神明之氣, 惟有通察習染之能." 참조.
20 추측록 1-29a:1-88. 愛敬出於推測. "所謂愛敬出於良知良能者, 特擧其染習以後而言也, 非謂染習以前之事也."
21 『맹자』 권13 「盡心上」 15. "孟子曰: '人之所不學而能者, 其良能也. 所不慮而知者, 其良知也. 孩提之童, 無不知愛其親者, 及其長也, 無不知敬其兄也.'"

지 않고도 그 어버이를 사랑하고 공경할 수 있는 것을 '양지·양능'이라고 말한 바 있다. 주희는 이것을 정자의 말에 근거하여 도덕적 본유관념으로 해석함으로써 인간은 그 마음 안에 '뭇 리를 갖추어 온갖 사태에 응한다.'고 한 것이다.

> 양은 본연의 선이다. 정자가 말씀하셨다. "양지와 양능은 모두 말미암는 바가 없는 것이니, 이는 바로 천에서 나온 것이요, 인위에 매어 있는 것은 아니다."[22]

하지만 최한기에 의하면, "어린아이가 갓 태어났을 때에는 그 어머니의 안아 길러주는 사랑을 모르다가 세월이 가면 눈으로 보는 것을 익히고 귀로 듣는 것을 익혀서 점점 어머니가 희롱하고 웃으며 가르치고 꾸짖는 것을 알게 되고, 이것을 미루어 다른 사람의 기뻐하거나 노여워하지 않는 것도 알며, 기쁨과 노여움을 그치고 기쁨과 노여움을 일으키는 방법도 알게 되는 것"[23]처럼 어린아이가 어버이를 사랑하고 형을 공경하는 것

---

22 『맹자집주』「盡心章句上」 15장 주희주. "良者, 本然之善也. 程子曰: '良知良能, 皆無所由; 乃出於天, 不繫於人.'"

23 추측록 1-15b:1-81. 推測卽是知. "人在襁褓, 不知其母之抱挈慈愛, 及其日久, 目習見耳習聞, 漸知其母之喜笑誨責, 推此而知人之喜怒, 又推此而知人之不喜怒, 息喜怒起喜怒之方."

은 결코 도덕적 본유관념에 의거하지 않는다. 그래서 최한기는 "아버지와 형 곁에서 나서 양육된 어린아이는 저절로 보고 들은 것에 젖어서 두세 살이 되면 제 어버이를 사랑하고 자라서는 제 형을 공경하게 되는데, 만약 태어났을 때 바로 남에게 길러지되 말이나 기색에 그런 티를 내지 않는다면, 비록 십 수 년이 된다 하더라도 어떻게 어린아이가 불현듯 영험하게 통해서 아버지나 형을 알아보겠는가?"[24]라고 묻고 있다.

이처럼 후천적인 경험을 통해서 얻어지는 도덕관념을 리학자들은 선천적인 것으로 주장하는 오류를 범했을 뿐만 아니라, 도덕관념의 선천성을 주장함으로써 사람들로 하여금 그것을 깨닫지 못하는 이유를 기질의 탓으로 돌리게 하는 잘못을 범하고 있다고 최한기는 말한다. 즉, 그들은 "혹 마음의 영명함을 앎 자체로 생각하여, 온갖 리를 갖춤이 있어서 그 마음을 극진히 하면 알지 못하는 것이 없다고 말하며, '앎 자체에는 일정한 준적이 있는데, 다만 기질에 가려져 미진한 것이 있다.'고 말한다."[25] 하지만 이러한 기질의 탓을 하는 리학의 주장은 논리적

24 추측록 1-29a:1-88. 愛敬出於推測. "生養於父兄之側者, 自有漬染之見聞, 至二三歲孩提時, 愛其親, 及其長也, 敬其兄. 若使出胎時, 卽爲他人收養, 不露言論氣色, 雖至十數年, 斯人何能靈通而識得."
25 추측록 1-30a:1-88. 不可以知自許. "或以心之靈明爲知, 而至有萬理具焉, 能盡其心,

으로 합당하지 않다는 것이 최한기의 주장이다.

> 만약 마음에 선천적으로 갖추고 있는 사랑과 공경의 리가 기질에 가려져 드러나지 못하는 것이라고 하더라도, 익히기 이전에는 선천적인 사랑과 공경을 증거할 바가 없고, 단지 익힌 이후를 추측하더라도 익힘 이전의 기상을 거슬러 궁구한다면 어떤 자취를 증거삼아 논할 수 있겠는가. 기질의 가림이란 곧 아직 추측이 제대로 형성되기 전을 말하는 것으로, 사랑과 공경의 전·후나 유·무 자체를 논할 수 없는 것이다. 그렇기 때문에 어린아이가 처음 추측을 얻은 때를 사랑과 공경의 근원으로 삼는 것이 성실한 것이다.[26]

가령, 사랑과 공경의 리가 기질에 가려져 드러나지 못한다 하더라도 그것을 익혀서 표현하기 이전에는 그것이 애초부터 선천적으로 있었는지 없었는지를 증거할 수 있는 방법이 없다. 또한 그것을 익혀서 표현한 이후라 하더라도 그 익힘 이전의 기상을 거슬러 궁구한다고 하는 것은 그것을 입증할 수 있는

庶無不知之論, 所云'知之自有一定準的, 但爲氣質所蔽, 而有所未盡.'"

26 추측록 1-29a:1-88. 愛敬出於推測. "若謂愛敬之理素具於心, 爲其質所蔽不能呈露, 則習染之前, 愛敬素具, 無所指的, 只將習染後推測, 溯究習染前氣像, 有何痕蹟之可論. 氣質之蔽, 卽推測之未達, 愛敬之前後有無, 都不可論. 故從其始得, 以爲愛敬之源, 乃誠實也."

그 어떤 증거도 없기 때문에 불가능하다는 것이 리학자들이 오류를 범하고 있다는 최한기의 논리이다. 그래서 리학자들이 기질에 가려져 선험적 가치를 인식하지 못한다는 것은 단지 어린아이에게 있어서 아직 추측이 형성되기 이전의 상태를 지적한 것에 지나지 않는다. "어린아이가 처음 때어났을 때에는 다만 영명한 마음만이 있어서 사물을 보고 들을 수 있는데, 견문이 조금씩 쌓여감에 따라 추측이 생기고, 추측이 생겨서 사물을 지각할 수 있는 것이다."[27] 다시 말하자면, 어린아이의 어버이에 대한 사랑과 공경의 근원은 어린아이에게 형성된 추측에 있다.[28] 이렇게 볼 때, 맹자의 "만물이 다 나에게 갖추어 있다."는 것이나, 주희의 "뭇 리를 갖추어 온갖 사태에 응한다."는 것 조차도 모두 추측의 작용으로 볼 수 있다는 것이 최한기가 도덕적 본유관념으로서 '심구중리'를 부정하는 근거이다.

---

27 추측록 1-29b:1-88. 不可以知自許. "人生之初, 惟有靈明之心, 而能見聞事物, 見聞積漸而推測生焉, 推測生而能知覺事物."

28 최한기에 의하면, 인간은 이삼십 세에 이르러서야 비로소 자신이 추측할 수 있는 마음을 가지고 있다는 것을 의식적으로 알게 된다. 추측록 1-11b:1-79. 身寶顯晦. "至寶者心也, 自有生之初, 心旣在身, 而年至二三十, 始知推測. 二三十年以前, 不知有寶在身, 二三十年以後, 乃知有寶在身." 참조. 이것에 의하면, 어린아이는 비록 추측이라는 심리적 경험은 하지만 아직 그것이 추측인지는 의식하지 못한다.

> 만약에 경험을 통해 오랫동안 쌓아온 이력이 없다면 추측이 무엇으로부터 생기겠는가? 혹 추측이 이미 형성된 뒤에도 여러 해 쌓인 경험의 이력은 생각하지 않고 오늘날의 수용만을 본다면 온갖 리가 마음에 갖추어 있는 듯하지만, 실상 마음의 허명함은 전과 다름없고 오직 얻은 추측의 조리가 있을 뿐이다.
>
> 맹자가 이르기를 "만물이 다 나에게 갖추어 있다." 하고, 주자가 이르기를 "뭇 리를 갖추어 온갖 사태에 응한다." 하였는데, 이것은 다 추측의 뛰어난 작용을 찬미한 것이지, 결코 온갖 물건의 리가 본디부터 마음에 갖추어 있다는 것은 아니다.[29]

그리고 무엇보다도 최한기가 리학의 도덕적 본유관념을 부정하는 이유는 이러한 '심구중리'설은 다만 '인욕을 제거하고 천리를 보전하다.'는 식의 공부만을 유도하여 외부 대상 세계에 나아가서 적극적으로 탐구하기보다는 사물의 리를 마음에

29 추측록 1-20b:1-83. 萬理推測. "若無積久之閱歷, 推測從何以生? 或於推測既著之後, 不思積年之閱歷, 只觀今日之須用, 雖若萬理具心, 其實則心之虛明, 與前無異, 惟有所得之推測理也. 孟子曰: '萬物皆備於我矣.' 朱子曰: '具衆理應萬事.' 此皆贊美推測之大用也, 決非萬物之理所具於心也." 여기에서 보면 최한기는 주희까지도 자신의 입장에서 재해석하고 있다. 다시 말해, 주희가 선험적인 도덕실천능력과 지식으로 해석한 '良知良能'을 최한기는 인간의 神氣가 함유하는 인식능력으로 재해석한다. 하지만, 최한기는 도덕적 본유관념을 실재로서 인정하지 않는다는 점에서 경험론적 입장을 견지하고 있다.

서만 탐구하는[30] 향내적 태도로부터 기질의 가림만을 원인으로 구명하려는[31] 주정주의(主靜主義)적 경향이 있기 때문이다.

> 옛사람은 대체로 얻은 근거는 말하지 않고 다만 안으로부터 드러난 단서만을 말하고 있다. 그래서 만약 안으로부터 얻은 근거를 따져 물으면 "태극의 리는 처음부터 품부되어 있는 것인데, 다만 기질의 가림으로 인하여 간혹 통달하지 못하는 것이 있을 뿐이다."고 말한다. …… 『대학』에 이른바 '격물치지'라는 것이 과연 외부에 있는 인정과 물리를 수취하는 것이 아니라는 것인가?[32]

'격물치지'를 기질의 가림을 제거하는 공부로나 생각하는 향내적 주정주의의 폐해는 "천문 · 수학 · 지리를 생활과 멀고 급하지 않은 일이라 생각하고, 물리 · 기계를 비천하고 자잘한 일이라고 생각하여 모두 소홀히 하며, 다만 주관적인 생각에 치우쳐 사물을 경험함에 방안의 좁은 견문으로 천하의 넓음이라

30 추측록 2-26a:1-113. 天人有分. (或以爲萬理, 皆具於我心.) "事物之理, 惟窮究於心." 참조.

31 추측록 1-21a:1-84. 萬理推測. (以爲先天之理無物不具.) "惟責究於氣質之蔽." 참조.

32 신기통 1-32a:1-22. 收入於外發用於外. "古之人多不言得來之由, 只言自內發用之端. 若詰自內所得之由, 則謂'有太極之理, 自初稟賦而緣於氣質之蔽, 或有所未達耳.' …… 『大學』所謂'格物致知'也, 果非收聚在外之人情物理也?"

생각하며, 한 구석에 맞는 것으로 모든 일의 법칙이라고 생각함으로써"[33] 주관적 독단에 빠져 외부 세계에 대해서는 소극적이고 폐쇄적으로 대처함에 있다고 최한기는 말한다. 객관적으로 보면, 주희 역시 객관적 대상물에 나아가 그 리를 궁구하는 입장이기 때문에 최한기의 주장은 오히려 양명학에 대한 비판으로 보는 것이 보다 타당할 것이다. 그러나 최한기가 생존했던 당시의 시대상을 고려한다면 최한기의 이와 같은 극단적 비판을 이해할 수도 있다. 다시 말해 당시 동양사회에 유입된 서양의 자연과학을 적극적으로 수용함으로써 급변하는 시대 변화에 능동적으로 대처해야 함에도 불구하고 기존의 리학자들은 관념적 이론에 매달려 자신들의 입장만을 고수함으로써 새로운 시대 변화을 제대로 인식하지 못하고 있었기 때문이다.[34]

---

33 인정 13-16a:2-244. 心經驗氣經驗. "心經驗, 以曆象·數學·地志爲迂遠不意之務, 以物類·器械爲卑賤瑣屑之事總歸忽略, 只主於心而經驗事物, 以房闥之見爲四海之廣, 以一隅之合爲萬事之則."

34 추측록 6-61a:1-188. 東西取捨. "海舶周遊, 書籍互繹, 耳目傳達, 法制之善, 器用之利, 土産之良, 苟有勝我者, 爲邦之道, 固宜取用. …… 畢竟勝絀, 不在於風俗禮教, 惟在於務實用者勝, 尙虛文者絀, 取於人而爲利勝, 非諸人而守陋者絀." 참조. 이 밖에도 인정 1-29. 推廣測人. 인정 12-29. 門閥學問. 인정 12-46. 學有治亂. 기학 1-19. 등에서 최한기의 그 당시의 시대에 대한 인식을 알 수 있다.

2) '추측지리'와 마음

그러나 주희는 이와 같은 최한기의 비판에 대하여 '심구중리'가 함의하는 보다 심층적 의미로부터 최한기에 대해 반론을 제기할 수 있을 것이다. 자세히 말하자면, 주희는 '심구중리'의 본래 의미가 마음이 마치 물건을 담고 있듯이 리를 함유한다는 것은 아니며, 그것은 단지 비유적 표현에 지나지 않는다고 말할 것이다. 사실 이러한 오해의 소지를 제공한 것은 주희 자신으로서 그는 마치 만두가 그 내용물을 가지는 것처럼 마음이 온갖 리를 가진다고 말한 바가 있기 때문이다.

> 마음은 본성을 본체로 삼으니, 마음은 본성을 만두의 알맹이처럼 가지고 있다. 생각하건대 마음이 리를 갖추고 있는 까닭은 본성이 있기 때문이다.[35]

하지만 주희에게 리란 "형체가 없는 것"[36]으로 "깨끗하고 텅 빈 세계이기 때문에 형태나 흔적이 없는"[37] 형이상자이니, 위

---

35 『주자어류』 권5 「性理2」. "心以性爲體, 心將性做餡子模樣. 蓋心之所以具是理者, 以有性故也."

36 『주자어류』 권1 「理氣上」. "理無形體."

인용문에서 말한 것은 단지 비유적 표현이다. 이렇게 말할 수 있는 것은 또 한편으로 주희가 "마음과 리는 하나이니, 리가 내 앞에 하나의 존재자(一物)로 있는 것이 아니다. 리는 곧 마음 속에 있지만, 마음속에 쌓아 두는 것은 아니고 사태에 따라 드러난다."[38]라고 말함으로써 '심구중리'가 의미하는 바가 마치 그릇에 물을 담듯 마음이 리를 담고 있는 것이 아님을 말하고 있기 때문이다.[39]

그렇다면 앞서 이미 제시하였던 심구중리의 논리적 구조를 다시 정리하고 그것으로부터 '심구중리'의 본래 의미를 살펴보자. 본성이란 마음이 가지고 있는 리(性便是心之所有理)이며, 그 마음의 리는 태극(心之理是太極)이고, 다시 태극이란 다름 아닌 천지만물의 리(太極只是天地萬物之理)이므로, 결과적으로 본성은 곧 천지만물의 리가 된다. 그래서 위 인용문[40]에서 말하는 것처럼 본

---

37 『주자어류』 권1 「理氣上」. "若理, 則只是箇淨潔空闊底世界, 無形迹."
38 『주자어류』 권5 「성리2」. "心與理一, 不是理在前面爲一物. 理便在心之中, 心包蓄不住, 隨事而發." 여기에서 '心與理一'이란 心卽理를 의미하지 않고 문맥상 心과 理가 따로이 존재하지 않는다라는 의미이다.
39 『주자어류』 권18 「大學5」. "心性之別, 如以碗盛水, 水須乃能盛, 然謂碗便是水則不可."과 같은 표현은 心과 性을 구별하고자 함이 본래 의도이지 마치 마음이 그릇이 물을 담고 있는 것처럼 이치를 담고 있다는 것을 말하고자 함은 아니다.
40 『주자어류』 권5 「性理2」. "心以性爲體, 心將性做餡子模樣. 蓋心之所以具是理者, 以有性故也."

성을 본체로 가지는 마음은 천지만물의 리를 함유하며, 그 마음의 리는 개개의 상황을 통해서 드러나는 것이다.

그런데 이것은 논리적인 측면의 설명일 뿐이고, 리와 기로서 세계를 설명하는 리학에서 만물의 근본으로서 리는 무형의 형이상자이기에 현상적으로는 유형으로서 형이하자인 기에 의거하지 않으면 리는 발현될 수 없다.[41] 그래서 "리는 또한 따로 존재하는 것이 아니라, 이 기 속에 존재하니, 이 기가 없다면 이 리 또한 실려 있을 곳이 없다."[42] 마찬가지로 리로서 본성 또한 그것을 발현해주는 구현체를 가져야 하는데, 그것이 바로 기질로서 감정이다. 즉, "본성은 기질이 아니면 기착할 바가 없다."[43] 리란 결국 "하늘에 있으면 명령이고, 인간에게 품부되면 본성이며, 이미 발현되면 감정이다."[44] 이렇게 본성과 기질을 아울러 인간을 논의하는 것은 기질의 맑음과 흐림, 치우침과 막힘으로 말미암아 비로소 다양한 현상적 인간이 설명되기 때문이다.[45] 다시 말하면, 기는 리를 구현하는 매개체이기도 하지

---

41 『문집』 권58 「答黃道夫」:18-4153. 天地之間, 有理有氣, 理也者, 形而上之道也, 生物之本也. 氣也者, 形而下之器也, 生物之具也. 참조.
42 『주자어류』 권1 「理氣上」. "理又非別爲一物, 卽存乎是氣之中. 無是氣, 則是理亦無掛搭處."
43 『주자어류』 권4 「性理1」. "性, 非氣質則無所寄." (氣, 非天性則無所成.)
44 『주자어류』 권5 「性理2」. "在天爲命, 稟人爲性, 旣發爲情."

만 또 한편으로는 동시에 리를 가리는 장애물이다.[46] 이러한 기의 속성으로 말미암아 리학은 요·순으로부터 걸·주에 이르기까지 다양한 현상적 인간을 설명할 수 있었다. 그리고 이것은 달리 생각해보면 기질의 가림에도 불구하고 모든 인간이 그의 본성을 회복할 수 있다는 가능성을 제시한 것이다. 따라서 최한기가 리학이 기질을 거론함으로써 기질에 가리워진 본성을 회복하기 위해 향내적 주정주의로 흐른다고 비판하지만, 리학에 있어서 기질은 다양한 현상적 인간을 설명하기 위한 기제이며, 또한 '거경(居敬)·궁리(窮理)'를 통해 가려진 본성의 회복 가능성을 주장할 수 있는 현실적 근거이기도 하다.

결국 리학에서 주장한 '심구중리'란 최한기가 비판하는 것처럼 단순히 내부 지향적이며 관념적인 인간상의 제시가 아니라, 현실적으로 선험적인 도덕실천능력과 지식이 기질에 의해 가려짐에도 불구하고 도덕적 자율능력을 회복할 수 있는 능동적 인간을 제시할 수 있는 근거이며, 인간의 정체성을 확보할 수

---

45 『주자어류』 권59 「孟子9」. "論性不論氣不備, 論其不論性不明. 蓋本然之性只是至善. 然不以氣質而論之, 則莫知其有昏明開塞剛柔强弱, 故有所不備. 徒論氣質之性, 而不自本原言之, 則雖知有昏明開塞剛柔强弱之不同, 而不知至善之源未嘗有異, 故其論有所不明, 須是合性與氣觀之然後盡." 참조.

46 『문집』 권80 「鄂州州學古閣記」:20-5795. "蓋理雖在我, 而或蔽於氣稟物欲之私, 則不能而自見."

있는 객관적 근거이다.

그런데 기질에 가려진 리를 지각하기 위한 방법으로서 제시된 리학의 '즉물궁리'란 외부 대상 세계의 만물에 나아가 그 각각의 리의 탐구를 꾸준히 해나가면 어느 날 활연히 그 리들이 곧 내 마음의 리와 동일하며 궁극적으로는 세계의 근본으로서 천리와 동일하다는 깨달음에 이르게 하는 방법이다. 이것은 '즉물궁리'가 궁리자의 마음에 리를 인식할 수 있는 지각 능력이 선재하며, 또 한편으로는 동시에 그 마음이 인식할 수 있는 대상으로서 리－지각내용이 내재함을 전제한다. 여기에 대해서 최한기는 마음이 지각 능력을 가지는 것은 인정하지만, 마음이 지각 내용을 가진다는 주장을 비판하며, 또 한편으로는 마음과 리의 이원화를 비판한다.[47]

우선 앞서 제시한 것처럼 최한기는 마음이란 사물을 통찰하고 익힐 수 있는 가능성－지각 능력만을 가질 뿐[48]이라는 입장

---

47 우선 여기에서는 마음이 지각 내용을 가진다는 주희의 입장에 대한 최한기의 의견을 살피고 뒤에 「주희의 '性卽理'와 그에 대한 최한기의 비판」의 부분에서 주희는 마음과 이치를 이원화하였다는 최한기의 주장을 고찰할 것이다. 먼저 이러한 최한기의 주장을 소개하면, '추측론 3-10. 心理本於性理'이 있다.

48 추측록 1-29b:1-88. 不可以知自許. "人生之初, 惟有靈明之心, 而能見聞事物. 見聞積漸, 而推測生焉, 推測生, 而能知覺事." 신기통 1-32b:1-22. 收入於外發用於外. "盖人身神明之氣, 惟有通察習染之能." 참조.

으로부터 마음이 지각 내용도 함께 가진다는 리학을 반대한다.[49] 다시 말하면, 최한기 역시 리학과 마찬가지로 마음의 허령(虛靈)[50]과 영명(靈明)[51]을 말하였지만, 그 마음은 어떠한 선천적인 리도 가지지 않으며 마치 우물물과 같이 그 본바탕은 깨끗하다고 말한다.[52] 즉 최한기가 말하는 마음의 '순담허명'(純澹虛明)함은 결코 리학이 말하는 "인간의 마음은 영험하여 알지 못하는 것이 없다."[53]는 '허령지각'(虛靈知覺)[54]과는 다른 의미를 가진다. 주희가 제시하는 마음의 '담연허명'(澹然虛明)은 최한기와는 달리 그 안에는 '뭇 리를 갖추고 있다.'[55]는 입장을 취하기 때문이다. 주희에게 있어서 '허'란 모든 것을 담아낼 수 있는

49 정확히 말하자면 최한기에게 知覺이란 사물에 대한 통찰 능력 자체인 추측으로부터 외부 대상 세계를 경험하고 증험하는 것의 반복을 통해 후천적으로 형성되는 것이다. 추측록 1-30a:1-88. 不可以知自許. "或以心之靈明爲知, 而至有萬理具焉, 能盡其心, 庶無不知之論, 所云'知之自有一定準的, 但爲氣質所蔽, 而有所未盡.'" 신기통 1-42a:1-27. 知覺根源. "夫知覺, 乃自我得來, 非神氣之素具也. 故所得之知覺, 自有善惡優劣. …… 古之人, 多以知覺已有所稟, 只究端本澄源之功, 於性命之初, 是從稟質之始而, 用功也. 以此較彼, 自有效驗之難易, 功夫之顯晦." 참조.

50 추측록 4-7b1-130. 感應虛靈. "虛靈者, 測之光耀也."

51 추측록 1-29b:1-88. 不可以知自許. "人生之初, 惟有靈明之心."

52 추측록 1-16b:1-81. 本體純澹. "心之本體, 譬如純澹之井泉." 여기에서 본체는 바탕의 의미.

53 『대학장구』「補亡章」. 주희주. "人心之靈, 莫不有知."

54 『중용장구』「序」. 주희주. "心之虛靈知覺, 一而已矣." 『주자어류』 권5 「性理2」. "虛靈自是心之本體."

55 『주자어류』 권5 「性理2」. "心之全體湛然虛明, 萬理具足."

바탕이며,[56] '령'이란 마음 안의 리–지각 내용의 소유를 전제할 때에만 가능한 것이다.[57] 사실 주희는 선가(禪家)에서 본성의 허령불매를 말하였음에도 불구하고 마음이 리를 갖추었다는 것을 말하지 않았다고 지적한 바 있다.[58] 그러나 최한기에게 있어서 '허'란 글자 그대로 아무것도 없다는 의미이며,[59] '명'이란 기인 마음의 활동운화로부터 생기는 추측 활동을 의미할 뿐이다.

> 마음은 추측을 통괄한 이름이다.[60]

> 마음은 실체가 없고, 사태의 조리를 추측하는 것이 마음이다.[61]

---

56 『주자어류』 권5 「性理2」. "心雖是一物, 却虛, 故能包含萬理." 참조.

57 『주자어류』 권5 「性理2」. "所覺者, 心之理也. 能覺者, 氣之靈也." 참조.

58 『주자어류』 권14 「大學1」. "明德者, 人之所得乎天, 而虛靈不昧, 而具衆理而應萬事者也. 禪家則但以虛靈不昧者爲性, 而無以具衆理以下之事." 참조.

59 아래 기사에 의하면, 최한기에게 虛의 의미는 막힌 것이 없는 것이지 공허하여 아무 물건도 없다는 것을 일컫는 것이 아님을 알 수 있다. 하지만, 그렇다고 하여 최한기가 리학에서 의미하는 마음 안의 도덕적 본유관념의 존재를 인정하는 것은 아니다. 여기에서 최한기가 虛로서 의미하고자 하는 것은 인간의 무한한 인식능력이다. 인정 9-10a:2-164. 虛卽氣. "兩間充牣之氣, 無一毫空隙. 而有虛靈之虛, 乃忘其身, 氣若虛然, 其實乃神氣之靈明也. 神氣何嘗有虛實. 但有昏蔽開明之時, 所謂虛靈, 在於開明之時, 不在於昏蔽之時. 若以開明爲虛, 則必以昏蔽爲實. 是知虛字之義, 在於無碍滯也, 非空虛無物之謂也. 苟能認虛爲氣, 則有無虛實, 何難分晳." 참조.

60 추측록 6-27b:1-171. 物我互觀. "心者, 推測之統名."

61 추측록 2-32b:1-116. 氣生聲色. 心無體, 而推測事理爲心. 여기에서 體는 實體의 의

최한기는 “이름은 실제 용도에서 생기는 만큼 실제 용도가 있으면 이름이 있게 되지만, 그 실제 용도가 없으면 그 이름도 없게 된다.”[62]는 입장에서 관념적 실재로서 마음이라는 실체를 배제하고 마음을 규정한다. 즉, “마음이 아직 대상물과 접촉하지 않으면 마음은 저대로 마음이고 대상물은 저대로 대상물인데, 마음이 대상물과 서로 접촉함에 비로소 미루는 마음이 대상물에 있게 되니,”[63] “마음이란 대상물에서는 작용이 되며, 내 몸에서는 바탕이 된다. …… 총괄해서 말하면 몸은 마음의 바탕이며, 나누어 말하면 보는 것은 눈의 마음이고 듣는 것은 귀의 마음이고 맡는 것은 코의 마음이고 맛보는 것은 혀의 마음이고 촉감은 피부의 마음”[64]이 된다. 이 인용문에서 ‘心自是心’

미.

62 추측록 5-16a:1-142. 名實取捨. “以名取而驗之實, 名或有不取. 以古取而驗之今, 古或有不取. 名生於實, 有其實則有其名, 無其實則無其名. 凡物之有其名者, 頗鮮爽實, 以其物不能自矯僞也.”

63 추측록 1-14a:1-80. 推物理明己德. “心未與物接, 心自是心, 物自是物, 及其與物交接, 是乃推心在物.”

64 추측록 1-2b:1-74. 心離名像. “夫心, 在物爲用, 在身爲體. …… 總言之, 則身是心體, 分言之, 則見是眼心, 聽是耳心, 齅是鼻心, 味是舌心, 觸是皮心.” 최한기 또한 ‘體·用’이라는 개념을 활용하고 있다. 그러나 다음 인용에서도 알 수 있듯이, 최한기의 體는 氣이며 이 氣는 形而下者이기 때문에, 體란 모든 구체적 존재자의 인식론적 측면에서 통일적 총칭이다. 따라서 用이란 이 氣의 변형된 형태로 현실로 드러난 양태를 지시한다. 그리고 필자는 이 인용문에서 體를 素의 의미로 바탕이라고 번역한다. 우리는 봄이라는 현상이 일어나는 곳에 눈을 그려 넣을 수 있고, 들음의 현상이 일어나는 곳에 귀를 그려 넣을 수 있다. 그리고 이러한

과 '在身爲體'와 같은 표현은 논리적 표현에 지나지 않는 것으로서 근본적으로 형이상학적 세계를 인식의 범위로부터 배제하는 최한기에게 있어서 허명한 마음은 그 자체 실체가 아니라 인간이 외부사물과 접촉함으로써 비로소 형성되는 추측 활동만을 의미할 뿐이다.

이것은 도덕적 실천능력과 지식의 선천성으로부터 인간의 정체성을 규정하려고 한 리학에 대한 비판으로서 최한기에게 있어서 인간의 정체성이란 후천적인 경험을 통해서 형성해 가는 그 과정에 있음을 의미한다.

> 옛날의 이른바 심체는 곧 신기이다. 이 신기가 몸에 운화하면 강함과 약함, 맑음과 탁함이 있고, 외부의 기와 교접하면 선・악과 허・실이 된다. 선은 기를 따른 것이고 악은 기를 거스른 것이며, 허는 기를 잃은 것이고 실은 기의 가득 참이다. 교접운화(交接運化)로 말미암아 선・악과 허・실의 이름이 생기니, 교접운화가 있기 전에 어찌 선・악과 허・실의 명칭이 있겠는가? …… 그런데 세상의 논의는 지각을 얻게 된 근원은 궁구하지 않고 다만 그 드러나 작용된 단서만 보고는,

---

모든 감각작용이 일어나는 곳에 몸을 그려 넣을 수 있다. 다시 말해 모든 감각의 총체를 몸이라고 할 수 있다. 그런 의미에서 몸은 눈과 귀 등등의 감각기관을 그려 넣을 수 있는 바탕이다.

> 태어날 때부터 받아서 갖춘 것이 있다고 생각한다. 이에 모든 사물 속에서 그것을 찾아내어 이른바 정리(定理)라는 것을 억지로 증명하려 하고, 그것을 사태를 처리하고 대상물을 주재하는 법칙으로 삼으니, 이것은 신기의 가운데 이미 선・악과 허・실이 있다고 하는 것이다.[65]

최한기에게 있어서 인간이 자연으로부터 부여받은 것은 일단의 신기와 기를 소통할 수 있는 감각기관과 사지일 뿐이다.[66] 따라서 지각이란 리학에서 말하는 것처럼 자연으로부터 부여받은 선천적인 것이 아니라,[67] 신기의 경험으로써[68] 외부의 다른 인간 및 사물을 교접[69]하는 경험으로부터 형성되는 것[70]이니, 이것이 바로 최한기가 정의하는 마음이다.[71] 이것은 마음이

---

65 인정 9-2a:2-160. 善惡虛實生於交接. "古所謂心體, 卽神氣也. 運化於身, 有强弱淸濁, 交接於外氣, 爲善・惡・虛・實. 善者, 順氣也, 惡者, 逆氣也, 虛者, 忘氣也, 實者, 充氣也. 由交接運化, 而有善惡虛實之名, 未有交接運化, 有何善・惡・虛・實之名. …… 世俗之論, 不究其所以得, 只見其發用之端, 以爲自初稟賦所具. 乃索之於事事物物之中, 强證其所謂定理者, 以爲應事宰物之則, 是神氣之中, 先有善惡虛實也."

66 신기통 1-4a:1-8. 知覺推測皆自得. "人之所稟于天者, 乃一團神氣與通氣之諸竅四肢, 則須用之具如斯而已, 更無他分得來者矣." 참조.

67 같은 책, 같은 곳. "自孩孾至壯盛, 所得之知覺, 所用之推測, 皆自我得之, 非天之授我也." 참조.

68 신기통 1-42b:1-27. 經驗乃知覺. "知覺者, 神氣之經驗也."

69 기학 1-24a:1-209. "人與人交, 事與事接."

70 신기통 1-37b:1-25. 知覺優劣從神氣而生. "知覺, 從神明之閱歷而生." 신기통 1-51. 形滅則知覺滅. "盖知生於形質之經驗事物, 形質未有經驗, 則未有所知, 少經驗則所知少矣, 多經驗則所知多矣. 形質雖完, 氣運窒塞, 無所知, 外氣不通, 無所知." 참조

란 외부 세계와 지속적인 접촉과 소통을 통해서 형성되는 것임을 의미한다.

이러한 입장은 경험론적 기일원론으로부터 비롯되는 것으로, 최한기에게는 천지를 채우고 있는 것은 기일 뿐이며, 필연적으로 그 천지 안의 일부로서 인간 역시 기로만 구성되어 있을 뿐이다.

> 천지를 꽉 채우고 물체에 푹 젖어 있어 모이고 흩어지는 것이나 모이지도 않고 흩어지지도 않는 것이, 어느 것이나 모두 기 아닌 것이 없다. 내가 태어나기 이전에는 천지의 기만이 있고, 내가 처음 생길 때 비로소 형체의 기가 생기며, 내가 죽은 뒤에는 도로 천지의 기가 된다.[72]

> 사람의 일신에는 장부가 안으로 연결되어 있어 보고 듣고 말하고 웃고 먹고 마시는 기관을 이루고, 피부가 밖으로 싸고 있어 육체의 겉껍질을 이루고, 근골이 얽히고 연결되어 지체를 굽히고 펴고 운동하게 하고, 혈액은 두루 흘러 기운의 활동을 따르고 있다.[73]

---

71 신기통 1-5b:1-9. 心性理氣之辨. "習染之推測, 自得之知覺, 以爲心也." 참조.
72 신기통 1-1a:1-7. 天人之氣. "充塞天地, 漬洽物體而聚而散者, 不聚不散者, 莫非氣也. 我生之前, 惟有天地之氣, 我生之始, 方有形體之氣, 我沒之後, 還是天地之氣."
73 신기통 1-2a:1-7. 諸竅通氣. "人之一身, 臟腑內聯, 以成視聽言笑飮食之機括, 皮膚

그래서 최한기는 "인간의 형체는 모든 작용을 갖추고 신기를 통하는 기계이다. 눈은 색이 드러나는 거울이고, 귀는 소리를 듣는 관이고, 코는 냄새를 맡는 통이고, 입은 내뱉고 거둬들이는 문이고, 손은 잡고 쥐는 도구이고, 발은 움직이는 바퀴이다."[74]라는 식의 일종의 기계론적 인간을 제시한다. 여기에서 기계론적 인간은 결코 자신 밖에 운동의 원인을 가지는 물질에 근거한 기계론적 인간이 아니다. 왜냐하면, 최한기의 인간을 구성하는 기는 활물[75]로서 그 자체의 속성에 의해 끊임없이 스스로 움직이는 내재적 원인을 가지는 존재자이기 때문에 외부의 원인에 의해서만 움직이는 기계적 인간과는 다르다. 그리고 여기에서의 기계란 인간의 몸이 천지 작용의 바탕인 기를 담아내는 그릇임을 표현해낸 것일 뿐이다.[76]

그리고 최한기에게 현상적 인간의 다양한 개별성을 설명해주는 것은 형질이다.[77] "신기는 천 · 지 · 인이 모두 같지만, 형

外胞, 以成胞裏之軀殼, 筋骨絡繹, 以成肢體之屈伸運用, 血液流周, 以從氣運之活動."

74 신기통. 序-1a:1-5. "天民形體, 乃備諸用通神氣之器械也. 目爲顯色之鏡, 耳爲聽音之管, 鼻爲嗅香之筒, 口爲出納之門, 手爲執持之器, 足爲推運之輪."

75 신기통 1-1b:1-7. 氣之功用. "氣之爲物, …… 大凡一段活物. 기학 序-1a:1-197. 夫氣之性, 元是活動運化之物." 참조.

76 신기통 1-5a:1-9. 通有得失. "氣者, 天地用事之質也, 神者, 氣之德也. 大器所涵謂之天地之神氣, 人身所貯謂之形體之神氣." 참조.

질은 천 · 지 · 인이 각기 같지 않다."[78] 하지만 신기와 형질이 본래 다른 것은 아니다. 형질은 기로부터 형성되며, 본래부터 우주를 채우고 있는 것은 기 하나이기 때문이다. 다만 그것이 인간에게 부여되면 인간의 신기가 되며, 물(物)에 부여 되면 물의 신기가 된다. 그래서 인간과 물의 신기가 같지 않은 것은 형질에 있는 것이지 기에 있는 것은 아니다.[79] 그리고 이러한 형질을 이루는 것은 천과 토의(土宜) 그리고 부모의 정혈(精血)이다. 따라서 당연히 최한기에게 있어서 인간은 선험적으로 당위 규범에 대한 지식과 실천능력을 가지지 않으며, 다만 후천적으로 경험과 익힘을 통해서 변통의 공부만을 할 뿐이다.[80]

그렇기 때문에 '심구중리'의 전제 아래에서 그 마음 안의 리

---

77 佐佐充昭(1992)는 최한기에게서 만물이 형성되는 과정을 다음과 같이 두 단계로 즉, 먼저 氣가 응집하여 質-'개적 형질'로서의 質이 구성되면, 여기에 다시 氣가 개별적으로 부여됨으로써 최종적으로 개체가 완성된다고 설명하면서, "이때 다양한 개별성의 근거는 氣가 아니라 바로 質에 있다."라고 말하고 있다. 39쪽. 신기통 1-7b:1-10. 氣質各異. "天下萬殊, 在氣與質相合, 始則質由氣生, 次則氣由質而自成其物. …… 氣是一也, 而賦於人則自然爲人之神氣, 賦於物則自然爲物之神氣, 人物之神氣, 不同在質而不在氣." 참조.

78 신기통 1-30b:1-21. 四一神氣. "神氣, 則天地人皆同, 形質, 則天地人各不同."

79 신기통 1-8a:1-10. 氣質各異. "氣是一也, 而賦於人, 則自然爲人之神氣, 賦於物, 則自然爲物之神氣. 人物之神氣不同, 在質而不在氣." 참조.

80 신기통 1-31a:1-22. 四一神氣. "人身神氣, 生成之由, 有四, 其一天也, 其二土宜也, 其三父母精血也, 其四見聞習染也. 上三條, 其有所稟不可追改, 下一條, 實爲變通之功夫." 참조.

가 곧 세계의 근본인 리와 동일함을 깨닫는 '활연관통'은 최한기에게는 있을 수 없다. 그는 이러한 리학의 사고방식이 마치 선가의 돈오설(頓悟說)과 같다고 비판한다.

> 만약에 이욕에 가려져 내 마음이 본래부터 갖춘 리가 드러나지 않은 것이라고 생각하여 평생 동안 이욕을 없애기 위하여 힘써 하루아침에 모든 것을 하나로 꿰뚫기를 바란다면, 선가의 돈오설에 가까울 것이다.[81]

그리고 리학이 말하는 기질의 가림이란 근본적으로 인간이 가지는 이욕을 가리키는 것으로 이 또한 최한기는 "이미 내가 있으니 개인적인 이욕 또한 없을 수 없는 것이나, 이욕에는 크고 작고 참되고 거짓된 차이가 있으므로, 추측이 참된 이로움에 미칠 수 있는 사람은 거짓된 이로움을 버릴 수 있으며, 또한 추측이 궁극적인 큰 이로움에까지 미칠 수 있는 사람은 눈앞의 작은 이익을 버릴 수 있다."[82]라고 말하는 한편, "물욕을 제거

81 추측록 1-14a:1-80. 開發蔽塞. "若謂以利欲所蔽, 未顯我心素具之理, 平生用力, 要除利欲, 冀得一朝, 豁然貫通, 殆近於禪家頓悟之說也."
82 추측록 3-9a:1-124. 氣質私利. "旣有我, 則私利亦不可無也, 然利有大小眞僞, 推測能及於眞利者, 僞利可去, 又及於終關之大利者, 當前之小理, 可去."

하기에 힘쓰는 것은 물욕을 통하여 그 도를 구명하는 것만 못하다."[83]라는 식의 이욕에 대한 적극적 사고방식으로부터 마음 밖의 세계에 대해서 소극적으로 대처할 수밖에 없었던 리학의 태도를 비판하였다. 그리고 이러한 적극적인 사고방식은 인간의 내면에서 자연과 합일의 가능 근거를 찾는 리학과는 달리 인간의 본성(本然之性)과 자연과의 동일성[84]으로부터 외부 자연과 적극적인 소통을 통해 합일을 추구하는 기학을 제시한다. 그래서 최한기는 리학의 "허령지각의 마음을 (기학의) 활동운화의 성과 비교하면, 비단 허와 실의 차이가 있을 뿐만 아니라, 자연히 자연의 운화와 변화에 아주 가까운 것과 아주 먼 것의 구별이 있다."[85]라고 말한다.

83 인정 11-49b:2-211. 除物欲. "務除物欲, 不如因物欲而, 究明其道."

84 추측록 3-5b:1-122. 本然性. "所謂本然之性, 非指其形質未成時也. 旣具形質之後, 常有其本然者, 卽天地人物所同得之乘氣而化成也. 人物之形質未具時, 卽是天地之理氣也, 及其形質之胎成, 氣爲質而理爲性." 추측록 3-12. 心性理各有分. "性是一也, 而指其天理流行者曰:本然, 指其氣質成形者曰:氣質, 則要使氣質之性, 復其本然之性也." 참조.

85 기학 2-6a:1-227. "以虛靈知覺之心, 比活動運化之性, 非但有虛實之異, 自有天氣運化切近隔遠之分." 참조.

2. '유행지리'와 '본연지성'

1) '성즉리'(性卽理) 비판

주희의 철학은 '중화구설'(中和舊說)과 '중화신설'(中和新說)의 나눔을 경계로 구별될 수 있다.[86] 이러한 구별은 마음과 본성의 관계를 어떻게 보는가에 있다. 즉 '중화구설'에서는 본성을 본체로 그리고 마음을 그 본성의 작용으로 보아 본성이 이미 발현된 곳 — '이발'(已發)의 감정 — 에 나아가 공부를 하는 '이발' 중심의 사상을 제시한다. 반면, '중화신설'에서는 '중화구설'의 문제점 다시 말하면 이미 마음이 드러난 상태에서의 실마리를 살피는 '찰식단예'(察識端倪)[87] 공부로부터는 마음의 본체인 '미발(未發)의 중(中)'을 체현할 수 없다는 문제점을 자각하고[88] 주희

86 '中和論辯'이란 "마음의 未發과 已發에 관한 논의"이다. 여기에서 '中和'란 『중용』에 나오는 것으로, '中'은 "喜怒哀樂之未發謂之中"의 '中'이요, '和'는 "發而皆中節謂之和"의 '和'이다. 주희는 이 '中和論辯'을 통해 다시말하면, "호남학파, 특히 張栻과 토론을 거쳐서 그의 심성 이론을 확립했다." (105쪽) 그리고 '中和舊說'과 '中和新說'이 나누어지 시기는 주희가 그의 친구인 蔡元定과 '미발에 관하여 논의한 40세 때이다. (146쪽) 손영식(1993). 이하 '중화구설'과 '중화신설'의 내용은 손영식의 학위논문과 류인희의 『주자철학과 중국철학』, 120쪽. 참조.

87 『문집』 권64 「與湖南諸公論中和第一書」:18-4740.

88 『주자대전』 권32 「答張欽夫」:15-2044. "又如所謂學者, 先須察識端倪之發, 然後可加存養之功, 則熹於此不能無疑. 盖發處固當察識, 但人自有未發時, 此處便合存養, 豈可必待發, 而後察識而後存也. 且從初不曾存養, 便欲隨事察識, 竊恐浩浩茫茫無

가 마음이 본체로서 본성과 작용으로서 감정을 포괄 내지는 주재한다[89]는 생각을 근간으로 미발의 본성을 체현할 수 있다고 주장한다.

> 본성은 움직이지 않은 것(未動)이고 감정은 이미 움직이고 있는 것(已動)으로, 마음이란 미동과 이동을 포괄하니, 마음의 미동을 본성이라 하고 이동을 감정이라 하여 마음이 본성과 감정을 통섭한다고 말한다.[90]

인간이 아직 외부 사물과 접촉이 없는 적연부동(寂然不動)한 '미발' 상태나 또는 외부 사물과 접촉하여 감이수통(感而遂通)한 '이발' 상태 모두를 마음이라 부를 수 있는 것은 마음이 본성과 감정을 관섭하고 있기 때문이다.[91] 이것은 본성을 본체로 보고 마음을 작용으로 봄으로써 마음을 본성 및 감정과 구분 없이

下手處, 而毫釐之差千里之繆, 將有不可勝言者." 참조.

89 오하마 아키라(1997), 177~180쪽 참조. 오하마 아키라는 "'심통성정'의 '통'에는 두 가지 의미가 있다. 하나는 包括이고, 다른 하나는 主宰이다."라고 말하면서, 이 다음의 세 주석과 같은 전거를 제시하였다.

90 『주자어류』 권5 「성리2」. "性是未動, 情是已動, 心包得已動未動. 蓋心之未動則爲性, 已動則爲情, 所謂心統性情也."

91 『주자어류』 권5 「性理2」. "性以理言, 情乃發用處, 心卽管攝性情者也. 故程子曰: 有指體而言者, 寂然不動是也, 此言性也. 有指用而言者, 感而遂通是也, 此言情也." 참조.

혼돈하는 '중화구설'의 입장과는 달리 마음은 본성의 작용이 아니라 본성과 감정 모두를 주재하는 것으로 보는 것이다.[92] 주희는 이렇게 마음이 본성과 감정을 주재한다고 말함으로써 "일심을 미발 이발로 나누어 놓고 미발을 본체라 보고 그것을 구하려고 하는 사변적인 태도와 한편으로 이발과 관계없이 구하려고 하는 선적(禪的)인 태도"[93]를 모두 극복할 수 있었다. 다시 말하면, 장식(張栻, 1133~1180)을 비롯한 호남학파(湖南學派)는 마음을 '이발'의 감정으로 보고 그곳에 나아가 '미발'의 본성을 체인하는 태도를 추구함으로써 어떠한 경우라 하더라도 '미발'의 본성을 사변적으로밖에 궁구할 수 없었던 것이고, 또 한편으로 선가의 좌선법이나 이동(李侗, 주희의 스승)의 정좌법은 '이발'과 관계없는 '미발'의 본성을 추구함으로써 '下學而上達'이라는 하일절(下一截)의 생활세계로부터 상일절(上一截)의 고명한 도(高明之道)를 추구한다는 유학의 근본이념으로부터 벗어났던 것이다.[94] 이것은 주희가 마음이 본성과 감정을 주재한다고 말

92 『주자어류』 권5 「성리2」. "心, 主宰之謂也, 動靜皆主宰, 非是動時無所用, 及至動時方有主宰也. 言主宰, 則渾然體統自在其中. 心統攝性情, 非儱侗與性情爲一物, 而不分別也." 참조.

93 류인희(1980), 141쪽.

94 『朱子文集大全』 권64 「與湖南諸公論中和」. "然未發之前, 不可尋覓, 已覺之後, 不容安排."에서 "未發의 부분은 …… 李侗의 노선을 비판한 것이다. 已發의 부분은

함으로써 생활세계의 객관적 대상에로 나아가 그로부터 마음의 본체인 '미발의 중'을 체현하는 '재중'(在中)의 방법을 제시함으로써 전기의 '이발' 이전의 '중'을 구하여 체인하려는 '구중'(求中)의 병폐로부터 벗어났음을 의미한다.[95]

이렇게 본다면 앞서 최한기가 주장한 '마음은 추측 활동에 지나지 않는다.'라는 것은 객관적으로 서로 비교의 대상이 될 수 없지만, 설령 비교한다고 하더라도 주희가 이미 극복한 '중화구설'의 '이발찰식단예' 공부에나 비교할 수 있는 것이다. 그리고 더 나아가 이미 감정으로 드러난 상태에서만 공부하는 최한기에게 주희로서는 인간 본성의 함양, 달리 말하면 인간의 정체성으로서 도덕적 자율능력의 함양의 여지에 대해서 물을 수 있을 것이다.[96]

…… 張栻 등의 호남학파를 비판한 것이다." 손영식(1993), 154쪽, 주144 재인용. "下學而上達"은 『논어』 권14 「憲問」. 子曰: "不怨天 不尤人, 下學而上達, 知我者, 其天乎." 참조. '高明之道'는 『중용』 27. "故君子, 尊德性而道問學, 致廣大而盡精微, 極高明而道中庸, 溫故而知新, 敦厚以崇禮." 참조.

95 『中庸或問』 429쪽. "蓋其病根正在欲於未萌之前, 求見夫所謂中者而執之, 是以屢言而病愈甚. 殊不知經文所謂致中和者, 亦曰當其未發, 此心至虛, 如鏡之明如水之止. 但當敬以存之, 而不使其小有偏倚. 至於事物之來, 此心發見, 喜怒哀樂, 各有攸當, 則又當敬以察之, 而不使其小有差忒而已. …… 一有求之之心, 則便爲已發. 固已不得而見之. 況欲從而執之, 則其爲偏倚亦甚矣." 류인희(1980), 141쪽 재인용(단, 필자의 참고문헌에 의거 교정), 139~145쪽 참조. 류인희는 "求中은 中을 구하기 위한 實踐法이지만 在中은 中을 발현시키려는 實踐法"이라고하여 '求中'과 '在中'을 구분한다. 143쪽.

이에 대해서 기일원론자로서 최한기는 자신의 입장에서는 "리는 기의 조리"[97]이기 때문에 관념적 실재로서 리를 본성과 동일시하여 본성은 본체로 마음은 그 작용으로 보는 호남학파의 본성을 본체로 마음을 작용으로 보는 '성체작용'(性體心用)의 입장과는 같지 않다고 말할 것이다. 그리고 최한기 역시 주희의 후기의 입장인 본성을 본체로 감정을 작용으로는 보는 '성체정용'(性體情用)[98]과 같은 형식으로 "감정은 본성이 드러난 것이고, 본성은 감정의 본체"[99]라고 말하며, 더욱이 추측하는 마음[100]이 본성과 감정을 통괄한다[101]고 말한다.

---

96 필자는 손영식(1993)이 제시한 주희가 지적한 호남학파의 '性體心用'의 문제점을 다음 세가지로 요약해 보았다. 1. 감각적인 욕망을 이치라고 주장할 수 있다. 2. 살피는 것이 이미 드러난 마음의 싹에 불과하기 때문에 본성의 善惡을 말할 수 없다. 따라서 도덕률을 정초시킬 근거를 확립하기 어렵다. 3. '察識端倪'는 '살피는 나'와 '살펴지는 나'로서 자아분열을 초래, 강력한 도덕적 주체를 확립하기 어렵다. 115쪽~179쪽 참조.

97 추측록 2-13a:107. 流行理推測理. "理是氣之條理."

98 『주자어류』 권5 「性理2」. "性以理言, 情乃發用處, 心卽管攝性情者也. 故程子曰: 有指體而言者, 寂然不動是也, 此言性也. 有指用而言者, 感而遂通是也, 此言情也." 참조.

99 추측록 3-4a:1-121. 推流知源. "情者, 性之發也, 性者, 情之本體也." 최한기는 본성이라고 하지 않고 '性' 또는 '本然之性'(추측록 3-5b:1-122. 本然性)이라고 한다. 필자는 이 논문 안에서 리학과 같은 용어의 다른 의미라는 비교적 측면을 강조하기 위해 '本性'이라고 쓰고자 한다.

100 추측록 2-32b:1-116. 氣生聲色. "心無體, 而推測事理爲心." 참조.

101 추측록 3-4b:1-121. 推測生於性. "推於性而測有情, 故推測者, 統性情之謂也." 참조.

하지만 여기에서 최한기가 말하는 '통괄함'은 주희와는 그 의미를 달리할 수밖에 없는데, 그것은 최한기가 "마음이란 그 바탕으로 말하면 기이고, 그 본성으로 말하면 리"[102]이라고 말할 때, 그 리는 주희와 달리 관념적 실재가 아닌 기의 조리로서 유행의 조리이기 때문이다.[103] 다시 말해 주희의 리는 인의예지로서 리[104] 즉 윤리적 의미로서 리이기에 그 본성 또한 도덕 행위의 원천으로서 본성인 반면, 최한기의 유행지리로서 리는 물리적 의미의 리로서 그 본성 역시 가치적 의미가 배제된 것으로 형질을 갖춘 이후에도 여전히 본래 그러한 것을 가리킨다.[105]

이렇게 유행의 조리로서 본성은 최한기에게 있어서도 "하늘이 만물에게 준 것"[106]으로, "기질로서 하늘을 이은 것이다."[107] 그리고 "감정은 추측에서 생기고 추측은 본성에서 생기니,"[108]

102 추측록 2-14b:107. 心氣淸而理明. "夫心, 言其質則氣也, 言其性則理也."
103 추측록 2-13a:1-107. 流行理推測理. "理是氣之條理. …… 氣之條理, 爲理者, 指其流行之理也." 참조.
104 『주자어류』 권1 「理氣上」. "理則爲仁義禮智." 참조.
105 추측록 3-5b:1-122. 本然性. "所謂本然之性, 非指其形質未成時也. 旣具形質之後, 常有其本然者, 卽天地人物所同得之乘氣而化成也. 人物之形質未具時, 卽是天地之理氣也, 及其形質之胎成, 氣爲質而理爲性." 참조.
106 추측록 1-1b:1-74. 天人幽通. "天之賦於物者, 爲性."
107 추측록 3-10a:1-124. 心理本於性理. "就此氣質, 繼天而言, 則性也."
108 추측록 3-4a:1-121. 推測生於性. "情生於推測, 推測生於性."

"감정은 본성이 드러난 것이고, 본성은 감정의 본체이다."[109] 다시 설명하면, 마음은 본성과 감정을 통괄하는 것으로, 형질 안의 기로서 끊임없이 활동하는 대기(大氣)의 일부이다.[110] 유행지리로서 드러나는 본성(本然之性)이란 대기의 끊임없는 활동 그 자체이며, 이 본성은 다시 논리상 경험 이전의 인간의 형질 안의 유행지리로 상정할 수 있는데, 그것이 바로 기질지성(氣質之性)이다.[111] 그리고 기의 활동은 필연적으로 형질 바깥 사물과 접촉을 유발하여 추측을 형성하니, 그 추측으로부터 생긴 것이 감정이다.

> '미발의 중'은 마음의 본체로서 일단의 활동하는 기(生氣)가 엉켜 몸에 쌓인 것인데, 건장하여 쉼이 없는 것으로 바깥 사물을 접함에 이르러서 희노애락이 곳에 따라 발한다.[112]

---

109 추측록 3-4a:1-121. 推流知源. "情者, 性之發也, 性者, 情之本體也."

110 기학 2-26b:1-237. "心氣本是運化之物, 分得于大氣運化之中." 참조.

111 추측록 3-12b:1-125. 心性理各有分. "性是一也, 而然指其天理流行者, 曰: '本然', 指其氣稟成形者, 曰: '氣質.'" 추측록 2-25b:1-113. 天人有分. "氣質之理, 流行之理也. 推測之理, 自得之理也. 未有習之初, 只此流行之理, 旣有習之後, 乃有推測之理." 이것에 의하면 최한기의 本然之性과 氣質之性의 구별은 氣가 유행하는 장소가 形質의 안과 밖에 따른 다른 이름일뿐이다. 따라서 本然之性과 氣質之性은 똑같이 流行之理로 드러난다.

112 추측록 4-13a:1-133. 本體無物. "未發之中, 乃心之本體, 一團生氣, 凝聚貯身, 健而不息, 及其接物, 喜怒哀樂, 隨所以發."

그렇기 때문에 최한기에게 '미발의 중'으로서 본성이란 끊임없이 활동하는 기에 지나지 않으며, 희노애락의 감정 또한 바깥 사물과 접촉함으로써 그 기가 발현된 것이다. 유행지리로서 성리나 추측지리로서 심리 또한 모두 기의 조리이다.[113] 하지만 주희에게 있어서 본성은 관념적 실재로서 리인 까닭에 기로서 마음[114]과는 서로 별개의 존재이다. 최한기가 '마음과 리를 별개의 것으로 여긴다.'고 말한 것은 바로 리학의 이와 같은 측면을 지적한 것이다.

> 만일 마음과 리를 둘로 여긴다면, 이것은 추측 밖에 다시 마음이 있는 것이 되어, 추측만 혼자 수고롭지만 마음 자체는 한 일이 없고, 아니면 마음만 애써 수고롭지만 추측할 바가 없는 것이다.[115]

마음이란 인간이 외부 대상 세계와 접촉함으로써 비로소 형성되는 것이니, 마음이 추측이고 추측이 마음이다. 여기에서는

---

113 추측록 3-9b:1-124. 性理心理. "性是流行之理, 心是推測之理, 其實一理也." 참조.
114 『주자어류』 권1 「理氣上」. "理…… 無情意 · 無計度 · 無造作." 『주자어류』 권5 「性理2」. "靈處只是心, 不是性, 性只是理." 『주자어류』 권16 「대학3」. "心與性自有分別, 靈底是心, 實底是性, 靈底便是那知覺." 참조.
115 추측록 3-10b:1-124. 心理本於性理. "若以心與理爲二, 則是推測之外更有心, 而推測獨勞, 惟心自逸, 或心自勞苦, 而無所推測."

마음과 추측이 분리되지 않는다. 본성(本然之性) 또한 결코 형질이 이루어지기 이전의 것을 가리키지 않으며, 이미 형질을 갖춘 이후에도 언제나 그러한 것을 가리킬 뿐이다. 즉, "인간과 만물의 형질이 갖추어지기 전에는 곧 천지의 리기였다가, 그 형질이 이루어진 뒤에야 기는 질이 되고 리는 성이 된다. 또 형질이 없어지게 되면 질은 기로 돌아가고 성은 리로 돌아간다."[116]

하지만 주희에게는 지각하는 주체로서 마음인 기와 체현의 대상으로서 본성인 리가 서로 별개의 것으로 분리된다.[117] 이것은 주희의 리가 관념적 실재로서 천지만물 이전에 존재하기 때문이다. "천지가 생기기 이전에는 틀림없이 리뿐이었다. 리가 있기 때문에 곧 천지가 있는 것이다. 만약 리가 없었다면 마찬가지로 천지도 없었을 것이고 인간이나 사물도 없었을 것이니,

---

116 추측록 3-5b:1-122. 本然性. (所謂本然之性, 非指其形質未成時也. 旣具形質之後, 常有其本然者, 卽天地人物所同得之乘氣而化成也.) "人物之形質未具時, 卽是天地之理氣也. 及其形質之胎成, 氣爲質而理爲性, 又及其形質之澌盡, 質還氣而性還理."

117 『전습록』「答顧東橋書」. 135. "朱子所謂格物云者, 在'卽物而窮其理'也. 卽物窮理, 是就事事物物上求其所謂定理者也, 是以吾心而求理於事事物物之中, 析心與理爲二矣. 夫求理於事事物物者, 如求孝之理於其親之謂也. 求孝之理於其親, 則孝之理其果在於吾之心邪? 抑果在於親之身邪? 假而果在於親之身, 則親沒之後, 吾心遂無孝之理歟?" 陳榮捷撰, 『王陽明傳習錄詳註集評』, 참조.

아무것도 싣지 못했을 것이다. 리가 있어서 비로소 기가 유행하고 만물이 발육된다."[118] 이와 같은 '리선기후'의 입장[119]은 최한기의 입장에서는 기를 알지 못하거나 보지 못하여 조리를 알지도 보지도 못한 것이다.

> 기를 알지 못하면 리를 알지 못하고, 기를 보지 못하면 리를 보지 못한다. …… 기를 알지 못하는 사람은 성리를 중시해서 단지 리가 천하에 가득하다고만 알고, 기를 보지 못하는 사람은 오직 허리만을 궁구해서 말하는 바가 모두 신령의 리일뿐이다.[120]

인간이 인식한 법칙 이전의 운동하고 변화하는 기의 실재를 인식하지 못하고 다만 자기 혼자 멋대로 세계와 인간을 구성하여 허리와 성리를 주장하는 것은 "밖에 있는 것이 모두 운화이건만 심리만을 가지고 멋대로 어림짐작했기 때문이다."[121] 이렇

118 『주자어류』 권1 「理氣上」. "未有天地之先, 畢竟也只是理. 有此理, 便有此天地. 若無此理, 便亦無天地, 無人無物, 都無該載了. 有理, 便有氣流行, 發育萬物."

119 『주자어류』 권1 「理氣上」. "此本無先後之可焉, 然必欲推其所從來, 則須說先有是理." 같은 책, 같은 권. "理未嘗離乎氣, 然理形而上者, 氣形而下者, 自形而上下言, 豈得無先後." 참조.

120 인정 9-26b:2-172. 理有虛實. "不識氣, 則不識理, 不見氣, 則不見理. …… 不識氣者, 歸重於性理, 而但知理滿天下矣. 不見氣者, 惟究於虛理, 而語皆神靈之理也."

121 인정 9-14b:2-166. 依據證驗. (不顧運化, 而只以心理究索于內, 是自排布自主張, 及其施諸事加諸人, 多差誤少符合.) "以其在外者, 皆是運化, 而惟將心理揣度也."

게 자연의 운동과 변화라는 기준에 의거하지 않고 오로지 사변의 증험할 수 없는 그림자에서만 구하게 되면[122] 결과적으로 리와 마음은 별개의 존재가 되는데, 이것은 같은 것만 알고 다른 것을 모르는 데에서 비롯하는 것이라고 최한기는 말한다.

> 대개 같은 가운데에서 다른 점을 분별하는 자는 상황에 따라 알맞음을 얻을 수 있고, 또한 다른 점을 통괄하여 같은 곳으로 돌아갈 수 있다. 그러나 다만 같은 것만 알고 다른 것을 모르는 자는 단속하고 풀어주어야 할 바를 모른다.[123]

여기에서 '같은 가운데에서 다른 점을 분별함'이란 조리가 기의 조리임에는 같지만 유행의 조리와 추측의 조리의 다름이 있음을 말한다. 즉, "본성은 유행지리이고 마음은 추측지리이나, 실상은 하나의 리이다."[124] 반면에 '같은 것만 알고 다른 것을 모른다.'는 것은 리학에서는 리가 천지간의 인간과 사물이 공유하는 것으로 요·순 임금으로부터 일반 백성에 이르기까

---

122 기학 2-26b:1-237. "旣不因運化之準的, 惟求於意思虛影, 是乃無形之理也." 참조.
123 추측록 3-10b:1-124. 心理本於性理. "蓋同中辨異者, 能隨處得宜, 又能統異歸同. 只知其同而, 不辨其異者, 無所措縱矣."
124 추측록 3-9b:1-124. 性理心理. "性是流行之理, 心是推測之理, 其實一理也."

지 동일함[125]은 알지만, 그 리가 조리로서 유행지리와 추측지리의 다름이 있음을 모른다는 것이다.[126] 이것은 다름 아닌 리학의 '리일분수'를 지칭하여 비판한 것이다. 이렇게 말할 수 있는 것은 위에 제시한 인용문과 같은 곳에서 최한기가 "참될 수도 있고 거짓될 수도 있는 추측을 오로지 성실한 유행에 섞고, 전일한 천리를 인위의 인리에 섞으면, 혼잡의 병폐가 여기에서 생겨난다. 그러므로 한 가지만을 고집하는 '집일'(執一)의 논리와 '리일'의 학설은 합변(合變)을 모르는 것이다."[127]라고 말하고 있기 때문이다.

여기에서 '집일'이란, 본래 맹자가 자막(子莫)의 '집중'(執中)은 진리에 근사한 것 같지만 양주(楊朱)의 '위아'(爲我)가 인(仁)을 해치고, 묵적(墨翟)의 '겸애'(兼愛)가 의(義)를 해치는 것과 마찬가지

---

125 陳淳(1995刊), 81쪽. "性卽理也. …… 蓋理是汎言天地間人物公共之理, …… 性卽理也, 理則自堯舜至於途人一也." 참조.

126 김용헌(2000)은 최한기가 자연의 영역으로서 필연적인 법칙으로서 流行之理와 인간의 영역으로서 사유의 산물로서 推測之理를 분리함으로써 주자학에 대한 비판을 효과적으로 진행할 수 있었다고 말한다. 그 효과 두 가지는 다음과 같다. 첫째, "주자학에서 리로 절대화되었던 인간의 도덕적 규범들이 인간사유의 산물임을 폭로할 수 있었다. 둘째, 객관존재의 리, 즉 유행지리를 인식하기 위해서는 마음 안에 머물러서는 안 되고 외부세계로 나가야 한다는 것을 설득력 있게 주장할 수 있었다." 212~213쪽 참조.

127 추측록 3-10a:1-124. 心理本於性理. "推測之誠僞, 雜於流行之誠實, 天理之專一, 渾於人理之攸爲, 渾雜之病, 由此蝟興. 執一之論, 理一之說, 不知合變."

로 '집중'은 '시중'(時中)을 해치니, 그 중도를 잃고 해치기는 저들과 마찬가지임을 말한 것이다.[128] 그런데 여기에서 최한기는 리학에서 '미발의 중'을 체현하려는 노력은 어느 한쪽에만 치우쳐 변통을 모르는 '집일'과 같은 태도라 비판한 것이다. 사실 인간의 본성을 존재의 원리와 일치시하는 '성즉리'의 배경에는 '리일분수'의 논리가 있는데, 바로 이 '리일분수'는 '리일'의 측면의 겸애와 '분수'의 측면의 위아를 종합한 것[129]으로 '집중'을 극복하고자 한 이론이었다. 그러나 '리일'에 근거하여 자연과 합일을 추구하는 노력에도 불구하고 리학은 오히려 관념론이 가질 수 있는 선입견의 고착으로부터 자유로울 수 없었기 때문에 최한기는 '리일분수'의 이론을 '집일지론'으로 판단한 것이다.

128 『맹자집주』 권13 「盡心章句上」. 주희주. "孟子曰: '楊子取爲我, 拔一毛而利天下, 不爲也. 墨子兼愛, 摩頂放踵利天下, 爲之. 子莫執中, 執中爲近之, 執中無權, 猶執一也. 所惡執一者, 爲其賊道也, 擧一而廢百也.'" 주희주. "爲我害仁, 兼愛害義, 執中者, 害於時中." 참조.

129 『이정집 · 河南程氏文集』 권9 「答楊時論西銘書」. 609쪽. "『西銘』明理一而分殊, 墨氏則二本而無分. 分殊之弊, 私勝而失仁. 無分之罪, 兼愛而無義. 分立而推理一, 以止私勝之流, 仁之方也." 손영식(1993), 72쪽. 참조. 인용문은 주91) 재인용.

2) '유행지리'와 '본연지성'

그러나 최한기가 말하는 허리와 실리란 입장에 따라 상대적으로 주장할 수 있는 것이다. 왜냐하면 송대 리학 또한 그 당시의 도가나 불교에서 말하는 리를 허리 · 공리(空理)라고 말하는 한편, 자신들의 리는 실리라고 말하고 있기 때문이다.[130] 그렇기 때문에 리학에게는 최한기가 주장하는 리학의 리가 허리임을 주장하는 것에 대하여 반론의 여지가 있으며, 따라서 최한기는 그것에 대한 합당한 근거를 제시함으로써 자신의 주장을 입증해야 한다. 여기에서는 먼저 리학의 '성즉리'가 가지는 인성론사에서의 의미를 살펴봄으로써 그들이 주장하는 실리의 배경을 살펴보고자 한다.

'성즉리'는 정이가 언명한 것이다.[131] 이러한 정이의 언명에 대하여 그것이 가지는 인성론사적 의미를 이해한 주희는 장재의 '심통성정'(心統性情)과 더불어 극찬한 바가 있다.[132] 정이의

---

130 『주자어류』 권125 「老氏」. (老氏) "只是不見實理, 故不知禮樂刑政之所出, 而欲去之." 『주자어류』 권126 「釋氏」. "吾儒心雖虛而理則實. 若釋氏則一向歸空寂去了." 참조.

131 『이정집 · 河南程氏遺書』 권18 「劉元承手編」. 204쪽. "性卽是理, 理則自堯舜至於途人一也." 참조.

132 『주자어류』 권95 「程子書」. "程先生論性, 只云性卽理也. 豈不是見得明, 是眞有功於聖門." 『주자어류』 권5 「성리2」. "伊川性卽理也, 橫渠心統性情, 二句顚撲不

'성즉리'가 평가받는 이유는 기존의 인성론이 가지고 있었던 문제를 해결하였기 때문이다. 기존의 인성론에서는 리를 객관적 보편자로, 본성을 주관적 개별적 기질로서 분속시킨 결과, 리를 추구하기 위해서는 주관적 본성을 제어해야 하거나 또는 기질을 본성으로 봄으로써 본성의 선악문제가 계속 문제로 제기되었다. 이러한 문제는 "리가 곧 성이요 성이 곧 리라는 것을 알지 못하고 각각 주객에 분속시켰기 때문에 발생한 것이다. 그런데 이천(伊川 : 程頤)은 바로 성이 곧 리라고 함으로써 천하의 대공(大公)한 리가 곧 한 개인이 스스로 가지고 있는 바요, 객관의 보편자가 곧 이 주관의 특수자 가운데 있다고 일원(一元)의 이론(理論)을 제시"한 것이니, 여기에서는 "리를 실천하는 것이 곧 성을 펴는 까닭이며, 성을 펴는 것이 리에 어긋나는 것이 아니다. 리의 소재에 즉해서 능히 성의 소재를 볼 수 있는 것"[133]임을 말한다. 이렇게 본성을 리로 보면, 객관적 리를 추구함에 주관적 본성을 제약하지 않아도 되며, 또한 본성의 선악문제 역시 제기되지 않는다. 다시 말하면, 객관세계에서 리

破." 『주자어류』 권59 「孟子9」. "伊川性卽理也, 自孔孟後, 無人見得到此, 亦是從古無人敢如此道." 참조.

133 류인희(1980), 115쪽.

를 궁구해도 그곳에서 본성의 소재를 볼 수 있고, 본성을 펼 수 있는 까닭에 본성의 선함을 의심할 필요가 없으며, 주관세계에서 본성을 좇아도 그곳에서 리의 광대함과 존귀함을 볼 수 있다. 이것은 주관의 성을 함양하는 것이 천리를 보존하는 것이며, 사물에 이르러 천리를 궁구하는 것이 곧 본성이 천리임을 인식하는 것임을 말한다.[134]

그러나 정이는 '성즉리'의 '리'가 의미하는 바를 분명하게 말하지 않았는데, 주희는 바로 이 리를 당위규범의 의미로서 소당연지칙과 존재원리의 의미로서 소이연지고로 해명한다.

> 천하의 사물에 이르면 반드시 각각 존재원리와 그 당위규범이 있는데, 이것이 이른바 리이다.[135]

> 당위규범이란 군주의 인, 신하의 경(敬)과 같은 것이요, 존재원리란 군주는 어째서 인해야 하며 신하는 어째서 경해야 하는가라는 것과 같은 것인데, 모두 천리가 그렇게 시킨다.[136]

---

134 정이의 인성론은 류인희(1980), 114~119쪽 참조.

135 『大學或問』. 113쪽. "至於天下之物, 則必各有所以然之故與所當然之則, 所謂理也."

136 같은 책, 같은 구절의 주희주. "所當然之則, 如君之仁臣之敬, 所以然之故, 如君何用仁, 臣何用敬云云, 皆天理使之然."

리학자들이 궁리를 통해 궁구하는 리는 바로 이 두 가지 측면을 동시에 가지는데, 이러한 두 가지 측면을 처음부터 동시에 인식하는 것은 아니고, 우선 먼저 일상생활 속에서 만남으로써 궁구하게 되는 리는 당위규범이고, 그러한 당위규범에 대한 근본적인 물음, 즉 '왜 마땅히 해야만 하는가?'라는 물음 속에서 활연관통을 통해 깨닫는 되는 것은 존재원리이다.[137] 다시 말하면 탐구자는 외부 객관세계의 하나하나의 리를 인식하는 연속선 위에서, 천지만물의 존재원리와 탐구자 자신의 본성과 일치됨을 인식하게 되고, 그로부터 다시 자신과 천지만물이 태극이라는 근원을 같이함을 자각하게 된다. 이로부터 얻어지는 결과는 자신의 도덕적 행위의 정당성과 더 나아가 자율적 도덕능력의 확보에 따른 자신의 정체성 확보이다. 또한 이것은 리학이 본성을 도덕적 자율능력으로 간주함으로써 자연과 합일할 수 있는 근거로 삼았음을 의미한다.

그러나 '성즉리'를 주장하는 것은 사변적 태도에서 비롯하는 것으로 그것은 리학이 자연법칙과 당위규범을 구분하지 못함

---

137 『주자어류』 권117 「訓門人」. "程先生謂, 或讀書講明道義, 或論古今人物而別其是非, 或應接事物而處其當否, 以至天地之所以高厚, 一物之所以然, 都逐一理會, 不只是箇一, 便都完了." 주희의 格物의 대상은 류인희(1980), 150쪽~163쪽 참조. 인용문은 주42) 재인용.

으로써 결과하는 혼동임을 지적함으로써 이와 같은 태도를 최한기는 비판한다.

> 혹 혼미한 자는 오로지 자연법칙을 대상으로 공부를 잘못하니, 이것은 하늘을 대신해서 바쁘지만 한갓 수고롭기만 하고 이득이 없는 것이다. 반대로 당위규범에 전혀 생각을 두지 않으면, 이는 인간의 길을 버리는 것이니, 결국 무엇을 성취하겠는가.[138]

여기에서 "자연법칙(自然)이란 자연에 속하여 인력으로 증감할 수 있는 것이 아니고, 당위규범(當然)이란 사람에 속하여 이것을 가지고 공부를 할 수 있는"[139] 것이다. 다시 말하면, 자연법칙이란 천지의 유행지리이다. 예컨대, 자연의 현상에서는 연월일시의 상도(常度)를 제시할 수 있고, 사회현상에서는 한번 다스려지고 한번 혼란해지는 변천이 있고, 개인에게는 젊고 장성하며 노쇠해지는 것 등을 가리키며,[140] 당위규범이란 인심의 추측

---

138 추측록 2-36a:1-118. 自然當然. "或有昏迷者, 專在自然上, 錯用功夫. 是謂替天忙, 徒勞無益, 却將當然 全不着意, 是謂棄人道, 竟有何成哉."

139 추측록 2-35b:1-118. 自然當然. "自然者, 屬乎天, 非人力之所能增減. 當然者, 屬乎人, 可將此而做功夫也."

140 인정 12-19a:2-221. 四性三等. "大氣運化, 隨地月日星之轉, 而年月日時有常度. 統民運化, 有禮律綱紀 而治亂盛衰有遷移. 一身運化, 有少壯衰老 而利鈍成敗有乘除." 참조.

지리 예컨대, 삼강 · 오륜 · 인의 · 전장(典章) · 법도[141] 등으로서, 학자는 자연법칙을 표준으로 삼고 당위규범을 공부로 삼아야한다.[142] 그런데 만약 추측과 유행의 리를 구분하지 않으면, 추측에서 혹 틀리는 것을 천리로 돌리게 되어 순수한 천리를 함양할 수 없게 된다[143]고 최한기는 말한다. 예를 들면, 최한기는 가치론적 의미로서 천을 물리적 의미의 천으로 해석하면 본래의 가치론적 의미를 실현할 수 없다고 말한다. 즉 정학(政學) · 경학(經學)에서의 순천(順天) · 법천(法天) · 봉천(奉天) · 사천(事天)의 '천'이 민의를 의미함에도 불구하고 일 · 월 · 오성 또는 북두칠성을 나타내는 칠정(七政)이나 경성천(經星天)의 물리적 의미로 해석하면 정학 · 경학의 본원을 준수할 수 없다[144]는 것이다.

---

141 인정 教人序-3a:2-137. "倫 · 綱 · 仁義 · 典章 · 法度, 爲可教之人道." 인정 1-29a:2-12. 推擴測人. "旣爲人, 則人之所當行者, 惟人道而已." 참조.

142 추측록 2-35b:1-118. 自然當然. "自然者, 天地流行之理也. 當然者, 人心推測之理也. 學者, 以自然爲標準, 以當然爲功夫." 참조.

143 추측록 2-25b:1-113. 天人有分. "若謂推測之理卽是流行之理, 則不可. 旣無分於推測流行, 則推測之或誤者, 必歸諸天理, 天理之純澹者, 難得其涵養.

144 기학 1-7b:1-200. "凡政學 · 經學之順天 · 法天 · 奉天 · 事天之'天'字, 若但以七政經星之天認之, 則襯合無幾, 接注無所, 當以天地運化之氣認之, 則無疑惑於有形無形之間, 有遵守於政學經學之原." 참조. '七政'과 '經星天'에 대한 설명은 각각 孫炳旭이 옮긴 『氣學』(1993) 51쪽, 61쪽 주21) 참조. 이 주에 의하면 經星天을 최한기는 그의 저서 『地球典要』에서 태양으로부터 가장 멀리 떨어져 있는 별로 항상 정지해 있다고 설명하고 있다. 『地球典要』 1-13a:3-230. "行距斯諸輪最遠者, 乃經星天常靜不動."

그러나 자연법칙과 당위규범을 혼동함으로써 생기는 보다 근본적인 문제는 당위규범을 절대화함으로써 규범에 접근할 수 있는 길을 차단하고 규범을 형식화시켰다는 것이다. 자세히 설명하면, 예컨대 리학자들은 "군주가 되면 마땅히 어질어야 하고, 신하가 되면 마땅히 공경해야 하는 등등의 것은 도리의 합당함이 이와 같으니, 이와 같지 아니하면 안 되는 까닭에 당위규범이라 한다. 그러나 인·경 등은 사람이 억지로 하는 것이 아니요, 때어날 때 애초에 곧 이 이치를 받은 것이므로 이는 곧 천리가 부여된 것이다. 그런 까닭에 존재원리라 말하는 것이다. 당위규범을 아는 것은 본성을 아는 것이요, 존재원리를 아는 것은 천을 아는 것이니, 이 이치의 근원(所從來)을 아는 것을 말함이다."[145]라고 말한다. 군주가 마땅히 어질어야 하고 신하가 마땅히 공경해야 하는 이유는 그것이 곧 천리이기 때문이다. 리학의 천리란 생생지도(生生之道)로서 순선무악의 선험적 존재원리이다.[146] 그렇기 때문에 만약 군주가 어질지 못한 것은

---

145 『주자어류』 권18 「大學或問下」. "西山眞氏曰: '如爲君當仁, 爲臣當敬之類, 乃道理合當如此, 不如此則不可. 故曰: '所當然.' 然仁·敬等, 非人强爲, 有生之初, 卽稟此理, 是乃天理之所與也. 故曰:'所以然.' 知所當然是知性, 知所以然是知天, 謂知其理所從來也."

146 『주역』 「繫辭上」 5. "一陰一陽之謂道, 繼之者善也, 成之者性也. …… 生生之謂易." 『이정집·河南程氏遺書』 권15 「入關語錄」. 162쪽. "離了陰陽, 更無道. 所以

그 군주가 가지는 형기의 사사로움 때문에 천리가 드러나지 못한 것이지 아예 천리 자체가 없는 것은 아니다. 리학자들이 리를 궁구하여 마음속의 리를 자각하는 것은 바로 기질에 의해 가려진 천리를 발견하는 것이다. 이것이 의미하는 바는 일반인들이 가지는 감성적 경험이나 정감은 기질의 제약을 피할 수 없는 것으로 마음속의 천리를 가리는 작용을 한다는 것이다. 따라서 천리를 드러내기 위해서는 감정을 억제하고 없애야 한다. 결국 천리는 구체적이고 실천적인 측면에서 모든 자연적 기초를 상실하고 절대적 가치가 됨으로써 결과적으로 인욕과는 상호대립관계가 된다.

> 기(己)란 사사로운 인욕이요, 예란 공정한 천리이다. 하나의 마음속에 두 가지가 함께 존립할 수 없고, 그 서로 떨어진 사이가 털끝만큼이라도 간격이 생겨서는 안 된다. 이것에서 나오면 저것으로 들어가고, 저것에서 나오면 이것으로 들어간다. 이 이김과 이기지 못함, 회복함과 회복하지 못함은 손바닥이 뒤집히거나 팔이 굽히고 펴지는 것과 같다.[147]

陰陽者是道也. 陰陽氣也. 氣是形而下者, 道是形而上者, 形而上者, 則是密也." 참고.

147 『논어혹문』 권12 「顔淵」. "己者, 人欲之私也. 禮者, 天理之公也. 一心之中, 二者

이렇게 천리와 인욕이 상호대립관계가 되는 근본원인은 천리를 관념적 실재로 상정하여 거기에 절대적 가치를 부여하였기 때문이다. 이것이 바로 유행지리와 추측지리를 혼동함으로써 천리를 천리 자체로 인식하지 못했다고 최한기가 지적한 의미이다.

그래서 최한기는 유행지리와 추측지리를 분리함으로써 이와 같은 오류로부터 벗어나고자 한다. 즉, 그에게 마음은 사리를 추측하는 것[148]으로, 여기에서 미룸으로서 추(推)는 인간이 가지는 본성으로부터 나오는 현상이며, 헤아림으로서 측(測)은 감정이다.[149] 다시 말하면, "감정은 추측으로부터 생기고 추측은 본성으로부터 생긴다."[150] 그렇기 때문에 최한기에게서 본성은 기의 조리이며, 마음 안에서의 조리이다. 단지 논리적으로 아직 인간의 형질 안에 존재하지 않는 것은 본래 그러한 본연지성(本然性)이고 인간의 형질 안에 존재하는 것은 기질지성(氣質性)이다.[151] 그렇다고 하여 최한기의 본연지성이 리학의 본연지성

不容竝立, 而其相去之間, 不能以毫髮. 出乎此則立乎彼, 出乎彼則立乎此矣. 是其克與不克, 復與不復, 如手反復, 如臂屈伸."

148 추측록 2-32b:1-116. 氣生聲色. "心無體, 而推測事理爲心." 참조.

149 추측록 3-4b:1-121. 推測生於性. "推於性而測有情, 故推測者, 統性情之謂也." 참조.

150 같은책, 같은 곳. "情生於推測, 推測生於性."

처럼 형질이 이루어지기 이전에 존재하는 것을 가리키는 것은 아니다. 그것은 형질이 갖추어진 뒤에도 항상 그 본래 그렇게 있다는 것을 가리키는 것이다.[152] 그래서 이 본연지성은 모든 천지만물에게 보편적인 생의 조리이다.[153] 다시 말하면 인간을 비롯한 천지만물이 가지는 생명의 현상으로부터 생기는 법칙이다. 예컨대, "삶에 알맞은 것은 좋아하고 삶에 알맞지 않은 것은 미워하는 것이다."[154] 따라서 내가 남의 좋고 나쁨(好·惡)의 감정을 알 수 있는 근거[155]이며, 소통할 수 있는 근거이다. 달리 표현하면 이것은 모든 존재자가 보편적으로 가지는 천리로서 유행지리이다. 인간에게는 인천(人天)이며, 만물에게는 물천(物天)이다. 그럼에도 불구하고 현실세계 속의 다양한 현상으로 드러나는 것은 기질의 차이와 특히 인간에게는 습관의 차이 때문이며, 이러한 습관의 차이는 추측의 차이를 가져온다.[156]

---

151 추측록 3-12b:1-125. 心性理各有分. "性是一也, 而然指其天理流行者, 日: '本然', 指其氣稟成形者, 日: '氣質.'"

152 추측록 3-5b:1-122. 本然性. "所謂本然之性, 非指其形質未成時也. 旣具形質之後, 常有其本然者. 卽天地人物所同得之, 乘氣而化成也." 참조.

153 추측록 3-1a:1-120. 人物性情. "人物之受天氣而稟地質者, 莫不有性情. 指其生之理日 性, 指其性發用曰情." 참조.

154 추측록 3-4b:1-121. 七情出於好惡. "宜於生者, 好之, 不宜於生者, 惡之."

155 추측록 3-4b:1-121. 推測生於性. "性之稟受, 本於一, 而人物之好惡, 大略相類. 我乃推其同而測其異, 以至於推我好惡, 及乎物之好惡." 참조.

156 추측록 3-3a:1-121. 性習有遷. "氣有淸濁之殊, 質有剛柔之異, 人所習, 有善惡之殊,

여기에서 인욕(人欲)이란 다름 아닌 자연법칙에 거역한 것일 뿐이다. 그렇기 때문에 천리와 인욕은 서로 대립되는 것이 아니고 다만 자연법칙을 따르는가 거스르는가에 있을 뿐이다.[157] 이것은 바로 "기가 유행하면 도가 되어 도와 기가 한 가지이고, 마음이 사물에 있으면 리가 되어 리와 마음이 한 가지가 된다."[158]는 의미이다. 결국 최한기에게 본성은 인간의 기본감정과 정서를 떠나서 초월해 있는 것이 아니며 그 자체이기 때문에, 그리고 외부 자연의 유행지리와 근원적으로 일치하는 것이기에 나의 추측지리를 공부의 대상으로 삼아 언제든지 일치시킬 수 있는 준거가 된다.

이상은 최한기의 리학의 인성론에 대한 비판과 그 대안으로 기학의 인간관에 대한 고찰이다. 최한기는 리학의 '심구중리'와 '성즉리'를 비판한다. 여기에서 '심구중리'는 선험적 도덕실천 능력과 지식을 의미하며, '성즉리'는 도덕적 자율능력에 대

而性之紕繆. 自淸濁而至剛柔, 自剛柔至善惡, 安得無這間差繆, 旣有差繆, 所測亦從而有異." 참조.

157 추측록 2-30a:1-115. 人天物天. "凡論人物, 指其天理, 皆可謂之天也. 人天者, 在人之天理. 物天者, 在物之天理, 逆於天理爲人欲, …… 天理人欲, 不是兩端, 就天理而有順逆耳." 참조.

158 추측록 1-11a:1-79. 有本學. "(然)氣之流行爲道, 則道與氣一也. 心之在物爲理, 則理與心一也."

한 객관성 확보를 의미한다. 리학은 관념적 실재로서 리의 내재성을 주장함으로써 실천적 주체의 자발성을 통해 자연과 합일할 수 있는 인간의 정체성을 확보하고자 하였지만, 현실적으로 오히려 인간의 내면에 대한 천착과 더불어 명분을 강조하는 형식주의 형태로 드러났다. 이와 같은 병폐는 관념적 실재로서 리의 선재성을 주장함으로부터, 온갖 이치를 가지는 마음을 지각 자체로 인식하며, 또한 본성을 존재원리인 리와 동일시함으로써 기로서 마음과 본성을 이원화함으로써 결과한 것이다.

따라서 최한기는 마음 안의 도덕적 본유관념과 본성의 관념적 실재를 부정함으로써 리학이 가지는 모순점을 극복하고자 한다. 그에게 마음은 미루고 헤아리는 통찰 능력으로 외부대상세계와의 직접적인 교류와 소통할 수 있는 가능 근거이며, 그렇게 교류와 소통을 통해 형성되는 것이 지각이다. 또 한편 인간의 본성을 외부 대상 세계의 유행지리와 근원적으로 일치시킴으로써 마음과 본성의 이원화를 극복하고자 한다.

이러한 두 측면은 리학의 인성론이 가졌던 향내적 주정주의와 형식적 명분주의를 극복하고 외부세계와의 적극적인 교류와 시대적 변화를 적극적으로 수용함으로써 자연과 합일할 수 있는 능동적 주체를 제시하였지만, 그에 반면 상대주의나 상황주의가 초래할 수 있는 가능성 역시 함의하고 있다. 다음 장에서는 이러한 가능성에 대해서 최한기가 어떻게 대응하였는지를 고찰한다.

4

최한기, 주희에게 사회적 실천을 묻다

1. 기학의 가치관

1) 관념적 가치관 비판

최한기는 "선과 악은 정해진 이름은 있으나 정해진 위치는 없다."[1] 고 말함으로써 선악의 기준을 형이상학적 근원에 두는 리학의 관념적 가치관을 반대한다.

---

1 추측록 5-31a:150. 改過遷善. "善惡, 有定名而無定位."

세속의 이론은 지각을 얻게 된 까닭을 궁구하지 않고 다만 그 드러난 현상만 보고, 태어날 때부터 받아서 갖춘 것이 있다고 생각한다. 이에 모든 사물 속에서 그것을 찾아내어 이른바 정리(定理)라는 것을 억지로 증명하려 하고, 그것을 일에 응하고 사물을 주재하는 법칙으로 삼으니, 이것은 신기의 가운데 이미 선악과 허실이 있다고 하는 것이다.[2]

최한기에 의하면, 어린아이가 우물에 빠지려는 것을 보면 두렵고 측은한 마음이 생기는 것은 과거에 사람이 물에 빠진 자가 죽는 경우가 많다는 것을 들어서 알기 때문이다. 만약 일찍이 깔려 죽거나 빠져 죽는 불행을 듣지 못했다면 사람들은 어린아이가 우물에 빠지는 것을 보아도 측은한 마음은 갖지 않을 것이라고 한다.[3] 즉, 최한기에게 지각이란 후천적인 경험으로부터 스스로 얻는 것이지 신기가 본래부터 갖추고 있는 것은 아니다.[4] 이것은 최한기에게 있어서 가치가 후천적으로 형성됨

2 인정 9-2b:2-160. 善惡虛實生於交接. "世俗之論, 不究其所以得, 只見其發用之端, 以爲自初稟賦所具. 乃索之於事事物物之中, 强證其所謂定理者, 以爲應事宰物之則, 是神氣之中, 先有善惡虛實也."

3 같은 책, 같은 곳. "前日聞知壓溺者多死, 故乍見孺子入井, 有怵惕惻隱之心, 曾未聞壓溺之患者, 見孺子入井未有測隱之心," 참조.

4 신기통 1-41a:1-27. 知覺根源. "夫知覺, 乃自我得來, 非神氣之所具也. 故所得之知覺, 自有善惡優劣." 신기통 1-42b:1-27. 經驗乃知覺. "知覺者, 神氣之經驗也." 참조.

을 의미한다.

반면 리학에서 마음은 선천적으로 지각내용을 갖추고 있다.[5] 다시 말하면, 마음은 선천적으로 온갖 리를 갖추고 있기에 모든 일을 응할 수 있다. 그 선천성의 연원은 바로 자연(天)으로,[6] 천지 안에 존재하는 모든 존재자들은 그 존재의 근원으로서 존재원리를 가지는데, 본성이 바로 그것이다.

> 세상에 본성이 없는 것은 없다. 생각건대 그 리가 있으면 곧 그 본성도 있으며, 그 리가 없다면 그 본성도 없다.[7]

여기에서 본성은 리이다. 정이는 "성이 바로 리이다. 리는 요·순으로부터 일반 백성에 이르기까지 동일한 것"[8]이라고 말한다. 이것은 모든 인간이 요·순과 같은 도덕적 인격자가 될 수 있다는 다시 말해 도덕적 본성이 모든 인간에게 보편적

---

5 『대학장구』「補亡章」. 주희주, "人心之靈, 莫不有知." 『중용장구』「序」. 주희. "心之虛靈知覺, 一而已矣." 『주자어류』 권5 「性理2」. "虛靈自是心之本體." 『주자어류』 권5 「性理2」. "心之全體湛然虛明, 萬理具足." 참조.

6 『주자어류』 권14 「大學1」. "明德者, 人之所得乎天, 而虛靈不昧, 而具衆理而應萬事者也." 참조.

7 『주자어류』 권4 「性理1」. "天下無無性之物. 蓋有此理, 則有此性. 無此理, 則無此性."

8 『이정집·河南程氏遺書』 권18 「劉元承手編」. 204쪽. "性卽是理, 理則自堯舜至於塗人一也."

임을 언표한 것이다. 그럼에도 불구하고 이 현실세계에 걸·주와 같은 악인이 존재하는 이유는 근본적으로 형이상자인 리가 형이하자인 기를 통해 드러나기 때문이다. 리는 기와 구별되지만 그렇다고 따로 존재하지 않고 기 속에 존재한다. 기가 없다면 리 또한 실려 있을 곳이 없고,[9] 하늘의 기와 땅의 질이 없다면 이 리도 편안하게 머물 곳이 없기 때문이다. 그래서 그 인간의 기가 맑고 밝으면 가려지거나 막히지 않아서 이 리가 순조롭게 드러나지만, 가려지거나 막힌 것이 많으면 리가 드러나지 않아 사사로운 욕심이 공정한 마음을 이기는 것이다.[10]

> 리가 있은 뒤에 기가 있으며, 기가 있으면 반드시 리가 있다. 그러나 맑은 기를 받은 사람은 성인이나 현인이 되니, 마치 귀중한 구슬이 맑은 물속에 있는 듯하다. 흐린 기를 받은 사람은 어리석거나 못난 사람이 되니, 마치 구슬이 흐린 물속에 있는 듯하다.[11]

---

9 『주자어류』 권1 「理氣上」. "然理又非別爲一物, 卽存乎是氣之中, 無是氣, 則是理亦無掛搭處. 氣則爲金木水火, 理則爲仁義禮智." 참조.

10 『주자어류』 권4 「性理1」. "性只是理. 然無那天氣地質, 則此理沒安頓處. 但得氣之清明則不蔽錮, 此理順發出來. 錮少者, 發出來天理勝, 蔽錮多者, 則私欲勝, 便見得本原之性無有不善." 참조.

11 『주자어류』 권4 「性理1」. "有是理而後有是氣, 有是氣則必有是理. 但稟氣之清者, 爲聖爲賢, 如寶珠在清冷水中. 稟氣之濁者, 爲愚爲不肖, 如珠在濁水中."

이와 같은 '리선기후'의 사상은 드러나는 현상 이면에 그것이 있도록 한 원인을 실재로서 상정한다. 예컨대, 측은·수오·사양·시비로서 드러나는 감정의 이면에는 인·의·예·지로서 본성인 리가 존재한다.[12] 그리고 주희에게 선이란 바로 이 인·의·예·지이며 본연지성이고 리이다. 즉 주희는 "천이 사람을 낳을 때 인·의·예·지의 리를 부여하지 않음이 없는데 어찌 선하지 않겠는가."[13]라고 말한다.

그렇다면 현실세계에 엄연히 존재하는 악은 무엇인가. 주희는 악을 인간이 선천적으로 함유하는 리가 기질에 의해 드러나지 않는 것이라고 설명한다. "마음의 온전한 덕은 천리 아님이 없으나, 또한 인욕에 허물어지지 않을 수 없다."[14] 여기에서 인욕이란 인간의 육체를 구성하는 기질로부터 오는 욕구이다. 리는 기가 없으면 의지할 데가 없다. 그리고 성이란 본래 리가 기 가운데 존재하게 된 이후를 말한다. 그렇기 때문에 순선무악의 리 역시 기의 영향을 받지 않을 수 없는 것이다. 그리고 그 기의 혼탁 여부에 따라 선과 악이 나뉜다.

---

12 『주자어류』 권5 「性理2」. "性是實理, 仁義禮智皆具." 참조.
13 『문집』 권74 「玉山講義」:19-5468. "天之生此人, 無不與之以仁義禮智理, 亦何嘗有不善."
14 『논어집주』 권12 「顔淵」. 주희주. "蓋心之全德, 莫非天理, 而亦不能不壞於人欲."

> 성은 단지 리이다. 그런데 저 하늘의 기와 땅의 질이 없으면 이 리도 편안하게 머무를 곳이 없다. 기의 맑고 밝은 것을 얻으면 가려지거나 막히지 않아서 이 리가 순조롭게 드러난다. 가려지거나 막힌 것이 많은 사람은 사욕이 이기니, 곧 본래의 본성은 선하지 않음이 없다는 것을 알 수 있다.[15]

리학의 '궁리'란 다름 아닌 바로 그 기질에 의해 가려져 인식하지 못했던 마음 안의 리를 인식하고자 하는 것이다. 그런데 바로 그 리는 객관적 보편자로서 현실세계 안에 존재하는 개개의 사물 가운데 리로서 그 리를 궁구하고자 하는 주체의 마음 속의 리와 동일한 것이다. 그렇기 때문에 생활세계 속에서 마주치는 사물을 통해 인간이 선천적으로 가지는 선한 본성을 드러낼 수 있는 것이다.

그러나 리학이 인간의 본성을 객관적 보편자와 동일시함으로써 생활세계 속에서 가치를 실현할 수 있는 발판은 마련했지만, 결국은 기질에 가려진 마음속의 리에 대한 궁구는 향내적 주정주의를 초래했다. 최한기가 판단하기에 이와 같은 폐단은

15 『주자어류』 권4 「性理1」. "性只是理. 然無那天氣氣質, 則此理沒安頓處. 但得氣之清明, 則不蔽錮, 此理順發出來. 蔽錮少者, 發出來天理勝, 蔽錮多者, 則私欲勝, 便見得本原之性, 無有不善."

지각의 연원을 궁구하지 않고, 다시 말해 과거에 익혀서 물든 것을 생각하지 않고 단지 오늘 부합되는 것만을 보고 마음속의 본유관념을 주장하는 데 있다.[16]

그리고 무엇보다도 선험적 가치관을 주장하게 된 근본적인 오류는 자연법칙인 천도와 당위규범인 인도를 구별하지 않은 데 있다[17]고 최한기는 주장한다. 사실 리학은 자연법칙에 가치를 부여함으로써 인간의 당위성을 설명한다. 가령 복괘에 대한 정이의 해석에서 10월에 음의 성함이 지극하였다가 동지가 되면 하나의 양이 다시 땅 속에서 생기는 것을 천지가 만물을 낳는 마음[18]으로 설명하고, 다시 그 마음을 잇는 것이 선이며, 그것을 이루는 것이 본성[19]이라는 설명이 그것이다. 그러나 최한기가 볼 때, "자연과 인간이 엄연히 구별되어 자연에는 자연의

---

16 신기통 1-36a:1-24. 收得發用有源委. "若不念前日之習染, 只見今日有所符合, 自有悅樂, 以謂心中已稟太極素具之理, 無或怪也." 참조.

17 추측록 2-26a:1-113. 天人有分. "流行之理, 卽天道也, 推測之理, 卽人道也, 人道出於天道, 推測出於流行. 既有此飜譯, 則天道人道不可無分別, 流行推測亦自有分別. 若無分別以人道爲天道, 以推測爲流行, 則錯誤多端或." 참조.

18 『원본주역』「復☷☳·程傳」. 453쪽. "歲十月, 陰盛既極, 冬至, 則一陽復生於地中, 故爲復也. …… 一陽復於下, 乃天地生物之心也. 先儒, 皆以靜爲見天地之心, 蓋不知動之端, 乃天地之心也. 非知道者, 孰能識之."

19 『주역』「繫辭傳」의 "一陰一陽之謂道, 繼之者善也, 成之者性也."에 대해서 정이는 "離了陰陽, 更無道. 所以陰陽者是道也. 陰陽氣也. 氣是形而下者, 道是形而上者, 形而上者則是密也."라고 설명하고 있다. 陰에서 다시 陽으로 변화하게 하는 것은 天地之心으로서 道이다. 『이정집·河南程氏遺書』 권15 「入關語錄」. 162쪽 참조.

법칙이 있고, 인간에는 인간의 법칙이 있어서"[20] 만물이 생성되는 것은 단지 스스로 천지의 힘을 빌린 것일 뿐 천지에 그러한 마음이 있어서가 아님에도 불구하고, 만물이 생성되는 것을 마치 천지가 그런 마음이 있는 것처럼 '천지가 만물을 생성하는 것으로 마음을 삼는다.'고 설명하는 것은 전적으로 천지가 사람과 만물의 변화와 발육을 도와주는 것만을 강조한 것[21]으로 주관적 상상을 자연에 투영한 것에 지나지 않는다.

그렇다면 최한기에게 선악이란 무엇인가. 그에게 선악이란 행위주체(神氣)가 외부세계의 인물과 접촉하여 교류(交接)함으로써 형성되는 것이다. 최한기는 그 과정을 다음과 같이 자세히 소개하고 있다. 즉, 처음 교접에서 선과 악이 비롯되고 재차 교접에서 선과 악이 생기고 여러 번의 교접에서 선과 악이 형성된다. 교접 이전의 선악을 말한다면 그것은 단지 형질의 선악일 뿐이다.[22] 이것은 최한기에게 선험적 가치로서 선악이란 존재하지 않으며, 단지 있다면 그것은 경험의 주체가 가지는 형

---

20 추측록 5-20b:1-144. 無補於理無益人巧. "天人旣分, 天有天之理, 人有人之理."
21 추측록 2-9a:1-105. 人物賴氣而生. "天無意於生物, 物自賴而生焉. 地無意於成物, 物自賴而成焉. 所謂天地以生成物爲心者, 專主於在人物, 而參贊化育也. 豈是天地之浩大排布, 專爲生成物一款." 참조.
22 인정 11-21b:2-197. 大小善惡. "神氣交接人物而, 善惡形, 初交接而, 善惡始, 再交接而, 善惡生, 累交接而, 善惡形. 交接之前, 所謂善惡, 乃形質善惡." 참조.

질의 선악일 뿐이라는 것을 말하고 있다. 다시 말하면, 그에게 지각이란 끊임없이 변화하는 현실세계를 경험하는 데에서 생기는 것[23]으로 단지 내 마음속만을 궁구해서 형성되는 것이 아니라 외부세계와의 꾸준한 교류의 결과이다.

사실 최한기에게 있어서 성은 선악의 가치개념이 적용되는 영역이 아니다. 거기에는 다만 순역이라는 물리적 표현만이 적용된다.

> 성에 있으면 순역이라 하고, 정에 있으면 선악이라 한다. 따라서 정의 선은 성에 순응하는 데서 말미암고, 정의 악은 성을 거스르는 데서 말미암는다.[24]

최한기에게서 가치개념의 발생 과정을 보면, 성의 순역은 추측을 통해서 정의 선악으로 전환된다. 즉, 성에 순응해서 추측한 것이 선이며, 여기에 어긋나는 것이 악이다.[25] 여기에서는 선악의 절대적 기준이란 있을 수 없다. 사물을 인식하는 자가

---

23 인정 9-23b:2-170. 知之病. "知, 生於運化之經驗." 참조.
24 추측록 3-7a:1-123. 性順逆情善惡. "在性曰:順逆, 在情曰:善惡. 故情之善者, 由於順其性, 情之惡者, 由於逆其性."
25 신원봉(2000), 270~275쪽 참조. 추측록 3-4a:1-121. 推測生於性. "情生於推測, 推測生於性." 참조.

추측을 어떻게 하는가에 따라 그 선악은 바뀔 수 있는 것이다. 다시 말하면 선악이란 인식 주체의 밖에 존재하지도 않으며, 그렇다고 인식 주체의 마음 안에 있는 것도 아니다. 인식 주체가 인식 대상을 만나 서로 교류가 시작됨에 비로소 형성되는데, 그것도 인식 주체의 사고 행위인 추측으로부터 나오는 것이다.

그렇기 때문에 천도는 인사 때문에 변경되지 않으며, 인사는 다만 천도에 따라 시작과 끝이 있을 뿐이다. 이처럼 천도와 인사를 구별함으로써 천도에 따라 인사를 닦으면 자연히 어긋나지 않는 준칙이 있고 또 때에 따르는 변통이 있어서 나만을 옳다고 믿어버리는 폐단을 면할 수 있게 된다.[26]

2) 경험론적 가치관

그러나 주희는 "가령 어떤 사람이 서울에 가고자 한다면, 반

---

26 추측록 6-17b:1-166. 以人事承天道. "天道, 未嘗爲人事而變改矣, 人事, 只是承天道而始終者也. 故以天道爲人事則可, 以人事爲天道則不可. 承天道而修人事, 則自有不違之準則, 又有隨時之通變. 若先將人事, 而欲叩質于天道, 則自多穿鑿, 而難免自是之弊." 참조.

드시 어느 문을 나서야 하고 어느 길을 가야 하는지를 안 뒤에 갈 수 있는 것처럼"[27] 올바른 실천을 하기 위해서는 존재원리를 궁구하지 않으면 안 된다는 '선지후행'적 입장에서 최한기의 경험론적 가치관에 대해 단지 현상적인 지식에 근거한 것으로 시류만을 쫓기에 급급한 이론이라고 비판할 것이다. 주희는 "오늘날 학자는 다만 표면만을 볼 뿐이다. 예를 들면 사람을 보면서도 관면(冠冕)이나 의상과 같은 겉모습만 볼 뿐 그 사람의 내면은 잘 알지 못한다. 충·효·인·의를 하는 것에 대해서도 피상적인 이해에 그칠 뿐, 마음과 골수를 파고드는 듯한 본질적인 이해는 하지 못한다. 천지 사이의 조화에 대해서도 양이 성장하면 살고 음이 사라지면 죽는다는 것만을 알 뿐, 그것이 그러한 이유가 무엇인지는 모른다."[28]라고 말함으로써 경험론적 가치관의 피상성을 비판할 것이다.

주희는 무엇보다도 존재원리를 궁구해야 하며 그것을 인식해야 한다고 한다. 그 이유는 당위규범의 근원인 존재원리(천리)

---

27 『이정집』 권18 「河南程氏遺書」. "譬如人欲往京師, 必知是出那門, 行那路, 然後可往." (如不知, 雖有欲行之心, 豈將何之.)

28 『주자어류』 권18 「대학5」. "今之學者, 但止見一邊. 如去見人, 只見得他冠冕衣裳, 却元不曾識得那人. 且如爲忠, 爲孝, 爲仁, 爲義, 但只據眼前理會得箇皮膚便休, 都不曾理會得那徹心徹骨處. 以至於天地間造化, 固是陽長則生, 陰消則死, 然其所以然者是如何."

를 인식함으로써 그 당위규범에 대한 의혹이 없어지며,[29] 또한 존재원리를 인식하면 필연적으로 실천으로 이행되기 때문이다. 실천으로 이행되지 못했거나 그릇되게 실천된 것은 존재원리에 대한 인식이 철저하기 못했기 때문이다.[30] 이와 같이 주희가 천리에 대한 철저한 인식을 요구하는 것은 천리와 인욕은 상호 대립관계[31]로서 인욕을 완전히 없애지 않으면 천리가 온전히 드러날 수 없기 때문이다.[32]

> 사람은 다만 이 천리 인욕이 있을 뿐인데, 이것이 이기면 저것이 물러가고, 저것이 이기면 이것이 물러가니, 중립함으로써 나아가지도 물러가지도 않는 리는 없다. 보통 사람은 나아가지 아니하면 물러난다.[33]

천리와 인욕은 그 당위성에서는 한 마음 속에 공존할 수 없

29 『문집』 권64 「答或人」:18-4748. "窮理者, 欲知事物之所以然與所當然者而已. 知其所以然, 故知不惑. 知其所當然, 故行不謬."
30 『이정집』 권15 「河南程氏遺書」 164쪽. "知至則當至之, 知終則當遂終之, 須以知爲本. 知之深, 則行之必至, 無有知之而不能行者." 참조.
31 『주자어류』 권13 「力行」. "天理人欲, 常相對."
32 『주자어류』 권13 「力行」. "學者, 須是革盡人欲, 復盡天理, 方始是學." 『주자어류』 권13 「力行」. "不爲物欲所昏, 則渾然天理矣." 참조.
33 『주자어류』 권13 「力行」. "人之存箇天理人欲, 此勝則彼退, 彼勝則此退, 無中立不進退之理, 凡人不進便退也."

는 것이지만, 현실적으로는 인심과 도심[34]으로 한 마음에 섞여 있어서 다스리지 않는다면 위태로운 것은 더욱 위태로워지고, 은미한 것은 더욱 은미해져서 천리의 공정함이 마침내는 인욕의 사사로움을 이기지 못하게 된다.[35] 이상과 같은 입장에서 주희는 천도를 기의 유행지리로서 파악하는 최한기에게 경험론적 가치관은 시대의 흐름을 쫓는 상대주의이며, 그렇기 때문에 도덕의 가치 기준의 성립 여부와 자율성을 본질로 하는 도덕 실천에 있어서 주체성의 확보에 대한 질문을 던질 수 있을 것이다.

이러한 질문을 받는다면 최한기는 우선 자신의 가치관을 상대주의로 파악하는 것은 단지 사변에 의해 천리와 인욕을 상호 대립관계로 보기 때문이라고 대답할 것이다. 다시 말하면, 최한기는 천리와 인욕을 상호대립관계로 보는 리학과는 달리 천리와 인욕을 상호대립관계로 보지 않는다. 최한기는 "천리와

34 『이정집』 권2 「河南程氏外書」 364쪽. "人心人欲, 道心天理."

35 주희, 『중용장구』 「서」. "蓋嘗論之. 心之虛靈知覺, 一而已矣, 而以爲有人心道心之異者, 則以其或生於形氣之私, 或原於性命之正, 而所以爲知覺者不同, 是以或危殆而不安, 或微妙而難見耳. 然人莫不有是形, 故雖上智不能無人心, 亦莫不有是性, 故雖下愚不能無道心. 二者雜於方寸之間, 而不知所以治之, 則危者愈危, 微者愈微, 而天理之公卒無以勝夫人欲之私矣. 精則察夫二者之間而不雜也, 一則守其本心之正而不離也. 從事於斯, 無少間斷, 必使道心常爲一身之主, 而人心每聽命焉, 則危者安微者著, 而動靜云爲自無過不及之差矣." 참조.

인욕은 서로 대립되지 않는다. 천리에 나아감에 따름과 거스름이 있을 뿐이다. 만약 서로 대립되는 것으로 나눈다면 말 뜻이 타당하지 못하다. 어떤 자는 '인욕을 제거하면 천리가 보존되고, 천리가 보존되면 인욕이 없어진다.' 말하고 또 '인욕이 천리에 따르게 한다.'고 말하나, 이것을 읽는 자는 이 말만 가지고 그 원 뜻을 해쳐서는 안 된다. 천리 밖에 인욕이 있는 것이 아니고, 인욕 밖에 다시 천리가 있다. 천리를 순종하지 않는 것이 인욕이요, 인욕이 다시 천리를 따르면 인욕이라 말하지 않는다."[36]고 말한다. 최한기에게 천리란 자연이다. 그것은 리학의 천리처럼 관념적으로 실재하지 않는다. 그래서 천리인 자연이 인간에게 있어서는 인천(人天)이고, 물건에게 있어서는 물천(物天)이다. 그리고 자연을 거스르면 인욕이 된다. 따라서 인욕은 천리와 별개의 것이 아니다. 자연을 거슬렀던 인욕이 다시 자연을 따르면 천리가 된다. 도덕이란 바로 이렇게 자연을 따르는 것이다.[37] 더 나아가서 최한기는 인욕을 천리와 대립관계

---

36 추측록 2-30a:1-115. 人天物天. "天理人欲, 不是兩端. 就天理而有順逆耳. 若分兩端, 語義不妥. 或謂'去人欲則天理存, 天理存則人欲去', 或謂'人欲聽天理', 讀此者, 勿以辭害義, 可也. 天理之外, 非有人欲, 人欲之外, 復有天理也. 天理之不順, 爲人欲. 人欲之復循天理, 不謂之人欲."

37 같은 책, 같은 곳. "凡論人物, 指其天理, 皆可謂之天也. 人天者, 在人之天理. 物天者, 在物之天理, 逆於天理爲人欲, 害於天理爲私欲, 順成天理爲道德. 在人之天理,

로 보지 않을 뿐만 아니라, 오히려 천리로 나아갈 수 있는 근거로서 간주하는 긍정적 태도를 견지한다.

> 물욕은 갑자기 없앨 수도 없지만 또한 탐닉해서도 안 되니, 자체에 올바르고 지극한 선이 있다. 물욕이란 물이 버리지 못하는 것을 가지고 있어 그것으로 인하여 가지고자 하는 것이다. 의리가 아닌 물욕은 의와 불의로 의론하여 정할 수는 있지만 단지 물욕 자체로만 말할 수는 없다.[38]

이러한 태도는 분명 인욕이 천리를 가릴 것을 두려워하여 가리워진 기질을 제거하려는 면에서 리학의 부정적인 태도와는 다르다. 그가 이렇게 인욕을 긍정하는 근본적인 이유는 기질로서 인간의 몸은 추측의 근원[39]이며, 몸으로 외부세계와 접촉하

我獨逆之, 是爲人欲. 我乃害之, 是爲私欲. 是以無逆於人天者, 不可爲人欲. 無害於人天者, 不可謂之私欲. 若無逆於人心, 則得天下而不宜固讓. 若有害於人心, 則雖微細而不可留意也." 참조.

38 추측록 6-50ㅁ:1-182. 物慾自有中正. "物欲不可頓除, 亦不可沈着, 自有中正之至善. 物欲者, 物有不可去者, 而因其物有所欲也. 非義之物欲, 乃可以義不義論定, 而不可但以物欲言也."

39 추측록 3-8b:1-123. 氣質私利. "氣質之病, 如可去, 是無氣質, 如不可去, 是無推測. 可去者, 用也, 不可去者, 體也. 私利之欲, 如可去, 是無我也, 如不可去, 是無推測. 可去者, 私利也, 不可去者, 眞利也. …… 隨氣質而推測生 積累推測 至于貫通 能離于氣質而克己則, 庶無須用之病." 참조.

고 교류하는 것이 바로 삶이기 때문이다.[40]

> 대저 추측의 도는 유를 유라 하고 무를 무라 하니, 유라는 것은 그 몸이 있음이요, 무라는 것은 그 몸이 없음이다.[41]

> 삶이란 있음이고, 죽음이란 없음이다. 그 유를 유라 하고, 그 무를 무라 하는 것이 성실하고 올바른 도이다.[42]

인간에게 몸이 있는 이상 몸으로부터 비롯되는 사리(私利)란 없을 수 없다. 따라서 사사로운 욕심을 없애기 보다는 그 이익의 크고 작은 것, 참되고 거짓된 것을 추측하여 궁극적이고 커다란 이익을 인식할 수 있다면 결국 그 사람은 눈앞의 작은 이익을 버릴 수 있다.[43] 그래서 리학은 극기를 사사로운 인욕을

---

40 신기통 序-1a:1-5. “從諸竅諸觸, 而收聚人情物理, 習染於神氣, 及其發用積中之人情物理, 從諸竅諸觸而施行, 卽踐形之大道也.” 참조.

41 추측록 5-35b:1-152. 老佛學推測. “夫推測之道, 以有爲有, 以無爲無, 有者有其身也, 無者無其身也.”

42 추측록 4-12a:1-132. 生有死無. “生爲有, 死爲無. 有其有, 而無其無. 誠正之道也.”

43 추측록 3-8b:1-123. 氣質私利. “氣質之病, 如可去, 是無氣質, 如不可去, 是無推測. 可去者, 用也, 不可去者, 體也. 私利之欲, 如可去, 是無我也, 如不可去, 是無推測. 可去者, 私利也, 不可去者, 眞利也. …… 隨氣質而推測生 積累推測 至于貫通 能離于氣質而克己則, 庶無須用之病. …… 旣有我則, 私利亦不可無也, 然利有大小眞僞, 推測能及於眞利者, 僞利可去, 又及於終闋之大利者, 當前之小理, 可去.” 참조.

이기고 공정한 천리로 돌아가는 것[44]으로 정의하지만, 최한기는 "선하고 선하지 않은 것을 모두 궁구해서 선한 것은 취하고 선하지 않은 것은 버리는 것이 극기"[45]라고 정의한다. 이러한 사실은 최한기에게 있어서 선악의 기준이 추측에 의해 외부세계와의 통합의 적절함과 그 통합이 도달하게 된 범위의 여부에 있음을 말한다.

> 통하는 것의 멀고 가깝고 넓고 좁은 차이가 마침내 우열과 선악의 사다리가 된다.[46]

> 모든 행위의 선・불선은 우선 감각기관들의 기능이 적절하였는가 적절하지 못하였는가에 달려 있다.[47]

리학의 선악의 기준이 선험적으로 존재하는 것에 반하여 최한기는 선악과 허실이란 추측하는 자가 외부세계와의 접촉함

44 『논어혹문』 권12 「顔淵」. "己者, 人欲之私也. 禮者, 天理之公也. 一心之中, 二者不容竝立, 而其相去之間, 不能以毫髮. 出乎此則立乎彼, 出乎彼則立乎此矣. 是其克與不克, 復與不復, 如手反復, 如臂屈伸." 참조.

45 추측록 4-12b:1-132. 克己. "俱悉其善不善, 取善而捨不善, 便是克己也."

46 신기통 1-14a:1-13. 通有大小遠近. "所通之遠近廣狹, 竟作優劣善惡之階梯."

47 신기통 1-2a:1-7. 諸竅通氣. "百行之善不善, 先由於諸竅之功庸, 得宜與不得宜."

으로써 비로소 형성되는 것이지 그 이전에 그러한 이름은 있을 수 없다[48]는 경험론적 가치관을 주장한다. 그는 "대개 마음만을 온갖 변화의 근원으로 생각하는 사람은 모든 일을 마음에서 먼저 탐구하고 난 뒤에 사물에서 살피니, 나를 위주로 하는 병폐가 이로 말미암아 비롯된다. 이것은 사물의 운동과 변화를 밖에서 얻어 마음 안에 간직하고 기미에 따라 밖에서 시행함으로써 나를 위주로 하는 병폐 없이 하늘을 따르는 효험이 있는 것과는 같지 않다."[49]라고 말함으로써 끊임없이 변화하는 현실세계를 참작하고자 하는 자신의 입장이 단지 사변만으로 절대불변의 가치를 추구하는 것과는 다르다고 주장한다. 그래서 "추측으로부터 얻은 법칙이 객관 대상의 운동과 변화의 법칙과 부합한다면 이른바 득과 선이 되고, 객관대상의 운동과 변화의 법칙과 부합되지 못하면 이른바 실(失)이요 불선이다."[50]라는 입장이 단지 시류에 부합하기 급급한 것이라는 리학의 지적에 대

48 인정 9-2a:2-160. 善惡虛實生於交接. "由交接運化, 而有善惡虛實之名, 未有交接運化, 有何善惡虛實之名."

49 기학 2-3b:1-226. "蓋以一心爲萬化之源者, 凡事皆先究於心, 而後稽于事物, 主我之病所由始也. 曷若以事物運化, 得之于外, 藏之于心, 隨機而行之于外, 無主我之病, 有順天之效."

50 기학 1-13b:1-203. "推測之理合於運化之理, 所云得也善也, 不合於運化之氣, 所云失也不善也."

하여 오히려 관념에 얽매여 현실과 동떨어진 가치를 구성하는 관념론적 가치관과는 달리 자신의 가치관은 현실을 능동적으로 수용하는 것이라고 대답할 것이다.

또한 상대적이라는 평가에 대해서는 추측이 가지는 유연성을 제시할 것이다. 다시 말하면, 최한기의 가치관은 필연적으로 공론을 수용하는 개방성을 함의한다. 최한기는 "선악은 공의의 이해이고, 이해는 사세의 선악이다. 처음부터 끝까지 은미한 것에서 뚜렷한 것까지 모든 것은 선이 이익이고 이익이 선이며, 악이 해이고 해가 악이니, 선악과 이해에 어찌 하늘이 정한 한계가 있어서 변통할 수 없겠는가."[51]라고 말함으로써 경험론적 가치관이 가지는 개방성과 변통성을 제시한다.

> 선은 일정한 위치가 없어 나와 남이 함께 좋아하는 것을 취해야 하고, 악은 일정한 한계가 없어 나와 남이 함께 싫어하는 것을 버려야 한다. 선과 악이 털끝만큼의 차이가 난다 하더라도 그 내용은 이미 미루는 데에서 먼저 정하여진다.[52]

---

51 신기통 3-34a:1-69. 善惡利害. "善惡者, 公議之利害也. 利害者, 事勢之善惡也. 自初至終, 自微至著, 善爲利而利爲善矣, 惡爲害而害爲惡矣. 善惡利害, 豈有天定之限截, 而未有變通哉."

52 추측록 1-21a:1-84. 善惡有推. "善無常位, 取於物我之攸好, 惡無定限, 捨其物我之所惡. 善之於惡, 縱云差于豪釐, 其實已先定于所推."

최한기는 "선악을 가리는 사람은 살피는 것을 법도로 삼아서 꾸짖어 바로잡아주는 밝음은 알지만, 뜻이 크고 기개가 있는 특이함은 모른다."[53]고 말하며, 또한 "일신의 도덕은 심성을 주로 하여 스스로 얻어 스스로 즐길 뿐이고, 만세의 도덕은 인물에서 얻어 사람들을 이끌어 교화에 이르게 하는 것이다."[54]라고 말함으로써 도덕이 단지 자신의 허명만을 추구해서는 안 되고 천하와 만세를 위한 도덕이 되어야 한다는 입장을 표명한다.

2. 기학의 통치관

1) 도덕적 통치관 비판

최한기는 "천하에 본래 없는 무형을 돌이켜 천하에 본래 있는 유형을 일으키고 천하의 잘못된 설들을 폐하고 천하에 기화

53 추측록 5-3a:1-136. 測人優劣. "臧否之人, 以伺察爲度, 故能識訶砭之明而, 不暢倜儻之異."
54 인정 9-4a:2-161. 擇志向. "一身道德, 心性爲主, 自得自樂, 萬世道德, 得於人物, 導達敎化."

의 학문을 밝힌다. 이렇게 되면 천인지도가 바름을 얻고 정치도 안정을 얻게 된다."[55]고 말함으로써 자신의 기학의 목적이 당시 관념적 학문들의 병폐를 일소하고 천인지도를 밝힘으로써 정치적 평화를 추구하는데 있음을 밝히고 있다. 역사적으로 조선후기사회는 조정 내에서는 당파분쟁으로, 조정 밖에서는 민란으로, 그리고 국외로부터는 서양 제국의 침입으로 정치 사회적으로 평화롭지 못하였다. 이러한 사회적 혼란 속에서의 유학자의 한 사람으로서 최한기는 부패한 현실사회를 결코 외면할 수 없었던 것이고, 따라서 리학의 극복과 기학의 제시라는 이론적 실천을 통해 현실의 문제들을 해결하고자 한다.

> 학문이란 본래 평화로운 것이다. 인사의 분쟁을 학문을 들어 화해시키고, 정사(政事)의 명령이 도리를 잃은 것을 학문을 밝혀 바로잡아, 혼란을 막고 위태로운 것을 붙들며 어리석은 것을 깨우치고 악을 감화시키는 것이 바로 학문의 본원이다.[56]

---

55 기학 1-19a:1-206. "還天下本無之無形, 擧天下本有之有形, 措天下差誤之敎文, 明天下氣化之學問, 天人之道, 得正, 政治之術, 得安."

56 인정 12-46a:2-234. 學有治亂. "學問, 本自昇平. 人事之紛爭, 擧學問而和解之, 政令之失道, 明學問而規正之, 止亂扶厄發蒙化惡, 乃學問本意也."

당시 조선사회를 지배했던 리학은 관념적 사유체계가 가지는 여러 모순점으로 인하여 조선후기사회의 변화에 대하여 능동적으로 대처하지 못하였는데, 그 가운데 하나가 통치자의 인격 수양을 통해 피치자를 교화한다는 수기(修己) 중심의 통치관이다. 사실 공자 이래로 도덕정치를 표방한 유가철학에는 도덕적 이상의 실현과 욕망의 실현이라는 두 극단적인 측면의 모순관계가 내재되어 있었다. 공자의 덕치와 법치[57], 맹자의 왕도정치와 패도정치,[58] 북송의 왕안석의 제도 중심의 신법과 인격 중심의 구법의 논쟁,[59] 그리고 도덕적 이상인 의리를 중시하는 주희와 현실적 결과인 사공(事功)을 중시하는 진량(陳亮, 1143~1194)의 논쟁[60] 등은 유가의 통치철학이 가지는 모순점을 예증하고 있다. 여기에서는 이와 같은 모순점에 대한 리학의 도덕적 통치철학과 최한기의 경험론적 통치철학 각각의 입장을 살펴보고 리학의 입장에 대한 최한기의 비판을 고찰하고자 한다.

---

57 『논어』 권2 「爲政」. "子曰: '道之以政, 齊之以刑, 民免而無恥. 道之以德, 齊之以禮, 有恥且格.'" 참조.

58 『맹자』 권3 「公孫丑上」. "孟子曰: '以力假仁者霸, 霸必有大國. 以德行仁者王, 王不待大. 湯以七十里, 文王以百里. 以力服人者, 非心服也, 力不贍也. 以德服人者, 中心悅而誠服也. 如七十子之服孔子也. 詩云, '自西自東, 自南自北, 無思不服.' 此之謂也'." 참조.

59 손영식(1993), 37쪽 참조.

60 같은 논문, 220~221쪽 참조.

> 천리의 올바름을 얻고, 인륜의 극치를 궁구한 것은 요순의 도이다. 사사로운 마음을 쓰고 인의의 치우친 모습을 가탁하는 것은 패자의 일이다. 왕도는 숫돌과 같아 인정에 근본하며 예의에서 출발하는 것이 마치 큰 길을 걸어가서 고불고불 가지 않는 것과 같다. 패도는 굽은 길 가운데에서 고달프고 불안해하니 결국은 요순의 도로 들어설 수 없다. 그러므로 마음을 성실히 해서 왕자가 되려고 한다면 왕자가 되며, 인에 가탁하여 패자가 되려고 한다면 패자가 된다. 이 두 가지가 그 길이 같지 않은 것은 그 처음을 살피는 데 있을 뿐이다. …… 그러므로 천하를 다스리는 자는 반드시 먼저 그 뜻을 세워야 하니 바른 뜻이 서면 사설(邪說)이 옮길 수 없고 이단이 의혹되게 하지 못하여 힘써 도에 나아가면 어느 누구도 막지 못할 것이다.[61]

이 글은 정호(程顥, 1032~1085)가 신종(神宗)에게 왕도와 패도에 대하여 논하면서 왕도를 따를 것을 권하는 것으로, 여기에서 왕도와 패도가 갈리는 것은 그 처음을 살피는 데 있다고 말하

---

61 『이정집 · 河南程氏文集』 권1 「論王覇箚子」, 450~451쪽. "臣伏謂: 得天理之正, 極人倫之至者, 堯舜之道也. 用其私心, 依仁義之偏者, 覇者之事也. 王道如砥, 本乎人情, 出乎禮義, 若履大路而行, 無復回曲. 覇者崎嶇反側於曲徑之中, 而卒不可與堯舜之道. 故誠心而王則王矣, 假之而覇則覇矣, 二者其道不同, 在審其初而已. …… 故治天下者, 必先立其志, 正志先立, 則邪說不能移, 異端不能惑, 故力進於道而莫之禦也." 이 글은 神宗 熙寧2년(1069년)에 정호가 御史中丞 呂公著의 추천으로 太子中允 觀監察御史履行이 되었을 때(정호 38세) 上奏한 것이다. 『近思錄』 권8 「治體類」, 2쪽. 葉采註 참조.

니, 그 처음이란 다름 아닌 통치자의 입지(立志)를 가리키는 것이다. 이것은 통치자가 도덕적 수양을 통해 자신의 욕망을 다스리면 천리를 보존할 수 있게 되고, 그러면 자연히 피치자인 백성들이 교화된다는 이른바 자연주의적 낙관주의에 근거한다. 자연주의적 낙관주의란 "본연의 성은 성인에게도 보통사람에게도 똑같이 갖추어져 있으나 어둡고 탁한 기품이 그것을 가리고 있기 때문에 악이 생긴다. 그리고 가리고 있는 것을 제거하기만 한다면 본래부터 존재하고 있는 착한 본성이 드러나게 된다."[62]는 주의이다.

그리고 이와 같은 자연주의적 낙관주의는 극기적 엄격주의를 함의한다. 주희는 "기(己)란 사사로운 인욕이요, 예란 공정한 천리이다. 하나의 마음속에 두 가지가 함께 존립할 수 없고, 그 서로 떨어진 사이가 털끝만큼이라도 간격이 생겨서는 안 된다. 이것에서 나오면 저것으로 들어가고, 저것에서 나오면 이것으로 들어간다. 이 이김과 이기지 못함, 회복함과 회복하지 못함은 손바닥이 뒤집히거나 팔이 굽히고 펴지는 것과 같다."[63]라

---

62 마루야마 마사오(1995), 133쪽.
63 『논어혹문』 권12 「顔淵」. "己者, 人欲之私也. 禮者, 天理之公也. 一心之中, 二者不容竝立, 而其相去之間, 不能以毫髮. 出乎此則立乎彼, 出乎彼則立乎此矣. 是其克與不克, 復與不復, 如手反復, 如臂屈伸."

고 말함으로써 인욕과 천리를 상호대립적 관계로 파악하고 있는데, 이것 역시 낙관주의의 결과이다. 자세히 설명하면, 리학은 당위규범을 자연법칙과 동일시함으로써 순선무악의 본연지성은 자연으로 인식하는 반면, 오히려 선악이 혼재하는 보통 인간의 감성적 경험이나 정감은 기질의 제약을 받는 것으로 인식한다.[64] 이와 같은 인식은 천리로부터 구체적이고 실천적 측면에서 모든 자연적 기초를 박탈함으로써 천리를 절대적 당위로서 인욕과는 대립관계로 보아 천리를 보존하기 위해서는 조금의 인욕도 허용해서는 안 된다는 이른바 천리를 보존하고 인욕을 없앤다는 '존천리알인욕'(存天理遏人欲)의 극기적 엄격주의를 초래한다.[65] 그리고 이러한 극기적 엄격주의는 통치적 측면에서는 의리와 명분을 중시하는 형식주의로 드러난다.

또 물었다. "혹 가난하고 의지할 데 없는 젊은 과부가 있다면 다시 시집가도 됩니까?" (이천이) 대답한다. "후세 사람들이 춥거나 굶어죽는 것을 두려워해서 이런 말이 있게 되었다. 그러나 굶어죽는 것은

64 『문집』 권73 「胡子知言疑義」:19-5413. "蓋天理, 莫知其所始. 其在人, 則生而有之矣. 人欲者, 梏於形, 雜於氣, 狃於習, 亂於情, 而後有者也." 참조.

65 마루야마 마사오(1995). 133쪽. 이러한 극기적 엄격주의를 잘 보여주는 예로서 마루야마 마사오는 주희의 「敬齋箴」(『朱子全書』 권66, 87면을 소개하고 있다. 144~145쪽 참조.

극히 작은 일이지만 절개를 잃는 것은 극히 큰일이다.[66]

군자는 리(履)의 상을 보고서 상하의 구분을 분별하여 백성의 의지를 안정시킨다. 상하의 구분이 분명한 뒤에야 백성의 의지가 안정되고, 백성의 의지가 안정된 뒤에야 다스림을 말할 수 있다. 백성의 의지가 안정되지 않으면 천하를 다스릴 수 없다.[67]

구체적 인욕을 제거하여 추상적 천리를 보존해야 하는 당위성은 필연적으로 사회질서를 의미하는 예의 형식을 강조하게 되는데, "하늘이 위에 있고 못이 아래에 처한 것은 상하의 구별과 존비의 의이니, 리의 마땅함이요, 예의 근본"[68]이라는 『주역』의 리(履)괘에 대한 정이천의 의리적 해석은 그 좋은 예라 할 것이다.

또 하나 관념적 통치철학으로서 리학의 특징은 상고시대를 이상시하여 통치의 모범으로 삼는 데에 있다. 그래서 송대 성

---

66 『이정집 · 河南程氏遺書』 권22下 「附雜錄後」. 301쪽. "又問: '或有孤孀貧窮無託者可再嫁否?' 曰: '只是後世怕寒餓死, 故有是說. 餓死事極小, 失節死極大.'"

67 『원본주역』 권5 「履☰☱ · 程傳」. 282쪽. "君子觀履之象, 以辨別上下之分, 以定其民志. 夫上下之分明然後, 民志有定, 民志定然後, 可以言治. 民志不定, 天下不可得而治也."

68 같은 책, 같은 권. 281쪽. "天而在上, 擇而處下, 上下之分, 尊卑之義, 理之當也, 義之本也."

리학자들은 진(秦)·한(漢)대 이후에 대해서는 부정적인 시각을 가지는 반면, 하·은·주는 긍정적으로 본다.[69]

> 만물은 오래되면 자연스럽게 이지러져 파괴된다. 진나라와 한나라 이래로 이기(二氣)·오행이 비교적 혼탁해져서 태고 시절에 청명하고 순수했던 것과는 다르게 되었다.[70]

현실세계의 변화 이전에 그렇게 변화하도록 하는 원리를 상정하며 그것을 궁구하고자 하는 리학자들에게는 현존의 정치보다 과거의 상고시대의 정치가 자연히 이상적일 수밖에 없었다.

이와 같은 리학의 도덕적 통치철학은 천리와 인욕의 갈등을 해결하기 보다는 천리를 인욕을 실현하기 위한 명분으로 삼거나 아니면 인욕 자체를 천리로서 여김으로써 오히려 갈등을 심화시키는 결과를 초래한다. 따라서 최한기는 '천인미분'의 입장에서 발생하는 모순점은 '천인유분(天人有分)'의 입장으로부터, 그리고 '리선기후'의 관념론적 입장에서 발생하는 모순점은 리

---

69 손영식(1993), 42쪽. 참조.

70 『주자어류』 권134 「歷代1」. "物久自有弊壞, 秦漢而下, 二氣五行, 自是較昏濁, 不如太古之清明純粹."

를 기의 조리로 보는 '기선리후'의 경험론적 입장으로부터 해결하고자 한다.

> 주리자(主理者)는 추측지리로써 유행지리에 혼잡 시켜, 혹 유행의 천리를 추측의 심리로 알거나, 아니면 추측의 심리를 유행의 천리와 동일시한다. 그렇게 되면 천리도 순수하지 못할 뿐 아니라 추측도 참되지 못하다. 그러나 그 근본을 탐구하면 추측의 헛된 그림자에 불과하다.[71]

앞에서 살펴본 것처럼 리학자들은 자연법칙과 당위규범을 같은 것으로 봄으로써 자연법칙을 왜곡시켰을 뿐만 아니라 그 결과 천리와 인욕을 대립시켜 관념적 천리를 공부의 대상으로 삼아 수고롭기만 하고 이득이 없었다. 그리고 일반인의 감성적 경험이나 정감을 제거의 대상으로 삼아 오히려 인도를 저버리는 결과를 초래하였다.[72] 최한기는 "하늘은 만물을 낳는 데 뜻을 두지 않으니, 만물 스스로가 하늘의 힘을 빌려 생겨난다. 땅

---

71 추측록 2-27b:1-114. 主理主氣. "主理者, 以推測之理, 渾雜於流行之理, 或以流行之天理, 認作推測之心理, 或以推測之心理, 視同流行天理, 非特天理之不得其純, 幷與推測而失其眞. 然究其原則, 乃是推測之虛影耳."

72 추측록 2-36a:1-118. 自然當然. "或有昏迷者, 專在自然上, 錯用功夫. 是謂替天忙, 徒勞無益, 却將當然, 全不着意, 是謂棄人道, 竟有何成哉." 참조.

도 만물을 기르는 데 마음을 두지 않으니, 만물 스스로가 땅의 힘을 빌려 길러진다. 소위 '천지가 만물을 생성하는 것으로 마음을 삼는다.'는 것은 전적으로 천지가 사람과 만물의 변화와 발육을 도와주는 것만을 강조한 것이니, 천지가 광대하게 배포되어 있는 것이 오직 만물을 낳고 기르는 한 가지 일 때문이겠는가."[73] 라고 말하며, "자연과 인간은 구별되니, 자연에는 하늘의 리가 있고, 인간에는 인간의 리가 있다."[74] 따라서 "인간으로서 인간이 마땅히 실행해야 할 것은 오직 인도일 뿐"[75]이라고 말하며, 인도로서 삼강, 오륜, 인의, 전장, 법도 등을 제시한다.[76]

이처럼 자연법칙과 당위규범을 분리함으로써 최한기에게 인간의 감성적 경험이나 정감은 제거되어야 할 극기의 대상이 아니고, 추측을 통해 취하거나 버릴 수 있는 대상이 된다.[77] 그리

73 추측록 2-9a:1-105. 人物賴氣而生. "天無意於生物, 物自賴而生焉. 地無意於成物, 物自賴而成焉. 所謂'天地以生成物爲心者', 專主於在人物而參贊化育也. 豈是天地之浩大排布, 專爲生成物一款."

74 추측록 5-20b:1-144. 無補於理無益人巧. "天人旣分, 天有天之理, 人有人之理."

75 인정 1-29a:2-12. 推擴測人. "旣爲人, 則人之所當行者, 惟人道而已."

76 인정 敎人序-3a:2-137. "倫·綱·仁義·典章·法度, 爲可敎之人道." 참조.

77 추측록 4-12b:1-132. 克己. "推測之善者, 由於道義, 不善者, 由於己私, 俱悉其善不善, 取善而捨不善, 便是克己也. …… 道義者, 天下之公共, 己私者, 一身之熾慾. …… 且以心身言之, 心牽於耳目口鼻四肢之欲, 乃己私也, 耳目口鼻四肢, 順從道心, 卽道義也." 참조.

고 최한기는 "일에는 반드시 의리가 있으니, 의리는 일에 의하여 나타나고 일은 의리에 의하여 바르게 된다. 일을 처리하는 사람이 의리를 얻으면 다스려지고 의를 잃으면 어지러워진다. 그러므로 성인은 사리에 따라 의리를 천명하고 인륜에 의하여 의리를 밝힌다. …… 모름지기 시세를 참작하여 덕으로 설득하기도 하고 정사로 이끌기도 하되, 반드시 시속이 바뀌는 것에 따라 바꾸어서 사라지지 않는 것에 따라 의리를 밝혀야 한다."[78]고 말함으로써 의리를 사리와 시세의 기반 위에 둠으로써 관념적 실재로서 천리에 근원을 두는 리학의 도식적 의리관으로부터 벗어날 수 있었다. 이것은 달리 공의와 사세에 따라 천리가 인욕이 될 수 있고, 인욕이 천리가 될 수 있다는 변통을 지지하는 입장으로,[79] 리학의 극기적 엄격주의를 극복하고자 한 것이다.

---

78 추측록 6-52b:1-183. 俗移有事. "事必有義, 義因事著, 事因義正. 處事者, 得其義則治, 失其義則亂, 故聖人因事理而闡義, 因彝倫而明義, …… 須參時勢, 或以德立言, 或以政導率, 須其移動而轉之, 因其不泯而明之."

79 신기통 3-34a:1-69. 善惡利害. "善惡者, 公議之利害也. 利害者, 事勢之善惡也. 自初至終, 自微至著, 善爲利而利爲善矣, 惡爲害而害爲惡矣. 善惡利害, 豈有天定之限截, 而未有變通哉." 추측록 2-30a:1-115. 人天物天. "凡論人物, 指其天理, 皆可謂之天也. 人天者, 在人之天理. 物天者, 在物之天理, 逆於天理爲人欲, 害於天理爲私欲, 順成天理爲道德. 在人之天理, 我獨逆之, 是爲人欲. 我乃害之, 是爲私欲. 是以無逆於人天者, 不可爲人欲. 無害於人天者, 不可謂之私欲. 若無逆於人心, 則得天下而不宜固讓. 若有害於人心, 則雖微細而不可留意也." 참조.

> 성현의 가르침이란 시대에 따라 손익하여 그 폐단을 바로잡고 그 밝혀야 할 것을 밝혀 교화가 잘 이루어지도록 하는 것이니, 상투적으로 법칙만 고집하여 변통이 없어서야 되겠는가. 상고의 성현과 중고의 성현이 교화를 밝힌 것이 같지 않으니, 때에 따른 변화를 볼 수 있다.[80]

최한기가 사세와 변통을 인정할 수 있었던 것은 "유행지리는 순환하여 쉬지 않고 잠깐 생각하는 사이에도 변천의 조짐이 생기며, 또 인정과 사변에는 예기치 못한 일이 생기기도 하는 것이니, 지금 헤아리는 것이 전에 헤아린 것과 다르고, 뒤에 헤아리게 될 것이 또 지금 헤아리는 것과 다르다."[81]는 끊임없이 변화하는 현실세계에 대한 객관적 인식의 결과이며 또한, "일은 비록 고금이 서로 같은 것이라도 오늘날 그것을 본받아 그대로 행하면 대부분 맞지 않는 것은 시간과 공간과 재질과 처지가 같지 않기 때문이다."[82]라는 언급에서 알 수 있는 것처럼 현실

---

80 인정 13-21b:2-247. 古今敎化. "聖賢之敎, 隨世損益, 救其流弊, 闡其當明, 期臻於休明敎化, 豈可膠守死法, 無所變通也. 上古聖賢, 中古聖賢, 明敎化之不同, 可見隨時之漸."

81 추측록 1-37b:1-92. 隱顯常變. "蓋流行之理, 轉環不息, 一刻思想之間, 已有遷徙之漸. 又有人情事變, 自有不虞之致, 今之所測, 異於前之所測, 後之所測, 又非今之所測."

82 추측록 6-19a:1-167. 事同不合. "事雖有古今相同者, 今日效倣行之, 而多不合者, 以其時也 · 位也 · 才也 · 處也之不同."

변화의 구성요소로서 시(時)·위(位)·재(才)·처(處)에 대한 인식의 결과이다.

이와 같이 사세와 변통에 대한 인정은 "과거와 현재를 참작하는 것이 비록 학문을 완전히 갖추는 것이지만, 과거만 통하고 현재를 통하지 못하는 것보다는 차라리 현재에 통하고 과거를 통하지 못하는 것이 낫다. 왜냐하면 고금을 통하여 변하지 않는 경상(經常)은 과거나 현재가 다를 것이 없으므로 반드시 옛것을 빌어다가 지금에 쓸 필요가 없기 때문이다."[83]라는 최한기의 현실지향적 태도에서 비롯된다. 그리고 그는 리학의 상고주의가 현재 운화하는 유형의 인물사기(人物事機)를 버리고 중국의 무형의 인물사기를 회복하고자 하는 이유를 그들이 기를 인식하지 못하고 단지 관념적 허구인 무형의 리를 구했기 때문이라고 말한다.[84]

83 신기통 1-23a:1-18. 古今人經驗不等. "酌古參今, 雖爲學問之完備, 與其通古而不通今, 寧通今而不通古也. 古今不變之經常, 古今無異, 不必借於古而用於今."

84 기학 2-26b:1-237. "旣不因運化之準的, 惟求於意思虛影, 是乃無形之理也. …… 以此心得, 措之於學問, 捨今運化有形之人物事機, 欲復三代無形之人物事機, 措之于事業, 不체目前有形之人物事機, 欲追已往無形之人物事機. 蓋理之有形無形, 由於氣之見不見, 無見於氣, 泥古之病所以起, 有得於氣, 當今準的所以立." 참조.

2) 경험론적 통치관

양시(楊時, 1053~1135)가 정이에게 올린 편지에서 "「서명(西銘)」이 성인의 숨은 뜻을 발명함이 매우 깊지만, 본체만을 말하고 작용을 언급하지 않았으니, 그 영향이 마침내는 겸애에 이를까 걱정된다."[85]고 말하여 「서명」에 대한 겸애의 혐의를 둔 것은 장재의 "백성은 나의 동포이며, 만물은 나의 친구이다."[86]라는 언급이 그의 기일원론적 입장에서 나왔기 때문이다. 즉 양시는 현실적으로 분별적 의미를 갖는 리와 달리 만물을 동질적 의미로 해석할 수 있는 기를 근원으로 하는 그와 같은 발언이 함의할 수 있는 신분사회질서에 대한 파괴 가능성을 염려한 것이다.

사실 유가철학은 아버지의 자식에 대한 사랑이나 아우의 형에 대한 공경심과 같은 감정은 모든 인간이 똑같이 가지는 기본감정이므로[87] 그 기본감정으로부터 이웃과 국가 더 나아가 천하에 확장해 나아가면 왕도정치를 할 수 있다[88]는 통치철학

---

85 『성리대전』 권4 「西銘」 12면. 細註. "龜山楊氏上程子書曰: '西銘發明聖人之微意至深, 然而言體而不及用, 恐其流遂至於兼愛.'"

86 『성리대전』 권4 「西銘」 4면. "民吾同胞, 物吾與也."

87 『중용』 20. "曰: 君臣也, 父子也, 夫婦也, 昆弟也, 朋友之交也, 五者, 天下之達道也." 참조.

을 가진다. 그런데 여기에서 또 하나 유가철학이 엄연한 사실로 인식하는 것은 형의 아들을 사랑하는 것은 분명 그 이웃집의 어린아이를 사랑하는 것과 다르다는 것이다.[89] 이와 같은 유가의 통치철학의 특성은 맹자의 "양주는 자신만을 위하니 이는 군주를 무시하는 것이요, 묵적은 똑같이 사랑하니 이는 아버지를 무시하는 것이다."[90]라는 말에서 잘 볼 수 있다. 양주처럼 자신의 몸만을 위하는 사사로운 마음이 극에 달하면 결국 사회 전체와 그 질서를 무시하게 되지만, 또 한편으로는 묵적처럼 모든 사람을 똑같이 사랑하다면 인간의 기본감정을 속이는 것으로 결국에는 아버지를 무시하는 결과를 초래한다는 것이다. 그래서 유가철학에서 말하는 참다운 사랑(仁)은 이러한 두 극단적 측면을 지양한 것이니, 바로 정이의 '리일분수'는 그것을 논리적으로 표현한 것이다.

「서명」은 '리일분수'를 밝힌 것이고, 묵적은 그 근본을 둘로 하고

88 『맹자』 권3 「公孫丑上」. "孟子曰: '人皆有不忍人之心. 先王有不忍人之心, 斯有不忍人之政矣. 以不忍人之心, 行不忍人之政, 治天下, 可運於掌上. …… 凡有四端於我者, 知皆擴而充之矣, 若火之始然, 泉之始達, 苟能充之, 足以保四海.' 참조.

89 『맹자』 권13 「盡心上」. "孟子曰: '君子之於物也, 愛之而弗仁. 於民也, 仁之而弗親. 親親而仁民, 仁民而愛物." 그리고 『맹자』 권5 「滕文公上」. 맹자와 묵가인 夷之와의 논변 참조.

90 『맹자』 권6 「滕文公下」. "楊氏爲我, 是無君也. 墨氏兼愛, 是無父也."

분수를 무시한 것이다. 내 어른을 대하듯 다른 어른을 대하거나 내 아이를 대하듯 다른 아이를 대하는 것은 리일이고, 사랑에 차등을 두지 않는 것은 근본을 둘로 하는 것이다. 분수를 무시하면 사사로움이 기승하여 참된 사랑(仁)을 잃는데, 분수를 무시하는 잘못은 사랑에 차별을 두지 않고(兼愛) 신분사회질서(義理)를 무시한 데에 있다. 분수를 세우고 리일을 미루어 사사로움이 기승을 부리는 폐단을 바로잡는 것이 참되게 사랑하는 방책이다. 구별이 없이 겸애에 미혹되면, 아버지를 무시하는 극단에 이르러 결국 신분사회질서를 해치게 된다.[91]

'리일'은 천하의 공정함으로서 천지만물을 일체로 생각하는 인[92]이며 '분수'는 "친속을 가까이 하고 백성을 사랑하며, 백성을 사랑하고 사물을 아낀다."[93] 식의 차별을 의미하는 것이다. 주희는 이것을 "'하나로 통일되지만 만 가지로 다르다.'고 하는 것이 곧 천하가 하나의 집이 되고 중국이 한 사람이 되는

91 『성리대전』 권4 「西銘」 12면. 細註.. "「西銘」明理一而分殊, 墨氏則二本而無分. 老幼及人, 理一也. 愛無差等, 本二也. 分殊之弊, 私勝而失仁, 無分之罪, 兼愛而無義. 分立而推理一以正私勝之流 仁之方也. 無別而遂兼愛至於無父之極 義之賊也."

92 『원본주역』 「復·程傳」. 463쪽. "仁者, 天下之公, 善之本也." 『이정집·河南程氏遺書』 권2上 「元豊己未呂與叔東見二先生語」. 15쪽. "醫書言手足위痺爲不仁, 此言最善名狀. 仁者, 以天地萬物爲一體, 莫非己也." 참조.

93 『맹자』 권13 「盡心上」. (孟子曰: '君子之於物也, 愛之而弗仁, 於民也, 仁之而弗親.') "親親而仁民, 仁民而愛物."

것이라 할지라도 결코 겸애의 폐단으로 흐르지 않는다. '만 가지로 다르지만 하나로 관철된다.'고 하는 것이 곧 친함과 성김의 정을 달리하고 귀천 등을 달리한다고 할지라도 결코 나만을 위하는 사사로움에 얽매이지 않는다."[94]고 설명한다. 여기에서 분수(分殊)를 지키는 방법은 자신의 처지를 인식하고 그 처지에 합당한 행위를 하는 것이다.[95] 즉 이것은 "멈춤에 멈출 곳을 안다."는 것으로 아버지는 사랑에 머물고, 자식은 효에 머물고 군주는 인에 머물고 신하는 경에 머무는 것과 같다. 그래서 정이는 사물이 있으면 반드시 법칙이 있으니, 그 법칙에 따라 머물 곳에 머물면 만물만사가 각기 제자리를 얻어 편안해지니, 성인이 천하를 잘 다스리는 것은 일을 만들고 법칙을 만들기 때문이 아니고 오직 각기 그 머물 곳에 멈추게 하였기 때문이라고 말한다.[96]

사물에 내재된 법칙의 절대성을 지지하는 리학자라면 시세

---

94 『주자대전』 권2 「書西銘解後」. "一統而萬殊, 則雖天下一家, 中國一人, 而不流於兼愛之弊. 萬殊而一貫, 則雖親疏異情, 貴賤異等, 而不梏於爲我之私."

95 『논어』 권14 「憲問」. "子曰: '不在其位, 不謀其政.' 曾子曰: '君子思不出其位.'" 참조.

96 『원본주역』 권18 「艮 · 程傳」, 831~832쪽. "夫子曰: '於止, 知其所止.' 爲當止之所也. 夫有物, 必有則. 父止於子, 子止於孝, 君止於仁, 臣止於敬. 萬物庶事, 莫不各有其所, 得其所則按, 失其所則悖. 聖人所以能使天下順治, 非能爲物作則也. 有止之各於其所而已.'"

와 변통을 주장하는 더욱이 기일원적 입장에 있는 최한기에 대해서 유학의 본래 정신으로부터 벗어났다는 혐의를 두지 않을 수 없다. 사실 최한기는 "일이란 시대의 추향에 따라 다른 것이 있고, 리는 사람의 견해에 따라 같지 아니하니, 어떻게 해야 이것을 일정하게 할 수 있겠는가? 그것은 시대의 추향을 미루고 사람의 견해를 헤아리는 데 있다."[97]라는 상황주의적 입장에서 주공(周公)과 공자가 백세의 스승이 되는 이유는 그 존호에 있지 않고 시대를 참작하여 도를 밝힌 데 있으니, 그 도를 밝히는 데 도움이 된다면 비록 나무하는 초부의 말이라도 취하여 쓰지만, 그것이 주공(周孔)의 도에 도움이 되지 않는다면 어떠한 정교한 이론이라도 취해서 써서는 안 된다[98]고 주장하고 있다. 이와 같은 일종의 실용주의적 발언은 엄격한 신분적 사회질서를 지향하는 리학자들에게는 임시변통이나 한 때의 미봉책에 지나지 않는 고식적(姑息的)인 것으로밖에 들리지 않을 것이다.

주희의 「경재잠(敬齋箴)」[99]에서 볼 수 있는 극기적 엄격주의는

97 추측록 6-33b:1-174. 古今事機. "事隨時尙而有異, 理隨人見而不同, 何以齊之, 推其時尙, 測其人見."

98 기측체의 序-1a:1-3. "周公孔子, 所以爲百世師者, 不在於周公孔子之尊號. …… 亶在於立綱明倫修身治國之道, 參酌乎古今, 損益乎質文, 明其道. …… 有補於實用則, 雖요說而取用, 未嘗而後世所言, 拚棄之. 若無補於周孔之道, 雖巧言善辭, 不可取用." 참조.

인욕이 조금이라고 개입하면 천리가 드러나지 않지만 인욕이 사라지면 천리는 자연히 드러난다 하여 인간 내면의 인식(窮理)과 함양(居敬)[100]을 강조하는데, 이러한 면은 통치논리에서도 그대로 적용이 되어 통치자 자신의 욕망을 다스리면 천리가 드러나 자연히 피치자는 그것에 의해 교화된다[101]고 주장한다.

> 배움에는 근본과 말단, 끝남과 시작을 아는 것보다 더 큰 것이 없다. 치지와 격물은 이른바 근본이자 시작이요, 천하와 국가는 이른바 말단이자 끝남이다. 천하와 국가를 다스리는 것은 반드시 몸에서 근본해야 하는데 자기 몸이 바르지 않고서 천하와 국가를 다스릴 수 있는 사람은 없다.[102]

---

99 『주자전서』 권66 「敬齋箴」 87면. 欽定四庫全書 本. "尊其瞻視, 潛心以居, 對越上帝. …… 出門如賓, 承事如祭, 戰戰兢兢, 罔敢或易. 守口如甁, 洞洞屬屬, 罔敢或輕. …… 須臾有間, 私欲萬端, 不火而熱, 不氷而寒, 毫釐有差, 天壤易處. 三綱旣淪, 九法亦斁, 於乎小子, 念哉! 念哉!" 마루야마 마사오(1995). 144~145쪽 참조. 인용문 재인용. ※ 欽定四庫全書 本에 의거, 인용문의 '九法亦斁'의 '斁'을 '斁'로 고침.

100 『문집』 권43 「答林擇之」:16-2931. "敬字通貫動靜, 但未發時, 則渾然是敬之體. …… 旣發則隨事省察, 而敬之用行焉.. …… 敬立義行, 無適而非天理之正矣." 참조.

101 『이정집 · 河南程氏外書』 권6 「羅氏本拾遺」. 390쪽. "'君仁莫不仁, 君義莫不義. 天下之治亂係乎人君仁不仁耳." 참조.

102 『이정집 · 河南程氏粹言』 권1 「論學」. 1197쪽. "子曰: '學莫大於知本末終始, 致知格物所謂本也始也. 天下國家所謂末也終也. 治天下國家必本諸身, 其身不正而能治天下國家者無之.'"

그렇기 때문에 사물의 리를 궁구하고 앎을 완성하여 뜻을 참되게 하고 마음을 올바르게 하며 몸을 닦을 수 없다면, 반드시 근본이 난잡해지고 끝이 다스려지지 않을 것이다. 부모를 부모로서 공경하지 않고, 어른을 어른으로서 존경하지 않으면, 두터이 해야 할 바가 소홀해져 다른 사람의 부모나 어른도 공경하거나 존경하지 않게 된다. 이는 모두 필연의 리이다.[103]

수기를 근본으로 치인을 말단으로 보는 입장은 일찍이 계강자(季康子)가 공자에게 정치에 관하여 물었을 때, "정치란 바로 잡는다는 것이니, 그대가 바름으로써 솔선수범한다면 누가 감히 바르지 않겠는가."[104]라는 공자의 대답에서도 확인할 수 있다. 이러한 통치관의 논리적 근거는 "만물은 하나의 리를 각각 구비하고, 만 가지 리는 모두 하나의 근원에서 나온다."[105]는 '리일분수'로서 이것은 리를 가리고 있는 기를 제거하면 리가 드러난다는 것을 논증하며, 통치자가 자신의 마음속에서 인식한 리는 곧 백성들의 마음속의 리임을 논증한다. 또한 보편적

103 『대학혹문』 "故不能格物致知, 以誠意正心, 而修其身, 則本必亂, 而末不可治. 不親其親, 不長其長, 則所厚者薄, 而無以及人之親長, 此必然之理也."

104 『논어』 권12 「안연」. "季康子問政於孔子. 孔子對曰: '政者, 正也. 子帥以正, 孰敢不正.'"

105 『대학혹문』. 155쪽. "萬物各具一理, 而萬理同出一原."

리를 함유함에도 불구하고 현상으로 드러나는 기질의 차이에 대한 정당성을 논증한다.[106]

그러나 최한기는 '정치란 바르게 하는 것이다.', '임금이 마음을 바르게 하면 나라가 바르게 된다.', '임금의 마음이 바르면 천하의 일이 하나라도 올바르지 않은 것이 없다.'와 같은 것은 처음과 끝이 서로 기준이 되고 안과 밖이 서로 증험이 될 때만이 타당한 것이며, 단지 근본은 천리이고 다음은 사욕을 제거하는 것이라는 식의 마음 하나의 취사에 귀착시킨다면 타당하지 않다고 한다.[107] 여기에서 최한기는 처음이란 천인운화이고 끝은 사물운화라고 하는데, 이것의 의미는 통치자는 자신의 내면의 수양만을 궁구할 것이 아니라 통치의 대상인 끊임없이 변화하는 현실세계를 그 자체로 인식해야 한다는 요구이다. 최한기는 "뭇사람의 운화를 통솔하는 것은 한 사람의 기화를 살피는 것과 다르다."[108]고 말함으로써 통치의 논리을 단지 도

106 『문집』 권46 「答黃商伯」:16-3169. "論萬物之一原, 則理同而氣異. 觀萬物之異體, 則氣猶相近而理節不同." 참조.

107 기학 2-9b:1-229. "自古論政治曰: '政者正也,' 曰: '人君正心而正國,' 曰: '人主之心正, 則天下之事無一不出於正.' 正之之方, 有源委之相準, 有內外之相驗, 然後可以得正. 天人運化爲源, 事物運化爲委, 得之於外, 以正其內, 旣正于內, 以正外用, 自有可據之脈絡, 易循之軌轍. 若捨此而更求可正之方, 擧本則但云天理, 其次則除邪慾, 其次則無過不及, 其次則事物得宜, 俱係于一心之取捨. 如其心善, 則可, 以卽正不善, 則何以得正." 참조.

덕적 당위규범의 연장선으로만 파악했던 것으로부터 벗어나고 있음을 보여주고 있다. 따라서 그는 "운화를 모르고 단지 생각을 잡아 유지하는 것을 거경이라 여기거나, 옛글을 토론하는 것을 궁리라 여기는 것은 쭉정이와 피를 기르는 것이다."[109]라 하며 또한, 리학의 도덕적 통치관의 근거인 리일분수에 대해서도 "'만수일본'의 말이나 '통만귀일'의 설이 기의 드러난 형체가 아니면 어떻게 그 줄거리와 조리를 찾으며, 어떻게 그 단계를 밟아 올라갈 수 있겠는가. 도리를 논하는 자는 오직 본래 그런 것이라고 짐작할 뿐이다."[110] 라고 말함으로써 그들이 현실을 인식하지 않고 단지 관념적으로만 생각한 것에 대해서 비판한다.

여기에서 기의 운화를 인식하지 못했다는 것은 앞에서도 살펴본 것처럼 리학자들이 유행지리와 추측지리를 혼동하고 있음을 말하는 것이다. 다시 말해 그들은 음양의 법칙에 선악의 가치를 부여함으로써 군주의 마음을 천하의 근본으로 삼는 것

---

108 기학 1-43a:1-218. "統衆人之運化, 與鑑一人之氣化, 有異."

109 인정 9-27b:2-172. 稊稗五穀. "不識運化, 而操持念頭, 以爲居敬, 討論古文, 以爲窮理, 是養稊稗者."

110 인정 13-18a:2-246. 三等不可闕一. "'萬殊一本'之語, '統萬歸一'之論, 非氣之著形質, 何以見其脈絡條貫, 何以循其躡級階梯. 論道理者, 惟固然之斟酌."

을 자연의 리로 생각[111]하기 때문에, 그리고 수신이 되면 치인이 되는 것을 필연의 리로 생각하기 때문에 통치의 대상으로서 엄연한 현실세계를 인식하지 못한다는 것이다.

하지만 기의 운화를 인식하는 최한기는 "예에는 일신을 주선하는 예가 있고 일가에 통행되는 예가 있으며, 일국의 백성을 통솔하는 예가 있고 천지운화의 예가 있다."[112]라는 언급에서도 알 수 있는 것처럼 통치의 논리는 수신의 논리와 다름을 말하고 있다. 사실 리학에서 예는 형이상학적 실재인 천리의 표현양식으로서 그곳에서는 어떠한 변통도 있을 수 없지만,[113] 최한기는 "추측지리는 때를 따라 바뀌는 것이므로 고정된 격식을 세울 수 없으나, 시행하는 사업에는 그 도 — 그 사업 자체의 흐름 — 에 따른 준칙이 있으니, 적합한 자체의 규구를 세우는 것이 옳다. '격식이다', '규구이다' 하는 것은 모두 나로부터 정해지는 것이고 객관적 대상물에 있는 것이 아니니, 나의 격식

111 『문집』 권11 「戊申封事」:13-677. "以陛下之心爲天下之大本者, 何也? 天下之事, 千變萬化, 其端無窮, 而無一不本於人主之心者, 此自然之理也." 참조.

112 인정 8-19a:2-140. 禮. "禮, 有一身周旋之禮, 有一家通行之禮, 有一國動衆御衆之禮, 有天地運化之禮."

113 『논어집주』 권1 「學而」. 주희주. "禮者, 天理之節文, 人事之儀則也. …… 蓋禮之爲體雖嚴, 皆出於自然之理. …… 愚謂嚴而泰, 和而節, 此理之自然, 禮之全體也." 참조.

과 규구가 있는 곳에는 나의 격식과 규구를 쓰고 사물의 격식과 규구가 있는 곳에는 그 격식과 규구를 가지고서 나의 격식과 규구를 확충한다."[114]고 말함으로써 통치의 대상에는 각기 그 대상 나름의 독립된 영역이 있음을 인식한다. 이것의 예증이 최한기의 통민운화이다. 즉 최한기는 "대체에는 대기운화가 있고, 인사에는 통민운화가 있다."[115]고 하여 통민운화를 대기운화와 분리해 보고 있다. 이와 같은 사고의 전환은 기존의 생득적 수직적 신분사회질서로부터도 벗어날 수 있는 여지를 확보하게 하였다. 최한기는 "통민운화에 있어서 천자·제후로부터 경·대부·사에 이르기까지 존귀하고 비천한 등급이 있는데 이것은 운화하는 일에서 말미암는다. 따라서 근본을 드는 것과 말단에 이르는 것, 마음을 쓰는 것과 힘을 쓰는 것에서 차례차례 이어지는 등급이 있게 된다. 그 일의 존귀하고 비천함에 따라 각각의 관직을 나누고, 그 일의 처음과 끝을 통합하여 서로 연결시키면 하나의 완성체가 되는 것이다. …… 배우

---

114 추측록 6-55b:1-185. 格式有無. "推測之理, 隨其時而變易, 不可立定格式, 措行之業, 隨其道而有準, 正宜一箇規矩. 格式也, 規矩也, 皆自我攸定而非在於物則, 在我之有格式規矩處, 可用自我之格式規矩, 在物之有格式規矩處, 可將其格式規矩, 以擴我格式規矩." 참조.

115 인정 12-11b:2-217. 統民善惡. "大體, 則有大氣運化, 人事, 則有統民運化."

는 일이 어찌 지위의 존귀, 비천에 따라 제한되겠는가. 지위가 높은 사람은 아랫사람들의 비천한 일을 소홀히 할 수 없으며, 지위가 낮은 사람도 아랫사람들의 비천한 일을 찾아가 물어야 한다. 그리하여 윗자리에 도달하면 안과 밖을 드나들고 아래위를 통달하여 막힘이 없게 되고, 이때 통민운화는 절로 그 도를 이루게 된다."[116]라고 말함으로써 후천적이고 기능적인 차별의 사회에 대한 의식의 싹을 보이고 있다. 그리고 최한기는 이러한 수평적 신분사회의 질서를 통해 비로소 자연과 합일 할 수 있음을 말한다.

> 일통(一統)을 존숭하는 것은 집안과 나라와 천하를 다스려 평화롭게 하기 위해서다. …… 일통을 존숭하는 것은 천리를 존숭하는 것으로 준적을 삼고, 천리를 존숭하는 것은 치평(治平)으로 준적을 삼는 것이니, 치평이란 다름 아닌 하늘을 받들고 사람을 따르는 것이다. 천인이 일치되는 것은 예법이 있은 이후의 논이요, 천리로 인하여 인사를 재제하는 것은 예법이 있기 이전의 말이다. 인사가 변하지 아니하면 예

116 기학 2-11b:1-230. "統民運化, 自天子諸侯, 至卿大夫士, 尊卑等級, 由於運化之事. 自有擧本逮末, 役心役力, 挨次傳達之等級也. 隨其事之尊卑, 各分官職, 統其事之始終, 連結成體. …… 所學豈有限於位之尊卑. 位高者, 不可忽略下民賤陋之事, 位卑者, 採訪下民, 賤陋之事. 以達於上, 則內外出納, 上下通達, 無有阻碍, 統民運化, 自成其道."

> 법도 또한 변하지 아니하여 천리의 치평에 어그러짐이 없거니와 인사가 만약 변하면 예법도 마땅히 때에 따라 고쳐 변하지 않는 천리에 어그러지지 않게 하는 것이 실로 천하를 다스리는 술책이며 전통을 존중하는 의리이다.[117]

지금까지 기학의 가치관과 통치관을 고찰함으로써 최한기가 추구하는 자연과 인간의 합일의 성격을 파악하고자 했다. 최한기는 먼저 리학의 관념적 가치관을 부정한다. 관념적 가치관은 천리의 절대성을 주장함으로써 관념적인 천리을 체현의 대상으로 삼았고, 인욕을 천리와 대립시킴으로써 제거의 대상으로 삼았다. 이것은 내면만을 천착하는 향내적 주정주의와 천리를 추구할 수 있는 구체적이고 실천적 발판을 제거함으로써 명분을 강조하는 형식주의라는 문제점을 낳았다.

최한기는 이러한 문제점이 '리선기후'의 입장으로부터 기인하는 것으로, 다시 말해 리를 실재로 간주하고, 자연법칙인 천도와 당위규범인 인도를 구별하지 않은 데 있다고 본다. 따라

117 추측록 6-59a:1-187. 尊一統爲治平. "尊一統者, 爲其爲治平家國天下也. …… 尊一統者, 以尊天理爲準的, 尊天理者, 以治平爲準的, 治平者, 乃奉天而順人也. 天人一致, 禮法以後之論, 因天理而制人事, 禮法以前之說. 人事不變, 則禮法亦不變, 而無違於天下之治平矣, 人事若變, 則禮法當隨時修改, 俾不違於不變之天理, 實爲治平之術, 尊統之義也."

서 최한기는 천리를 절대화하는 것에 반대하며, 인욕과 대립적 관계로 보는 것을 반대한다. 인욕은 제거하고 극복되어야만 하는 대상이 아니며, 오히려 천리로 승화시켜야 할 대상이다. 이러한 인간의 욕망에 대한 전향적인 태도는 인간의 몸을 세계 구성의 근원으로 삼는 최한기의 기일원론적 입장에서 비롯된 결과이다.

하지만 이러한 입장은 세속의 시류에 부합하는 상대주의적이고 상황주의적 윤리론이 가지는 위험성을 내포하는데 이러한 점을 최한기는 그의 경험론적 통치관을 통해서 극복하고자 한다. 즉 최한기는 천리와 인욕을 대립관계로 파악함으로써 인욕을 제거하면 천리가 필연적으로 드러난다는 이른바 낙관주의적 경향의 도덕적 통치관을 비판한다. 리학은 자연주의적 낙관주의적 입장에서 통치자가 인격 수양을 통해 자신의 인욕을 제거하면 피치자는 자연히 교화가 됨으로써 나라가 다스려지고 천하가 평화롭게 된다고 주장한다.

하지만 이러한 도덕적 통치관은 천리를 보존하고 인욕을 제거한다는 극기적 엄격주의를 초래하며, 무엇보다도 천리를 절대화하고 인욕을 제거의 대상으로 삼음으로써 천리를 실현하기 위한 구체적이고 실질적인 기반을 상실하여 결과적으로 명분을 강조하는 형식주의로 경도되는 결과를 낳았다. 또 한편으로 천리의 관념화는 눈앞의 변화하는 현실보다는 과거를 이상시하고 중시하는 상고주의를 초래함으로써 현재의 사리와 시세를 토대로 삼아야 하는 통치를 관념화하고 형해화시킨다.

도덕적 통치관이 가지는 문제점의 근원은 그 통치관이 관념적 구조로서 '리일분수'에 근거하는 데 있다. '일리'의 보편성과 아울러 '분수'의 차별성을 동시에 함의하는 '리일분수'는 현실적으로 중세의 수직적 혈연적 신분사회를 정당화하고 고착시킴으로써 급변하는 새로운 근대사회의 조류를 수용하기에는 그 한계성을 가지지 않을 수 없었다.

따라서 최한기는 '만수귀일'에 근거한 경험론적 통치관을 제시한다. 다시 말하면, 그는 리를 기의 조리로 봄으로써 일신운화・통민운화・대기운화 등 각각의 존재를 인정하고 그에 따르는 독자적인 법칙을 인식하고자 한다. 그리고 천리를 유행지리로 봄으로써 인욕과의 대립적 관계를 해소한다.

이와 같은 전환은 두 가지 방향에서 그 영향을 보여준다. 하나는 수신・제가・치국・평천하를 수직적이고 순차적으로 해석하는 낙관주의적 경향으로부터 벗어나 그 과정을 수평적이고 중첩적으로 해석할 수 있는 가능성을 제시한 것이고, 또 하나는 인욕을 긍정적으로 봄으로써 사리와 시대의 변화를 인식할 수 있는 가능성과 그에 따른 능동적인 대처의 길을 열어 놓은 것이다. 최한기는 이와 같은 경험론적 통치관을 통해 사회 구성원들이 서로 화협할 수 있는 수평적 기능적 신분질서의 일통의 대동사회를 제시하고자 한 것이다.

'리일분수'에 근간하는 리학의 관념철학은 도덕의 실현을 중시함으로써 중세사회에 기여한 바가 있음에도 불구하고 지나치게 도덕을 강조함으로써 오히려 '집중'의 잘못을 초래하여 여러 가지 문제점을 낳았는데, 최한기는 그것의 근본적인 오류의 원인을 존재원리로서 형이상학적 실재를 상정하고 추구하며, 자연법칙과 당위법칙을 혼동함으로써 인위적인 노력으로 변경할 수 없는 자연법칙을 공부의 대상으로 삼은 것에서 찾는다.

따라서 최한기는 이러한 리학의 문제점을 극복하기 위해서 근본적인 두 가지 노선을 취한다. 하나는 형이상학적 세계를 인식의 대상으로부터 배제하고 경험론적 기일원론적 입장에서 감각을 통해 인식할 수 있고 증험할 수 있으며 변통할 수 있는 기를 통해 세계를 설명하는 것이다. 또 하나는 인간이 후천적 노력을 통해 변형시킬 수 있는 것만을 공부의 대상으로 삼는 것이다. 다시 말하면 자연법칙과 당위규범을 분리함으로써 당위규범은 공부의 대상으로 자연법칙은 표준으로 삼음으로 해서 리학이 가지고 있는 문제를 해결하고자 한 것이다.

리학이 인간의 본성과 세계의 근원과 일치시킴으로써, 그리고 자연법칙과 당위규범의 근원을 같이함으로써, 도덕적 주체의 확립과 실천의 일상적 기반을 구축함으로써 천인합일의 구체적인 방법을 제시하였음에도 불구하고 도덕적 근원으로서 천리의 내재화와 절대화는 그 처음 의도와는 달리 향내적 주정주의와 명분적 형식주의의 폐단을 초래하였던 것이다. 최한기의 기학은 바로 천리를 활동운화하는 기의 유행지리로 인식함으로써 외부세계와 끊임없는 교류와 소통의 길을 제시하고, 또한 그것에 대한 인식 즉, 행사 속의 추측을 통해 증험하고 변통할 수 있는 여지를 만들었다. 이것은 다름 아닌 도덕의 의미를 한 개인의 인격수양이라는 한정된 의미가 아니라 전세계 또는 자연과 화협이라는 의미로 확대 해석한 것이다.

나오면서

지금까지 고찰한 바와 같이 기학을 통한 최한기의 리학 극복은 리학이 당시 시대적 문제를 해결하기에는 일정한 한계를 가지고 있다는 그 자신의 판단에 근거한 것이다. 그것은 바로 리학이 함의하는 관념적 구조체계가 격변하는 현실 변화를 수용하기에 불가능하며, 오히려 변화하는 현실을 외면하고 내면만을 천착하는 폐단을 초래한다는 것이다. 따라서 최한기는 방법론에서부터 자연관, 인간관, 사회관에 이르는 기학체계를 통하여 리학을 비판하고 그 대안으로 경험론적 기일원론을 제시한다.

이러한 비판과 그 대안의 제시는 자연과 인간의 합일이라는 유가철학의 전통적 이념 하에서 이루어진다. 다시 말하면, 최한기는 천인합일을 추구로서 리학의 관념론적 체계가 가지는 문제점을 지적하고 비판한다. 최한기는 이러한 문제점이 무엇보다도 합일을 추구하는 실천적 방법론에 있다 보고 『대학』의 '격물치지'에 대한 재해석으로서 주희의 '궁리'를 비판하고 그 대안으로서 '추측'을 제시한다.

최한기는 리학의 '궁리'가 가지는 두 가지 문제점을 지적한다. 그것은 궁리의 대상이 가지는 허구성과 궁리의 주체가 가지는 향내성이다. 여기에서 허구성이란 천인미분적 사유방식에 의거하여 자연법칙과 당위규범을 일치시함으로써 객관적 자연세계를 가치규범의 체계구조에 따라 구성한 것을 말한다. 이러한 천인미분적 사고방식의 근거로서 리학은 태극을 자연법칙과 당위규범의 근원으로 상정함으로써 그 일치를 정당화하는데, 최한기는 태극 역시 사유활동의 산물로 본다. 또한 향내성이란 리학이 도덕실천의 주체성의 근거로서 마음 안에 도덕적 본유관념이 있다는 전제 하에 마음에 내재된 리를 체현하는 경향성을 말한다.

이러한 허구성과 향내성은 리학이 리를 관념적 실재로서 상정함으로써 비롯된 것이다. 즉 리는 만물의 근원인 '일리'로서 초월성과 '분수'로서 내재성을 동시에 가진다. 이와 같은 리는 인식주체가 인식대상으로서 사물을 인식할 수 있는 근거이며, 또한 그러한 인식을 통해 객관적 대상세계인 자연과 합일할 수 있는 근거이다. 다시 말하면, 대상세계로 나아갈 수 있는 실천적 토대이다.

하지만 최한기는 리학이 이와 같은 관념적 실재를 주장한 이유를 자연법칙과 당위규범을 혼돈함에 있다고 말한다. 감각적 경험을 지식의 원천으로 삼는 경험론적 입장에서 최한기는 리학이 주장하는 '태극'이나 '일리'를 추측의 산물로 본다. 달리 표현하면 주관적 사유에 의한 상상력의 산물로 본다. 결과적으로 리학은 당위규범을 정당화하기 위해 주관적으로 자연법칙을 해석한 것이다. 그것은 관념적 실재가 경험할 수 없고 증험할 수 없는 그래서 주체와 객체가 상호간에 교류와 소통할 수 없기 때문이다. 그 결과 리학은 선입견에 고착됨으로써 끊임없이 운동하고 변화하는 현실세계를 그 자체로 인식하지 못하며, 더 나아가 자신의 주관을 천리로 주장한다. 그리고 그러한 천리 인식을 위한 내면적 성찰은 결과적으로 주정주의적 경향을 초래했다.

그러나 궁극적 실재로서 태극을 부정하는 최한기는 보편개념에 대한 인식만이 개개의 사물에 대한 인식을 가능하게 하며, 그로부터 올바른 실천으로 나아갈 수 있다는 리학의 반문에 대답해야만 한다. 그리고 자연과의 보편적 통일 근거를 내재한 인간만이 주체적으로 자연과 합일 할 수 있다는 주장에 대답해야만 한다.

최한기는 이에 대해서 객관적 대상세계로 직접 나아가는 사무 또는 행사로서 추측은 오히려 실천 이후에 이론을 구성하기 때문에, 이론 구성 이전의 실천과 이후의 실천을 비교하고 증험하며 변통함으로써 보다 합리적이고 현실적인 실천을 할 수 있다고 응답한다. 그리고 그는 활동운화하는 기를 인간의 본성으로 간주함으로써 그 속성에 의한 외부 대상 세계와 끊임없이 교류하고 소통 과정 속에서 경험과 증험의 반복을 통해 자연과 합일하는 주체적 인간의 모습을 제시한다.

제2장에서는 최한기의 리학의 관념적 자연관에 대한 비판을 고찰했다. 최한기는 '리일분수'의 허구성을 비판하는데, 그것은 리학의 근원적 실재로서 태극과 존재원리로서 리의 관념성에 대한 비판이다.

리학은 불교철학의 공적(空寂)이 함의하는 출세간적 특성으로부터 비롯되는 인륜을 무시하는 경향과 그리고 도가철학의 허무가 함의하는 몰가치적 특성으로부터 비롯되는 사회윤리를 무시하는 경향에 대항하여 존재원리를 근간으로 하는 당위규범으로서 리를 실리로 주장한다. 다시 말하면 리학의 리는 인간의 도덕적 행위의 근원이며, 천지가 만물을 낳는 마음이며, 생생지도의 체현으로서 자연의 본성이다. 이러한 리학의 자연관의 구조를 설명하는 것이 '리선기후'에 근원하는 '리일분수'

이다.

리학이 리의 선재성을 함의하는 '리일분수'를 주장하는 이유는 존재와 생성을 분리함으로써 끊임없는 자연의 생성을 설명하는 가운데 존재자의 정체성을 설명하기 위해서이다. 다시 말하면 '일리'는 만물의 생성의 근원이며, '분수'는 만물의 정체성을 설명한다. 그리고 '일리'의 보편성은 인간이 자연과 합일할 수 있는 근거이다. 하지만 최한기는 '리일분수'는 천도로서 유행지리와 인도로서 추측지리를 혼동함으로써, 다시 말하면 주관적으로 판단한 것을 객관적 실재로 주장함으로써 만물의 근거이며 근원인 자연의 보편성과 활발성을 훼손하였다고 비판한다.

따라서 최한기는 천도와 인도를 구별함으로써 인간의 주관으로 자연을 해석하는 것을 차단하고자 한다. 그에게 자연은 다만 감각적 경험을 통해 인식된 세계이다. 그는 감각적으로 인식되는 세계 너머 어떠한 존재도 자연현상의 원인으로 상정하지 않는다. 결국 그에게 자연현상을 통일적으로 설명할 수 있는 것은 기 자체의 끊임없이 살아서 움직이고 변화하는 활동운화라는 속성을 가진 기 자체일 뿐이다. 다시 말해 기는 자기원인적 존재이다.

이와 같은 자연이 인간에게 합일될 수 있는 근거도 역시 기의 활동운화에 있다. 최한기에게 추측지리는 유행지리에 근원하는데, 이것은 기의 활동운화가 인간에게는 추측이라는 양태로 드러남을 의미한다. 결국 인간은 추측을 통해 외부 대상 세계와 교류하고 소통함으로써 자연과 합일을 추구한다. 여기에서 인간은 자연과 긴장관계를 형성한다. 이러한 긴장관계는 인간이 자신의 정체성을 올바로 확립하지 못할 때, 자연에게 매몰되든가 아니면 단절되기 때문이다.

제3장에서는 최한기가 리학의 도덕적 본유관념에 대한 비판을 고찰했다. 최한기는 거울과 같은 인간의 마음은 아무런 선험적 본유관념을 가지지 않는다고 주장함으로써 리학의 이른바 '심구중리'를 비판한다. 리학이 도덕적 본유관념을 주장하는 이유는 도덕실천의 능력과 지식을 인간이 선천적으로 가짐으로써, 인간의 주체성이 확립되고, 주체성이 확립되어야 자연과 능동적으로 합일할 수 있기 때문이다.

그러나 최한기는 리학의 도덕적 본유관념은 그것이 감각적 경험에 의해 형성된 지각임에도 불구하고 그 근원을 생각하지 못한 것이고, 또한 '리일분수'라는 허구성에 근거하는 것이라고 주장한다. 그리고 이러한 도덕적 본유관념은 자연과 합일에 있어서 인간의 주체성을 확립하려고 하는 본래 의도와는 달리 인간의 내면을 천착하는 향내성으로 말미암아 합일의 대상인 객관대상세계를 인식하지 못할 뿐만 아니라 선험적 관념을 통해 대상 세계를 해석함으로써 자연을 왜곡하는 폐단을 낳았다고 최한기는 말한다.

리학은 이러한 기학의 주장에 대해서 인간의 마음은 인식능력을 가짐으로써 도덕적 자율성과 인간의 정체성을 확보할 수 있는데 만약 이와 같은 선험적인 능력을 부정한다면 어디에서 도덕적 자율성의 근거와 인간의 정체성의 확보할 수 있는지 물을 것이다. 이에 대하여 최한기는 먼저 지각이란 신기의 경험으로서 외부 대상 세계와 만나 추측하고 경험하는 가운데 형성된다고 말한다. 이것은 인간의 정체성이 외부 대상 세계와 지속적인 교류와 소통하는 과정에서 형성되는 것임을 의미한다.

그리고 이러한 지속적인 교류와 소통 자체가 다름 아닌 자연의 체현임을 최한기는 주장함으로써 리학의 '성즉리'가 함의하는 관념성을 극복하고자 한다. 다시 말하면, 리학은 세계의 궁극적 존재이며 보편원리로서 리를 인간의 본연지성과 일치시킴으로써 그 일상적 사물에 대한 궁리를 통해 자연과 합일할 수 있다는 실천적 토대를 구축한다. 그러나 리학은 이 리를 관념화하고 절대화함으로써 일반인이 가지는 감정을 인욕으로서 제거의 대상으로 간주하게 된다. 따라서 실질적인 천리의 실현 기반을 리학은 스스로 박탈한 결과를 초래한다. 이에 반하여 최한기에게 본성은 곧 자연 속의 활동운화하는 기가 인간에 내재된 것에 지나지 않음으로써 천리와 인욕은 상호대립관계가 아니라 상호 전환될 수 있는 관계가 된다. 이것은 일상적인 생활 속의 외부 대상과 교류와 소통 자체가 자연과 합일을 추구하는 실천임을 의미한다.

천리의 실현을 다루는 가치론에서 최한기는 관념적 실재로서 천리에 근거하는 리학의 가치관을 반대한다. 리학에서 선과 악은 세계의 근원으로서 천리의 실현 여부에 있다. 그렇기 때문에 리학에서 도덕적 가치의 실현은 천리에 대한 올바른 인식을 선행조건으로 삼는다. 그러나 경험론자인 최한기에게 관념적 천리는 경험할 수 없고 증험할 수 없는 것으로 인식이 불가능한 것이며 결과적으로 실천할 수 없는 것이다.

사실 리학은 선악의 기준을 관념적 실재인 천리에 두어 그 보편성을 확보함으로써 일상적 객관사물에 대한 인식으로부터 그 실천적 기반을 구축하고자 한 것이다. 그렇기 때문에 오히려 경험론적 가치관에 대하여 그 보편적 기준의 정립과 선악에 대한 인식 가능성 그리고 그 실천적 근거를 리학은 반문할 것이다.

최한기는 그러나 관념적 가치관은 천리를 절대화함으로써 그 본래 의도와는 달리 그 실현의 현실적 기반을 상실하고 따라서 명분을 강조하는 형식주의로 경도되었다고 비판한다. 기로서 세계를 설명하는 최한기는 천리를 기의 유행지리로 본다. 따라서 선악은 다름 아닌 기의 순역이다. 달리 말하면, 선악은 그 정해진 이름은 있지만 정해진 위치는 없다. 즉 선악은 외부 대상 세계와 교접함으로써 비로소 형성된다. 그 교류와 소통이 자연스러우면 선이고 부자연스러우면 악이다. 그렇기 때문에 여기에서는 일상적 추측 활동의 증험과 변통에 따라 천리가 실현된다.

그리고 이렇게 선악이 기의 순역에 좌우됨에 따라, 그 가치가 한 개인의 내면적 수양으로부터 형성되는 것이 아니라 외부 대상 세계와의 접촉을 통해서 형성되는 것이므로, 그 가치판단은 주관적 독단의 위험성으로부터 자유로울 수 있게 된다. 즉 최한기는 천도는 인사 때문에 변경되지 않으며, 인사는 다만 천도를 따라 시작과 끝이 있을 뿐이라고 한다. 이처럼 천도와 인사를 구별해서 천도를 따라 인사를 닦으면 자연히 어긋나지 않는 준칙이 있고 또 때를 따르는 변통이 있어서 나만을 옳다고 믿어버리는 폐단을 면할 수 있게 된다고 한다. 이것은 천리와 인욕을 상호대립관계로 보지 않고, 인욕을 제거의 대상으로서가 아니라 승화의 대상으로 인식할 수 있었기 때문에 가능한 것이다. 그래서 최한기는 자신의 경험론적 가치관은 바로 이러한 유연성 때문에 현실을 능동적으로 수용할 수 있으며, 결국 자연과 합일을 올바로 실천할 수 있다고 말한다.

마지막으로 천도의 실현을 목적으로 하는 통치관에서 최한기는 통치자의 도덕적 수양을 통해 피치자를 교화시킬 수 있다는 리학의 도덕적 통치관을 비판한다. 리학의 통치관은 천리와 인욕을 대립관계로 파악함으로써 인욕이 제거된다면 천리가 자연히 발현된다는 입장이기에 일반인의 감정을 억제의 대상으로 간주함으로 해서 결과하는 이른바 극기적 엄격주의와 명분을 강조하는 형식주의의 폐단을 초래하기 때문이다. 최한기는 이와 같은 리학의 관념적 통치철학은 천리와 인욕의 갈등을 해결하기보다는 오히려 천리를 인욕을 실현하기 위한 명분으로 삼거나 아니면 인욕 자체를 천리로서 여김으로써 오히려 갈등을 심화시킨다고 말한다.

최한기는 천리를 관념적 실재로 파악하지 않음으로써, 그리고 인욕을 오히려 극기의 대상이 아닌 추측을 통해 천리로 전환시킬 수 있는 대상으로 간주함으로써 형식주의에 얽매이지 않고 사리와 시세를 따를 수 있는 기반을 마련하였다. 따라서 그의 통치관은 리학의 '리일분수'에 근간하는 수직적 신분사회의 엄격성과 불변성을 지양하고 통치의 영역을 수신의 영역과 별개의 독립된 대상으로 파악함으로써 그 자체 나름의 논리에 따라 구성원간의 수평적 조화의 공간을 이룩할 수 있는 대동사회의 기반을 제공한다.

한편 최한기는 경험론적 인식론에 기반하여 리학의 관념성을 극복하고자 하였지만, 그 자신 세계를 설명하는 통일적 원리로서 제시한 기 역시-그 자신은 이것을 형이하자로서 설명하지만, 새로운 세계관을 제시하고 새로운 가치관을 제시하는 점에서 또 하나의 형이상학적 이론 구성임을 부인할 수 없다. 그리고 또 한편으로 최한기는 자연법칙과 사회규범을 구별함으로써 리학이 가지는 주관성을 극복하고 새로운 가치체계를 제시할 수 있는 기반을 제공하였음에도 불구하고, 절대적 가치기준의 부정에서 오는 상대주의적 가치관이 가질 수 있는 폐해에 대한 정확한 해결책을 제시하지 못하고 기존 전통유학의 덕목을 그대로 수용한 한계성 또한 보여주고 있다.

부록

1 최한기의 연표[1]

1803년 계해(癸亥, 순조3년)

생부 치현(致鉉)과 생모 청주 한씨(韓氏)의 독자로 출생.

출생지 미상. 뒤에 큰집 종숙(從叔) 광현(光鉉)의 양자로

출계(出系)함. 출계한 연도 미상.

주희(朱熹, 1130~1200) 사후 603년.

김만중, 『구운몽(九雲夢)』간행

1812년 임신(壬申, 순조12) 10세

3월 10일(음력, 이하 같음) 생부 치현 서거.

향년 26세 시고(詩稿) 10권.

---

18 ?년 ?

3년 연상인 반남(潘南) 박씨 종혁(宗爀)의 딸과 결혼.

1818년 정약용『목민심서(牧民心書)』완성.

1819년 을묘(乙卯, 순조19) 17세

장남 병대(炳大) 출생함.

1822년 정약용, 『흠흠신서(欽欽新書)』 지음.

1825년 을유(乙酉, 순조25) 23세

생원시에 합격.

이서구(李書九, 1754~1825) 죽음

---

1 이우성(1986), 5~8쪽. 인용과 더불어 『연표 : 한국사25』(1994)를 참조하여 몇 가지를 필자가 첨부함.

1830년 7월 프랑스 혁명

1831년 헤겔(G. W. F. Hegl, 1770~1831) 죽음.

1833년 계기(癸已, 순조33) 31세
3월 20일 양모 숙인(淑人) 안동김씨 서거 향년 76세

1834년 갑오(甲午, 순조34) 32세
『육해법(陸海法)』 上下 1책을 저작.
앞서 『농정회요(農政會要)』의 저작이 있었음.
고산자(古山子) 김정호(金正浩)와 협력하여
『만국경위지구도(萬國經緯地球圖)』를 판각함. (현존여부 미상)
김정호의 「靑邱圖」에 서문을 撰함.
이 무렵 그의 집은 남촌(倉洞:남대문 부근)에 있었음.
이해 1월 한양에 전염병이 극심.

1836년 병신(丙申, 헌종2) 34세
2월 『추측록(推測錄)』 6권 3책.
5월 『강관론(講官論)』 4권 1책. 『신기통(神氣通)』 3권 2책.
10월 추측록과 신기통을 묶어 『기측체의(氣測體義)』 9권 5책.
뒤에 중국 북경 정양문(正陽門) 내 인화당(人和堂)에서 간행됨.
정약용(丁若鏞, 1762~1836) 죽음.

1837년 정유(丁酉, 헌종3) 35세
5월 18일 양부 광현 서거 향년 78세. 무과군수.
금석 사첩 등에 취미.
9월 26일 생모 청주한씨 서거 향년 52세.
차남 병천(炳天) 출생.
흉년이 들어 방곡(防穀)을 금지함.

1838년 무술(戊戌, 헌종4) 36세

	9월 『감평(鑑枰)』 지음. 뒤에 『인정(人政)』에 수록.
1839년	기해(己亥, 헌종5) 37세 『의상리수(儀象理數)』 엮음.
1840년	제1차 아편전쟁(~1842년) 김정희(金正喜, 1786~1856) 제주에 유배됨.
1842년	임인(壬寅, 헌종8) 40세 2월 『심기도설(心器圖說)』 1책 지음.
1843년	계묘(癸卯, 헌종9) 41세 7월 『소차류찬(疏箚類纂)』 상하책을 엮음.
1850년	경술(庚戌, 철종1) 48세 8월 『습산률벌(習算律筏)』 5권 2책.
1851년	신해(辛亥, 철종2) 49세 7월 송현松峴의 상동尙洞(현재 한국일보사 부근)으로 이주.
1852년	임자(壬子, 철종3) 50세 집 동쪽 후원 양방일루(兩房一樓)인 '양한정(養閒亭)'에 거처. 3월 「양한정기(養閒亭記)」을 지어 달음.
1857년	정사(丁巳, 철종8) 55세 5월. 『지구전요(地球典要)』 13권 7책을 지음. 앞서 『우주책(宇宙策)』 12권 6책의 저작이 있었음 (현존여부 미상) 11월. 『기학(氣學)』 2권을 지음. 이때 그의 서재가 '기화당(氣和堂)'
1860년	경신(庚申, 철종11) 58세 『인정(人政)』 25권 12책 완성.

11월 『운화측험(運化測驗)』 2권 지음.

1863년	흥선군을 대원군에 봉작.
1864년	최제우(崔濟愚, 1824~1864) 동학교조 처형됨.
1865년	미국, 남북전쟁 종결.
1866년	병인(丙寅, 고종3) 64세 11월 『신기천험(身機踐驗)』 8권 지음. 그의 서재를 다시 '明南樓'라고 일컫고, 『신기천험』을 『명남루문집』 권1로 함. 박규수(朴珪壽, 1807~1876), 평안도 관찰사로 내려감. 미국 상선 제너럴셔먼호, 평양부 신장포강에 정박. 병인양요(丙寅洋擾). 프랑스군, 강화부 점령. F. M. Dostoevskii(1821~1881), 『죄와 벌』 발표.
1867년	정묘(丁卯, 고종4) 65세 12월 『성기운화(星氣運化)』 12권을 지음. Karl Marx(1818~1883)의 『자본론』 출간.
1871년	신미양요(辛未洋擾) 대원군 척화비(斥和碑) 세우다. 강화도 군사 총책임자 정기원(鄭岐源)이 최한기에게 서신을 통해 도움을 요청함.
1874년	갑술(甲戌, 고종11) 72세 8월 장남 병대가 『강관론(講官論)』을 간행함.
1877년	정축(丁丑, 고종14) 75세 6월 21일 서거. 에디슨, 축음기 특허.
1878년	F. Nietzsche(1844~1900)의 『인간적인 너무도 인간적인』이 출간됨.

2 최한기 저작 연도별 목록

1. 1830. 『農政會要』 20권 10책 중 1,2권 1책이 결본.
2. 1834. 『陸海法』 2권 1책. 활자본.
3. 1834. 『靑丘圖題』 2쪽 1장. 필사본.
4. 1834. 『萬國經緯地球圖』 권질 미상 현존 여부 미상.
5. 1836. 『推測錄』 6권 3책. 활자본. 『기측체의』에 수록.
6. 1836. 『講官論』 4권 1책. 인쇄본.
7. 1836. 『神氣通』 3권 2책. 활자본.
8. 1838. 『鑑枰』: 『인정』 권7에 수록.
9. 1839. 『儀象理數』 3권 3책. 현재 제3권 1책만 있음. 필사본.
10. 1842. 『公器圖說』 불분권 1책. 필사본.
11. 1843. 『疏箚類纂』 2권 1책. 필사본.
12. 1850. 『習算津筏』 5권2책. 필사본.
13. 1852. 『養閒亭記』 친필판각.
14. 185? 『宇宙策』 12권 6책. 현존여부 미상. 저작연대 미상이나 『地球典要』보다 앞서는 것으로 보임.
15. ? 『匯集彙攷』 권질 미상. 현존 미상. 『五洲衍文長箋散稿』에 책 이름이 보임. 내용 미상. 51세 이전 작품.
16. 1857. 『地球典要』 13권 6책. 필사본.
17. 1857. 『氣學』 2권 1책. 필사본.
18. 1860. 『運化測驗』 2권 1책 필사본.
19. 1860. 『人政』 25권 12책 필사본.
20. 1866. 『身機踐驗』 8권 8책. 필사본.
21. 1867. 『星氣運化』 12권 2책. 필사본.

22. 186? 『明南樓隨錄』 불분권 1책. 필사본.

3 최한기 저작 내용 분야별 분류

- **자연과학**
  1. 농업, 농기계 : 농정회요, 육해법.
  2. 기계일반 : 심기도설.
  3. 지리, 지도 : 청구도제, 만국경위지구도, 지구전요.
  4. 천문 : 의상리수, 성기운화.
  5. 수학 : 습산진벌.
  6. 과학일반 : 운화측험.
  7. 의학 : 신기천험.

- **철학** : 신기통, 추측록, 우주책(?), 기학, 명남루수록(?).
- **사회사상 및 제도** : 강관론, 감평, 소차류찬, 인정.
- **기타** : 양한정기, 회집휘고.

4 참고문헌

1) 원전原典

『經書』(1993刊), 성균관대학교 대동문화연구원.

『近思錄』, 『漢文大系』 22(1979刊), 新文豊出版公司.

『性理大全』(1984刊), 보경문화사.

『王陽明傳習錄詳註集評』, 陳榮捷撰, 學生書局, 대만.

『二程集』 1・2, 漢京文化事業有限公司. 영인본.

『朱子語類』(1986刊), 黎靖德編, 中華書局, 북경.

『朱子語類』 1・2(1998刊), 黎靖德編, 허탁・이요성 역주, 청계.

『朱子大全』.

『朱子全書』, 欽定四庫全書 本.

『原本周易』, 備旨本, 中和堂. 影印本.

『晦庵先生朱文公文集』, 『中國思想叢書』(1988刊), 中央圖書. 影印本.

陳淳, 『北溪字義』(1995刊), 김영민 옮김, 예문서원.

2) 최한기 저서著書

『국역 기측체의』 권 1, 2(1982刊), 민족문화문고간행회.

『국역 인정』 권 1-5(1985刊), 민족문화문고간행회.

『明南樓全集』(1986刊), 驪江出版社.

『氣學』(1993刊), 孫炳旭 옮김, 여강출판사.

3) 최한기 관련 저서著書 및 논문論文

권오영(1990), 「최한기의 정치관」, 『한국학보』 59.
_____(1991), 「최한기의 서구제도에 대한 인식」, 『한국학보』 62.
_____(1991), 「최한기의 기설과 우주관」, 『한국학보』 65, .
_____(1994), 「혜강 최한기의 학문과 사상 연구」, 한국정신문화연구원 한국학대학원 박사학위.
_____(1999), 『崔漢綺의 學問과 思想 硏究』, 집문당.
_____ 외(2000), 『혜강 최한기』, 청계.
_____(2003), 「최한기 기학의 사상사적 의미와 위상」, 『惠岡 氣學의 사상 東西의 학적 만남을 통한 신경지』, 성균관대학교 동아시아 학술원 대동문화연구원.
_____(2004), 「최한기 기학의 사상사적 의미와 위상」, 『대동문화연구』 제45집, 성균관대학교 동아시아 학술원 대동문화연구원.
금장태(1977), 「최한기의 人政과 人道哲學」, 『국역인정』, 민족문화추진회.
_____(1979), 「한국실학파의 공리사상에 대한 고찰」, 『철학연구』 14, 철학연구회.
_____(1980), 「해제」, 『국역인정』 1, 민족문화추진회.
_____(1985), 「최한기 철학의 근대적 성격」, 『제3회 국제학술회의논문집』, 한국정신문화연구원.
_____(1985), 「최한기의 인간관 연구」, 『철학적 인간관』, 한국정신문화연구원.
_____(1989), 「기철학의 전통과 최한기의 철학적 특성」, 『동양학』19.
_____(1993), 「崔漢綺 哲學의 近代的 性格」, 『韓國實學思想硏究』, 集文堂.
_____(1996), 「혜강 최한기의 철학사상」, 『진단학보』(81), 진단학회.
_____(1998), 「혜강 최한기의 기철학」, 『조선후기의 유학사상』, 서울대학교 출판부.
김낙필(1984), 「혜강 기학의 구조와 성격」, 『한국근대종교사상사』, 원광대학교 출판부.

김영식(1986), 「주희에서의 氣개념의 몇가지 측면」, 『중국전통문화와 과학』, 창작과 비평사.

김용옥(2003), 「測人에 나타난 惠岡의 생각」, 『惠岡 氣學의 사상 東西의 학적 만남을 통한 신경지』, 성균관대학교 동아시아 학술원 대동문화연구원.

김용헌(1995), 「최한기의 서양과학 수용과 철학 형성」, 고려대학교 대학원 철학과, 박사학위논문.

_____(2000), 「최한기의 자연관」, 『최한기의 철학과 사상』, 철학과 현실사.

_____(2002), 「최한기의 시대 인식과 자연학적 인식론」, 『한국학논총』 제36집, 한양대학교 동아시아문화연구소.

김인석(2000), 「최학기의 기학에 관한 연구-리학 극복의 측면을 중심으로」, 건국대학교 대학원 철학과 박사학위논문.

金哲央(1985), 「최한기의 저서 신기천험과 合信의 의학서와의 관계에 대하여」, 조선학회 제35회 대회. (天理대학 남동교사, 天理.)

_____(1989), 「최한기의 기일원론과 만년에서의 기개념의 전환」, 조선학국제학술토론회.

_____(2003), 「최한기의 『身機踐驗』의 편집방법과 그의 氣 사상」, 『惠岡 氣學의 사상 東西의 학적 만남을 통한 신경지』, 성균관대학교 동아시아 학술원 대동문화연구원.

김형찬(2005), 「기철학에서의 총체적 통찰과 경험적 인식」, 『철학연구』 제69집, 철학연구회.

림현구(1990), 「최한기의 철학사상 및 사회정치관」, 『조선학연구』 제2권, 연변대학출판사. (『다산학보』 제13집, 1992.)

림현구 · 노학래(1987), 『최한기의 인식론을 논함』, 연변대학.

박종홍(1965), 「최한기의 경험주의」, 『아세아연구』 8권 4호, 고대.

_____(1970), 「최한기」, 『창작과 비평』 5-1.

_____(1974), 「서구사상의 도입 비판과 섭취」, 『실학사사의 탐구』, 현암사.

______(1978), 「최한기의 과학적 철학사상」, 『한국철학연구』 下, 동명사. (『박종홍전집』 V, 형설. 1988.)
문중량(2001), 「최한기의 천문학 분야 미공개 자료분석」, 『한국과학사학회지』 제2호.
______(2003), 「최한기의 기론적 서양과학 읽기와 기륜설」, 『대동문화연구』 제43집, 성균관대학교 동아시아 학술원, 대동문화연구원.
박충석(1982), 「경험론과 정치적 리얼리즘: 혜강」, 『한국정치사상사』, 삼영사.
박홍식(1990), 「청년 최한기의 철학사상-'신기'와 '통'개념 분석을 중심으로」, 『동양철학연구』 11권. 동양철학연구회.
______(1993), 「조선조 후기유학의 실학적 변용과 그 특성에 관한 연구-성호・잠헌・다산・혜강의 철학사상을 중심으로-」, 성균관대학교 대학원, 박사학위논문.
박희병(2003), 「최한기의 東西取捨論」, 『惠岡 氣學의 사상 東西의 학적 만남을 통한 신경지』, 성균관대학교 동아시아 학술원 대동문화연구원.
______(2003), 『운화와 근대』. 돌베개.
龐萬里(2003), 「崔漢綺 運化學의 舍虛取實 實學思想」, 『惠岡 氣學의 사상 東西의 학적 만남을 통한 신경지』, 성균관대학교 동아시아 학술원 대동문화연구원.
백민정(2009), 「최한기 정치론에서 민의 위상에 관한 문제」, 『대동문화연구』 제67집, 성균관대학교 대동문화연구원.
______(2009), 「최한기 철학의 변모 양상에 관한 일고찰」,『철학사상』, 서울대학교 철학사상연구소.
______(2009), 「주자학과의 관계에서 본 최한기 철학의 특징 재검토」, 『한국실학연구』 17, 한국실학학회.
서영이(2010), 「상상된 보편: 최한기의 운화기」, 『범한철학』 제57집, 범한철학회.
서용화(1989), 「혜강 최한기의 유기론적 경험론과 자연관」, 『강릉대인문학보』 7, 강릉대학교.

______(1993), 「혜강 최한기철학의 기학적 해명」, 『유교사상연구』 6, 한국유교학회.

서욱수(1998), 「惠岡學에 나타난 氣의 活動性 硏究」, 『哲學世界』 제9집, 부산대학교 철학회.

손병욱(1982), 「惠岡 崔漢綺의 기철학에 관한 연구」, 한국정신문화연구원. 한국학대학원 석사학위논문.

______(1984), 「惠岡 崔漢綺에 있어서 인식의 문제」, 『경상대 논문집』 23. 경상대학교.

______(1985), 「혜강철학에 있어서 인식과 실현의 구조문제」, 『민족통일론집』 제1집, 통일문제연구소.

______(1992), 「기학 해제」, 『기학』, 여강출판사.

______(1993), 「혜강 최한기철학의 기학적 해명」, 『유교사상연구』 6, 한국유교학회.

______(1994), 「惠岡 崔漢綺氣學의 연구」, 고려대학교대학원 철학과, 박사학위논문.

신원봉(1989), 「최한기의 기학 연구」, 『한국학대학원논문집』 4, 한국정신문화연구원.

______(1994), 「惠岡의 氣學的 世界觀과 그 倫理的 含意」, 한국학대학원, 박사학위논문.

신원봉(2000), 「최한기의 기화적 윤리관」, 『최한기의 철학과 사상』, 철학과 현실사.

신해순(1989), 「최한기의 사민평등사상」, 『국사관논총』 제7집, 국사편찬위원회.

______(1992), 「최한기의 상업관」, 『대동문화연구』 27.

안상원(1970), 「혜강의 경험논고」, 『한국교육학회소식』 제6권 1호.

여인석 · 노재훈(1993), 「최한기의 의학사상」, 『의사학』 2-1.

유명종(1980), 「유기학의 전개: 혜강 최한기」, 『한국철학사』, 일신사.

유영묵(1965), 「최한기의 개화사상」, 『한양』 4-6, 한양사.

류형만(1987),「崔漢綺의 社會改革思想과 福祉思想에 관한 연구」, 대구대학교 박사학위논문.

윤사순(1979),「기측체의 해제」,『국역 기측체의』 1, 민족문화추진회.

이돈녕(1969),「혜강 최한기」,『창작과 비평』 4-3.

______(1976),「최한기의 명남루집」,『실학연구입문』, 일조각.

이상호(1990),「최한기의 신기론」,『동양철학과 마르크스주의』 6, (『현상과 인식』 49), 한국인문사회과학원.

이우성(1971), 「최한기의 가계와 연표」,『유홍렬박사회갑기념논총』.

______(1986), 「解題」,『明南樓全集』, 麗江出版社.

______(1988), 「최한기의 사회관」,『조선후기문화 - 실학부문』, 단국대 동양학 학술회의논총 5, 단국대학교 동양학연구소.

이우성(1990), 「惠岡 崔漢綺의 사회적 처지와 서울생활 - 최한기연구서설의 일단-」,『제4회 동양학국제학술회의논문집』, 성균관대학교 대동문화연구원.

이현구(1993), 「최한기의 학문관」,『유교사상연구』 6, 한국유교학회.

______(1993), 「최한기 기학의 성립과 체계에 관한 연구 - 서양근대과학의 유입과 조선후기 유학의 변용」, 성균관대학교 박사학위논문.

______(2000),『崔漢綺의 氣哲學과 西洋 科學』, 성균관대학교 대동문화연구원.

이현구 외(1999),「'최한기의 과학'읽기」,『과학 사상』, 범양사.

임형택(2001),「개항기 유교지식인의 '근대' 대응논리」,『대동문화연구』 제38집, 성균관대학교 대동문화연구원.

______(2004),「정약용의 경학과 최한기의 기학」,『대동문화연구』 제45집, 성균관대학교 대동문화연구원.

장영당(2003),「朝鮮의 實學家 崔漢綺의 思想: 19세기 동아시아 '구국정신'의 意義」,『惠岡 氣學의 사상 東西의 학적 만남을 통한 신경지』, 성균관대학교 동아시아 학술원 대동문화연구원.

정성철(1988刊),『조선철학사』(상) 조선철학사연구, 도서출판 광주.

정화영(1986), 「최한기의 실학적 교육사상 연구」, 한양대학교 교육대학원 교육학과 박사학위논문.
佐佐充昭(1992), 『惠岡 崔漢綺의 氣哲學』, 서울대학교 대학원 종교학과 석사학위논문.
최영진(2003), 「최한기 運化論의 생태학적 해석」, 『惠岡 氣學의 사상 東西의 학적 만남을 통한 신경지』, 성균관대학교 동아시아 학술원 대동문화연구원.
최영진 외(2000), 『최한기의 철학과 사상』, 철학과 현실사.
川原秀城(2003), 「최한기의 氣學體系 一氣의 哲學과 西洋科學」, 『惠岡 氣學의 사상 東西의 학적 만남을 통한 신경지』, 성균관대학교 동아시아 학술원 대동문화연구원.
허남진(1988), 「최한기의 리개념에 관한 소고」, 『철학탐구』 8, 중앙대학교.
______(1991), 「惠岡 과학사상의 철학적 기초」, 『과학과 철학』, 과학사상연구회 편, 통나무.
______(1994), 「조선후기 기철학 연구」, 서울대학교 대학원 철학과 박사학위논문.
황경숙(1993), 「혜강 최한기의 사회사상 연구」, 성신여자대학교 대학원 박사학위논문.

4) 3차 자료 저서著書

강만길(1985), 『한국근대사』, 창작과 비평사.
강재언(1990), 『조선의 서학사』, 민음사.
고대 아세아문제연구소(1974), 『실학사상의 탐구』, 현암사.
금장태(1984), 『동서교섭과 근대한국사상』, 성균관대학교 출판부.
______(1987), 『한국실학사상연구』, 집문당.

______(1994), 『한국유학사의 이해』, 민족문화사.
김기순(1989), 『가치관교육』, 서울특별시 교육연구원.
김영철(1993), 『도덕철학의 제문제』, 고대출판부.
김용옥(1986), 『동양학 어떻게 할 것인가』, 통나무.
김충렬(1977), 『중국철학산고』, 범학도서.
______(1994), 『논쟁으로 보는 중국철학』, 예문서원.
김태길(1983), 『윤리학』, 박영사.
김 현(1996), 『임성주의 생의 철학』, 한길사.
김형효(1994), 『데리다와 노장 독법』, 한국정신문화연구원.
류인희(1980), 『朱子哲學과 中國哲學』, 범학사.
마루야마 도시아끼(1992), 『氣란 무엇인가』, 박희준 옮김, 정신세계사.
마루야마 마사오(1995), 『日本政治思想史硏究』, 김석근 옮김.
마테오리치(2010), 『天主實義』, 송영배 옮김, 서울대학교 출판문화원.
박재환(1992), 『사회갈등과 이데올로기』, 나남.
브르노 스넬(1994), 『정신의 발견』, 김재홍역, 까치.
小野澤精一 外(1987), 『기의 사상』, 全敬進 역, 원광대학교 출판부.
__________(1978), 『氣の思想』, 동경대학 출판부.
守本順一郎(1986), 『동양정치사상연구』, 김수길 역, 동녘.
시마다 겐지(1986), 『주자학과 양명학』, 김석근·이우근 옮김, 까치.
신용하(1987), 『한국근대사회사상사연구』, 일지사.
역사연구회 편(1973), 『실학연구입문』, 일조각.
오하마 아키라(1977), 『中國古代思想論』, 勁草書房.
__________(1997), 『범주로 보는 주자학』, 이형성 옮김, 예문서원.
윤사순(1982), 『한국유학논구』, 현암사.
______(1992), 『한국의 성리학과 실학』, 열음사.
______(1997), 『한국유학사상론』, 예문서원.
유원동(1977), 『한국근대경제사연구』, 일지사.

이기백(1985), 『한국사신론』, 일조각.
이돈희(1980), 『도덕교육』, 교육과학사.
이상은(1977), 『유학과 동양문화』, 범학도서.
이용범(1988), 『중세서양과학의 조선전래』, 동국대학교 출판부.
張立文 주편(1989), 『氣』, 중국인민대학 출판부.
__________(1992), 『氣』, 김교빈 외 옮김, 예문지.
__________(1991), 『理』, 중국인민대학출판사, 1991.
전상운 외(1997), 『韓國史 市民講座』, 일조각.
제임스 류(1991), 『왕안석과 개혁정책』, 이범학 역. 지식산업사.
조기빈(1996), 『反논어』, 조남호 외 옮김. 예문서원.
郭厚安 主編(1988), 『中國儒學辭典』, 沈陽: 遼寧人民出版社.
한국동양철학연구회 편(1982), 『동양철학의 본체론과 인성론』, 연세대학 출판부.
한길사편집위원(1994), 『연표1・2: 한국사25・26』, 한길사.
현상윤(1982), 『조선유학사』, 현음사.
黃公偉(1971), 『宋明淸理學體系論史』, 臺北: 유사문화사업공사.
侯外廬(1982), 『近代中國思想學說史』, 上冊, 生活書店, 昨晟社.
헬무트 자이페트(1992), 『학의 방법론 입문』 Ⅰ・Ⅱ, 전영삼 역, 교보문고.
荒木見悟(2000), 『佛教と儒教』, 심경호 옮김, 예문서원.

5) 3차 자료 논문

김교무(1991), 『하곡철학사상에 관한 연구』, 성균관대학교 철학과 박사학위논문.
김락필(1981), 「녹문 임성주의 기철학」, 『철학연구』 9, 서울대학교 철학과.
김현(1992), 『鹿門 任聖周의 철학사상』, 고려대학교 대학원 철학과, 박사학위논문.
민영규(1975), 「17세기 이조 학인의 地動說」, 『동방학지』 16, 연세대학교 국학연구원.
박성래(1981), 「홍대용의 과학사상」, 『학국학보』 23, 일지사.
______(1985), 「성호사설 속의 서양과학」, 『진단학보』 59, 진단학회.
______(1978), 「한국근세의 서구과학수용」, 『동방학지』 20, 연세대학교 국학연구원.
박종홍(1974), 「서구사상의 도입 비판과 섭취」, 『실학사상의 탐구』, 현암사.
박충석(1979), 「조선후기에 있어서의 정치사상의 전개-특히 근세 실학파의 사유방법을 중심으로」, 『현상과 인식』 3권 1호, 안국인문사회과학원.
방인(1988), 「고대 중국의 우주론의 한 형태로서 음양오행설」, 『종교연구』 4집, 한국종교학회.
배종호(1980), 「조선시대의 기철학」, 『한국사상총서』 Ⅴ, 한국사상연구회.
小川晴久(1976), 「18세기의 철학과 과학의 사이」, 『동방학지』 20, 연세대학교 국학연구원
손영식(1989), 「공자의 정명론과 노자의 무명론」, 『철학』 31, 한국철학회.
______(1993), 「宋代 新儒學에서 哲學的 爭點의 研究」, 서울대학교 대학원 철학과, 박사학위논문.
안점식(1987), 「장재의 기철학에 있어서 천인합일의 구조」, 서울대학교 대학원 석사학위논문.
양대연(1965・1967), 「『대학』 체계의 연구」 上・下, 성대논문집 10・12.
윤사순(1976), 「실학사상의 철학적 성격」, 『아세아연구』 제56호, 고려대학교 아세아문제연구소.
이광린(1985), 「『해국도지』의 한국전래와 그 영향」, 『한국개화사 연구』, 일조각.
이광호(1984), 「中和論辨을 통하여 본 주자후기사상의 단초」, 『철학논구』 12집, 서울대철학과.
이상태(1989), 「고산자 김정호의 생애와 신분 연구」, 『국사관논총』 8, 국사편찬위원회.
이좌용(1988), 「경험적 실재론에서 본 보편성의 문제」, 서울대학교 대학원 박사

학위논문.

이준모(1988 봄호), 「『조선철학사』에 적용된 유물사관」, 『철학연구』, 철학연구회.

이희재(1988), 「박세당의 인식론」, 원광대 대학원 석사학위논문.

장원목(1997), 「北宋 性理學에서의 有와 無의 문제」, 『哲學論究』 제25집, 서울대학교 철학과.

_____(1988), 「성리학의 <理一分殊>체계: 주희를 중심으로」, 서울대학교 철학과 석사학위논문.

정상봉(1999a), 「주희의 인론」, 『중국학보』 제40집, 한국중국학회.

_____(1999b), 「주희의 격물치지와 경공부」, 『철학』 61집, 한국철학회.

조남호(1988), 「羅欽順에 있어서 보편적 원리의 문제」, 『哲學論究』, 제16집, 서울대학교 철학과.

최영진(1977), 「중화사상의 철학적 탐구」, 성균관대학교 대학원 석사학위논문.

저자 김인석(金仁錫)

낯선 지하철역에 내리면 우선 벽면에 붙어있는 지도에서 빨간 점을 찾는다. 현재 나의 위치를 찾아야 내가 나갈 방향을 정할 수 있기 때문이다. 가끔 나는 지금 여기에서 내가 무엇을 하고 있는가를 묻는다. 그 대답은 하루아침에 찾아지는 것이 아니기에 지금도 그 답을 찾고 있다. 최한기에게, 그리고 다른 선현들에게 길을 묻는 것은 그들도 그 당시에 역시 똑같은 질문을 했을 것 같기 때문이다.
1992년에 태동고전연구소(지곡서당)를 수료, 2000년 건국대학교에서 철학박사학위를 받았고, 현재 건국대학교 글로컬캠퍼스에서 교양철학을 강의하고 있다.

최한기에 길을 묻다

2014년 4월 30일 초판인쇄
2014년 5월 07일 초판발행

지은이 김 인 석
펴낸이 한 신 규
편 집 김 영 이
펴낸곳 **문현**출판
주 소 138-210 서울특별시 송파구 동남로 11길 19, B1
전 화 Tel.02-433-0211 Fax.02-443-0212
E-mail mun2009@naver.com
등 록 2009년 2월 24일(제2009-000014호)

ISBN 978-89-94131-75-7 93140 **정가** 18,000원